학교 업무에 꼭 필요한

스마트러닝 활용 BEST 30

문택주, 영진교재개발팀 지음

YoungJin.com Y.
영진닷컴

학교 업무에 꼭 필요한
스마트러닝 활용 BEST 30

ISBN 978-89-314-4229-8

독자님의 의견을 받습니다

이 책을 구입한 독자님은 (주)영진닷컴의 가장 중요한 비평가이자 조언가입니다. 저희 책의 장점과 문제점이 무엇인지, 어떤 책이 출판되기를 바라는지, 책을 더욱 알차게 꾸밀 수 있는 아이디어가 있으면 팩스나 이메일, 또는 우편으로 연락주시기 바랍니다. 의견을 주실 때에는 책 제목 및 독자님의 성함과 연락처(전화번호나 이메일)를 꼭 남겨 주시기 바랍니다. 독자님의 의견에 대해 바로 답변을 드리고, 또 독자님의 의견을 다음 책에 충분히 반영하도록 늘 노력하겠습니다.

이메일 : support@youngjin.com
주 소 : (우)153-803 서울 금천구 가산동 664번지 대룡테크노타운 13차 10층 (주)영진닷컴
팩 스 : 02-2105-2200
내용 문의 메일 : mtj798@nate.com

STAFF

저자 문택주, 영진교재개발팀 | **기획** 기획1팀 | **총괄** 김태경 | **진행** 정미정, 안창현
본문 디자인 코드미디어 | **표지 디자인** 코드미디어

머리말

얼마 전 교실에서 있었던 미래의 모습을 상상하여 그리기 대회에서 학생들이 각기 다른 그림을 그려내는 것을 보며 그만큼 미래는 불확실한 것이고, 미래의 교육 역시 하나의 모습으로 설명할 수 없겠다는 생각이 들었습니다. 최근에 스마트 교육이 강조되며, 앞으로 수많은 스마트 교육을 위한 각종 도구가 도입될 수도 있지만, 이것들의 공통점은 '모든 학생들이 자신이 원하는 내용을 찾아 다양한 방법으로 공부할 수 있도록 도와주는 데 있지 않은가?' 라고 생각합니다.

올해 처음으로 교원정보화 연수로 '스마트폰과 태블릿 PC의 교육적 활용' 이라는 주제로 교원정보화연수를 실시해 보았습니다. 연수를 진행하며 놀라웠던 것은 '본인은 기계치라 이러한 연수가 불가능하면 어쩌냐?' 라며 걱정하시던 선생님들께서 연수가 끝날 쯤에는 새롭게 스마트폰을 장만하시고, 저보다 더 많은 애플리케이션을 설치하시며 어쩌면 저보다 더 잘 활용하시는 모습을 볼 때가 많다는 사실입니다. 결론적으로 스마트폰이나 태블릿 PC와 같은 기기들은 이미 모든 학습에 뛰어나신 선생님의 특성상 약간의 의지력만 있으시면 '누구나 자신에게 적합한 스마트 환경을 구축해나가며 개인 생활에서 뿐만 아니라 학교 업무에도 충분히 활용할 수 있다' 라는 사실을 깨닫게 되었습니다.

최근에 유행하고 있는 웹2.0 도구의 일종인 SNS, 프레지, 구글의 서비스를 보면 '내가 만든 정보가 전 세계에 공유되고, 모두가 활용할 수 있게 한다' 라는 공통점이 있는 것 같습니다. 앞으로의 교육은 공유와 협업을 강조하는 교육이 되어야 하고 이것이 창의적인 인재를 양성하는 기본가치가 아닐까 합니다. 새로운 기술을 활용한 앞으로의 교육에서도 가장 중요한 것은 학생

간, 교사와 학생 간, 교사들 간의 의사소통이 아닐까 합니다. 단지 교실이라는 물리적인 공간을 넘어서 세계의 다른 나라의 학생들과도 함께할 수 있는 창의성을 길러주는 교육이 미래교육의 모습이 되어야 하지 않을까? 라는 생각을 해봅니다.

　최근 스마트러닝, 스마트교육과 관련된 모든 포럼과 세미나를 참가하며 과연 스마트교육이란 무엇이며, 어떻게 그것을 실천할 수 있는지 고민해 보았습니다. 저의 부족한 실력으로는 큰 그림을 그릴 수 없지만, 우선 '스마트 기기를 활용한, 학교에서 당장 실천할 수 있는 작은 사례들을 소개해드리면 어떨까?' 라는 생각을 가져보았습니다. 스마트러닝(교육)의 첫 번째 연수 주제가 무엇이 되어야 하느냐에 대해서는 의견이 분분하지만 우선 먼저 선생님들의 스마트기기에 대한 이해를 돕고, 이론적으로 치우친 내용이 아닌, 실제로 선생님의 개인생활과 학교업무에 스마트기기를 활용할 수 있게 하는 연수 교재가 있으면 어떨까? 라는 생각을 가져보았습니다. 우선 선생님들께 기기에 대한 두려움을 없애고, 그것의 기능들을 하나씩 학교 업무에 적용해 보시는 것도 의미가 있다고 생각합니다. 선생님들께서 먼저 스마트기기를 활용해 보신다면, 실제 학생들이 스마트기기를 활용하게 되었을 때 그것의 장단점을 너무 잘 아시기에, 더 잘 지도하실 수 있지 않을까? 라는 생각을 가져보았습니다. 그리고 잘 알려지지는 않았지만, 선생님들의 학교업무에 활용해 보실만한 최신 인터넷 기술도 일부 소개하였습니다. 무엇보다 이러한 웹서비스가 PC에서만이 아닌 모바일에서도 가능하다는 점은 편리성을 더해주고 있습니다.

　스마트 러닝을 위한 연수가 스마트 기기의 활용만은 아니기에 책 한 권 안에 모든 내용을 담지 못한 점과 스마트 기기로 특정 제품을 다룰 수밖에 없는 한계점에 대해 널리 양해를 부탁드

리겠습니다. 불확실한 상황에서 iOS 계열의 아이패드와 안드로이드 계열에 갤럭시 탭의 특징을 모두 아셔야, 잘 선택하셔서 쓰실 수 있지 않을까라는 생각을 하였습니다. 아직 많이 부족한 내용으로 인사를 드리는 점에 대해서도 사과의 말씀을 드립니다. 하지만 '예측할 수 없다면 창조하라' 라는 말이 있듯이, 이 작은 노력이 선생님들의 학생지도와 학교업무 측면에서 조금 더 스마트한 삶을 누리실 수 있는 작은 밑거름이 될 수 있었으면 하는 바람을 가져봅니다. 끊임없는 연구를 통해 더욱 발전된 내용으로 다시 찾아뵐 것을 꼭 약속드리며, 이 책이 선생님들께 스마트기기에 대한 이해를 돕는 데 작은 도움이나마 되실 수 있기를 간절히 기원합니다.

저자 소개

문 택 주

- 서울 갈현초등학교 교사, 서울교대 컴퓨터과 대학원
- 아이스크림 원격연수원 컴퓨터활용 BEST 30강사
- 아이스크림 5분 연수 ICT분야 강사
- 서울시 교육청 특수분야, 서울시 교육연수원 강의
- 교육청, 한국교육개발원 연수 강의
- 서부교육청 교장(교감), 정보부장 스마트폰 연수 강의
- 서울초중등교육공학연구회 연수 강사

효율적인 학습을 위한
본문 구성 살펴보기

Section 제목

수업시간에 활용 기능 중 가장 유용한 기능을 쉽고 빠르게 찾아볼 수 있도록 구성하였습니다.

Section 리드문

해당 Section에서 다루는 태블릿 PC에 대한 내용을 간결하게 설명합니다.

화면 미리보기

수업시간에 활용될 예제를 미리 보여줍니다.

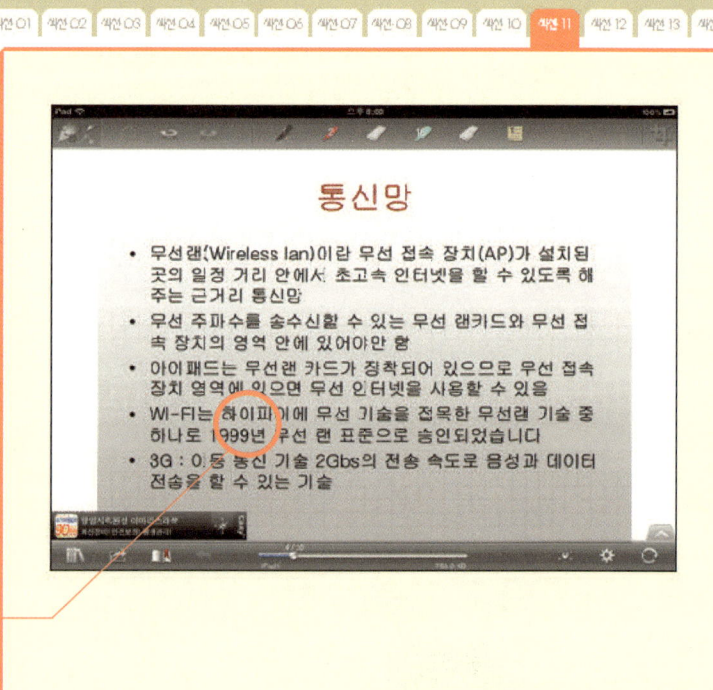

애니메이션 도서로 영어 공부하기

Step 01

이런 기능들이 사용됐어요. ➔ How To Train Your Dragon

01 ›› 〔App Store〕에서 'how to train your dragon' 이라고 검색해서 〔How To Train Your Dragon〕 애플리케이션을 설치한 후 실행합니다. 〔READ to ME〕 버튼을 누릅니다.

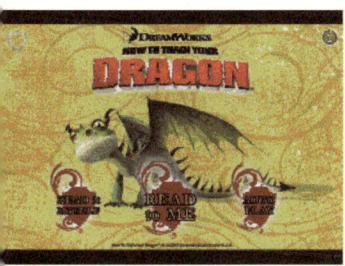

02 ›› 영문자막이 하단에 표시되고 성우의 목소리가 자막을 읽어줍니다. 잘 들은 뒤 음성이 끝나면 성우의 음성을 따라 자막을 소리내어 읽어봅니다. 화면을 좌우로 드래그해서 다음 페이지로 넘겨 볼 수 있습니다.

버튼을 누르면 읽기를 중지할 수 있습니다. 버튼을 누르면 메인화면으로 돌아가고, 을 누르면 설정을 변경할 수 있습니다.

Contents

Contents

Chapter 02 갤럭시탭 활용 가이드   156

Contents

Chapter 03 업무에 필요한 PC 활용 가이드   247

iPad Efficiency

아이패드
활용 가이드

아이패드는 애플에서 제작한 태블릿 PC입니다. 아이폰과 화면은 비슷하지만 일반적인 도서와 크기가 비슷하여 웹 검색, 문서 작성, 도서 보기 등의 다양한 작업을 하기에 적합합니다. 여기서는 아이패드가 무엇이고 어떻게 사용하는지 알아본 후 스마트러닝에 활용할 수 있는 방법들에 대해서 배워보겠습니다.

Section

01

스마트 교육
살펴보기

스마트 교육 활용에 대해 배우기에 앞서 스마트 교육이 무엇이고 수업에 어떻게 활용할 수 있
는지 살펴봅니다. 또한 클라우드 교육 시스템 활용에 대해서 알아보겠습니다.

섹션 01 | 섹션 02 | 섹션 03 | 섹션 04 | 섹션 05 | 섹션 06 | 섹션 07 | 섹션 08 | 섹션 09 | 섹션 10 | 섹션 11 | 섹션 12 | 섹션 13 | 섹션 14

미래는 스마트 교육!

Step 01

이런 기능들이 사용됐어요 ➜ 스마트 교육

지금까지의 학교 교육이 선생님이 학생에게 일방적으로 전달하는 주입식 교육이었다면 앞으로의 교육은 학생 스스로가 자신의 적성과 흥미에 맞는 교육방법을 찾아가는 지능형 맞춤 교육이 될 것입니다. 이러한 변화에 발맞춰 학생 본인의 능동적 참여를 돕기 위한 교육 시스템과 콘텐츠 개발이 요구됩니다. 학생들은 머지않아 교과서를 사용한 2차원적 수업이 아닌, 태블릿 PC와 스마트 TV 등 디지털 교과서를 활용할 수 있는 기기들로 구성된 스마트한 교육 환경에서 공부를 하게 될 것입니다.

▶ [미래학교] 홈페이지(http://future.keris.or.kr)에 접속하면 앞으로 실현될 미래 학교 모습을 볼 수 있습니다.

태블릿 PC의 수업 활용 예

Step 02

이런 기능들이 사용됐어요 ➜ 태블릿 PC의 수업 활용

화보를 통해 고정된 사진을 보고 정보를 습득하는 것에서 벗어나 태블릿 PC에서 행성 보기 앱을 이용하면 학생이 직접 손가락으로 드래그하고 탭하여 행성을 찾고 정보를 찾아볼 수 있습니다. 실제 모습에 정보를 첨가하여 정보를 보여주는 가상 현실 기능을 이용하면 행성이 있는 곳에 태블릿 PC로 향하게 하여 실제 행성 정보를 볼 수 있습니다.

태블릿 PC로 영어 학습 애플리케이션을 이용하면 음성, 영상 기능을 통해 학생이 직접 수업에 따라 학습하고 발음도 따라 해보고 안되는 부분은 반복해서 학습할 수 있습니다.

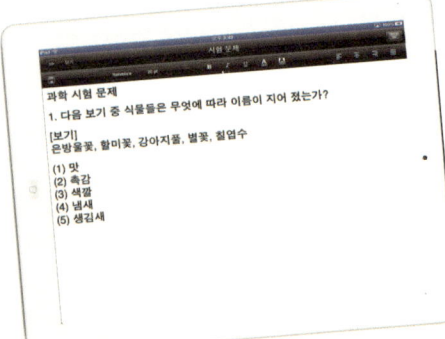

선생님이 작성한 문제를 태블릿 PC로 보고 학생이 직접 문제를 풀거나 인터넷을 이용하여 자료를 찾아 답을 낸 후 이메일로 전송하는 등 선생님과 학생의 커뮤니케이션을 활발히 이용해 학습을 할 수 있습니다.

이전에는 피아노가 부족해 종이 건반을 이용하거나 몇몇의 학생만 실습하였다면 태블릿 PC를 이용한 스마트 교육에서는 모든 학생이 피아노 연주 애플리케이션을 이용하여 직접 연주할 수 있습니다.

전자책을 이용하여 종이 교과서 대신 애니메이션, 음성 등의 멀티미디어 기능을 이용하여 더욱 재미있게 책을 볼 수 있습니다.

태블릿 PC의 카메라로 직접 유적지를 촬영해 보고서를 작성한 다음 이메일을 이용하여 친구와 선생님에게 전달하여 자료를 공유할 수 있습니다.

에펠탑 같이 멀리 있는 곳도 지도의 로드뷰 기능을 이용하여 사진으로 열어보고 직접 조작해서 살펴볼 수 있습니다.

태블릿 PC와 스마트 PC의 미러링 기능을 이용하여 학생 또는 선생님이 보여주고 싶은 자료를 TV를 통해 무선으로 보여주며 정보를 공유할 수 있습니다.

디지털 교과서의 클라우드 서비스

Step 03

이런 기능들이 사용됐어요 ➜ 클라우드 서비스

디지털 교과서를 이용하면 교실 이외에 어떤 곳에서도 수업내용을 확인, 복습할 수 있습니다. 수업 자료를 웹 공간의 데이터 베이스에 저장해두면 스마트 TV, 태블릿 PC 등의 모바일 장비를 통해 언제 어디서든 수업 정보를 불러올 수 있기 때문입니다. 클라우드(Cloud)란 이와 같이 자료를 웹 공간에 저장해두고 사용자가 원하면 어디서든지 정보를 볼 수 있도록 해주는 서비스를 말합니다.

대표적인 클라우딩 서비스인 구글의 [문서도구]를 예를 들어 보겠습니다. [문서도구]는 구글 문서 도구 홈페이지(http://docs.google.co.kr)에 접속하면 별도의 프로그램을 이용하지 않고도 워드, 스프레드시트, 프레젠테이션 문서를 작성할 수 있습니다. [문서도구]로 작성한 문서는 태블릿 PC에서 열어보거나 수정할 수 있고, 스마트 TV를 이용하여 볼 수도 있습니다. 수업 자료도 이와 같은 클라우딩 서비스를 이용하여 어디서든지 정보를 보고 확인하고 수정하여 학습할 수 있습니다.

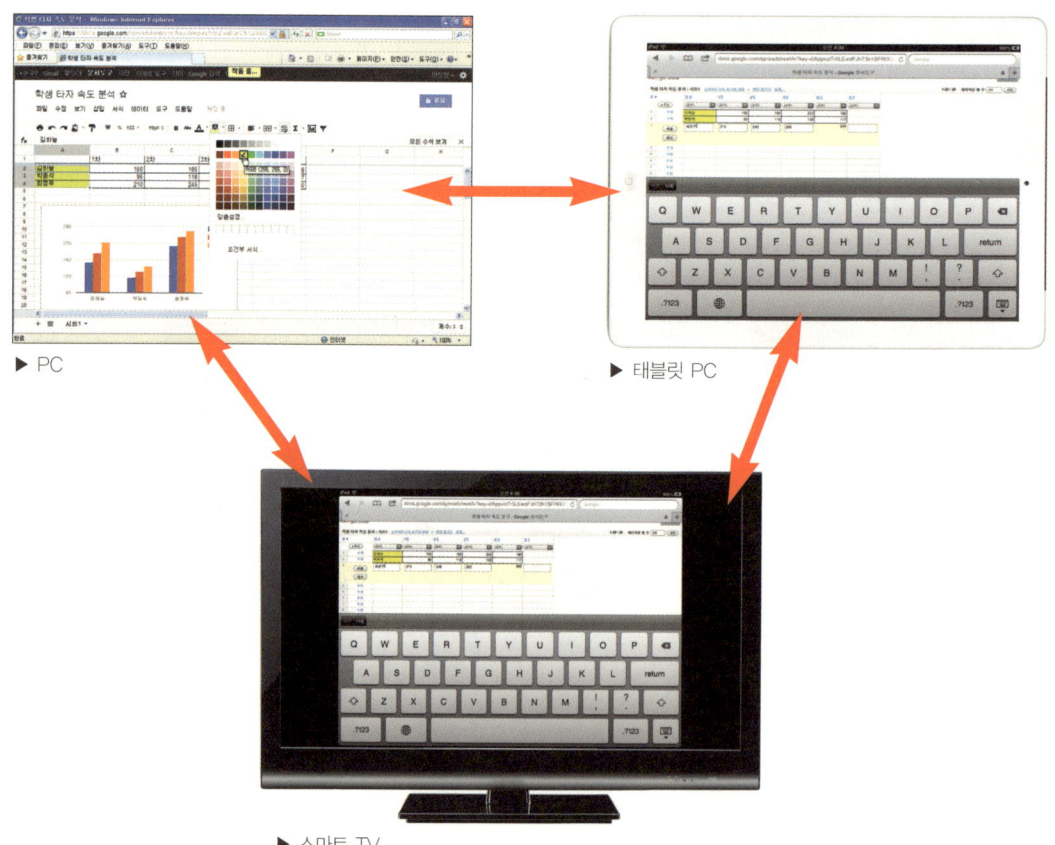

▶ PC

▶ 태블릿 PC

▶ 스마트 TV

스마트 교육 추진 방향과 과제

Step 04

이런 기능들이 사용됐어요 ➔ 스마트 교육

2차원에서 3차원 정보의 변화

다양한 멀티미디어를 이용하는 디지털 교과서는 학생들에게 종이책을 통한 획일화 교육이 아닌, 창의력을 자연스레 키워나갈 수 있는 교육 환경을 제공해줍니다. 디지털 교과서의 보급은 입시를 최우선으로 생각하는 주입식 교육 방향을 크게 바꿀 것으로 기대됩니다. 이러한 교육을 위해 스마트 장비의 지급과 더불어 질이 우수한 콘텐츠 개발이 필요합니다.

교사의 역할 변화

스마트 교육에 발맞춰 교사의 역할에도 많은 변화가 필요합니다. 교사가 가진 정보를 강요하려는 주입식 교육 방식을 피하고 올바른 정보와 학생들이 만날 수 있도록 방향을 잡아주는 길라잡이 역할이 요구됩니다. 자연스레 학생들간의 대화와 토론이 일어나도록 유도해주는 중계자의 모습이 바로 그것입니다. 올바른 정보 습득을 위해 학생들에게 올바른 방향을 제시하고 학생이 얻은 정보에 대한 조언을 통해 궁금증을 유발시켜 보다 창의적인 사고방식을 가질 수 있도록 안내해야 합니다.

클라우드를 이용한 다양성 필요

수업이 꼭 교실 안에서만 이루어질 필요는 없습니다. 클라우드 서비스는 장소에 구애받지 않는 교육 환경을 가능케 합니다. 학생들은 야외에서도 수업을 들을 수 있고, 온라인을 통해 다양한 간접 체험을 할 수 있습니다. 또한 클라우드 서비스를 이용한 수업은 학생들이 차별없이 동일한 수업을 들을 수 있는 환경을 제공해줍니다.

Section
02

학습에 도움이 되는
스마트 모바일 기기

모바일 기기란 휴대가 용이하고 인터넷 접속이 가능한 기기로 스마트폰, 태블릿 PC가 대표적인 모바일 기기에 속합니다. 여기서는 학습에 사용할 수 있는 모바일 기기에는 어떤 기기들이 있고 어떤 특징을 가지고 있는 알아보겠습니다.

전화와 PC가 하나로, 스마트폰

Step 01

이런 기능들이 사용됐어요. ➔ 스마트폰

스마트폰(Smart phone)이란 휴대폰 기능과 PC의 기능이 결합된 기기를 명칭하는 말로 애플의 아이폰, 삼성의 갤럭시S, LG 전자의 옵티머스 등이 대표적인 스마트폰입니다. 스마트폰은 장착된 운영체제에 따라 크게 애플의 iOS를 사용하는 아이폰과 구글의 안드로이드 운영체제를 사용하는 갤럭시S, 옵티머스 등으로 구분됩니다. iOS는 애플의 자체 운영체제로 아이폰, 아이패드, 아이팟터치 기기에 사용되어 서로 호환성을 가지고 안드로이드는 안드로이드 운영체제를 이용하는 스마트폰과 호환성을 가집니다.

▲ 갤럭시 S2

▲ 아이폰 4S

스마트폰은 전화, 메시지, 카메라 기능 외에도 인터넷 검색, 애플리케이션을 이용한 일정 관리, 정보 및 도서 보기, 게임 등 다양한 작업을 할 수 있습니다. 특히 휴대가 용이하다는 장점을 가지고 있어서 어디서든지 작업을 처리할 수 있다는 점이 매력적입니다. 학습에 있어서는 수업의 연장 도구로써 정보를 습득하고 정보에 대한 커뮤니케이션도 할 수 있습니다.

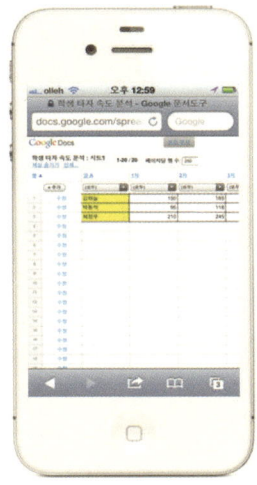
▲ 스프레드시트 작업

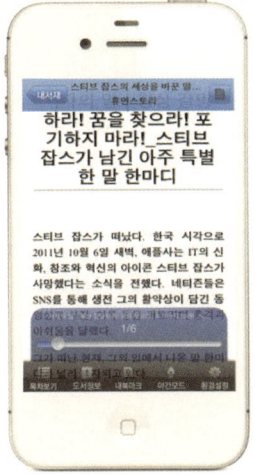
▲ 도서 보기

노트북이 부럽지 않은 태블릿 PC

Step 02

이런 기능들이 사용됐어요. ➤ 태블릿 PC

태블릿 PC(Tablet PC)는 휴대가 용이하고 인터넷 접속이 가능한 PC를 말합니다. 스마트폰과 노트북 중간의 크기로 스마트폰보다 큰 화면으로 영화, 도서 등의 콘텐츠를 즐기기에 적합합니다. 애플의 아이패드, 삼성의 갤럭시탭이 대표적인 태블릿 PC입니다. 대부분 스마트폰에서 사용하는 운영체제를 이용하며 같은 운영체제를 이용하는 스마트폰과 호환성을 가집니다.

▲ 아이패드 2

▲ 갤럭시탭

스마트폰보다 큰 화면을 가지고 있는 태블릿 PC는 PC에서 처리할 수 있는 대부분의 작업을 할 수 있기 때문에 교육용으로도 많이 사용되고 있습니다. 이러한 장점이 있기 때문에 스마트 교육에서 전자 교과서 및 수업 교재용으로 태블릿 PC를 선호하고 있습니다.

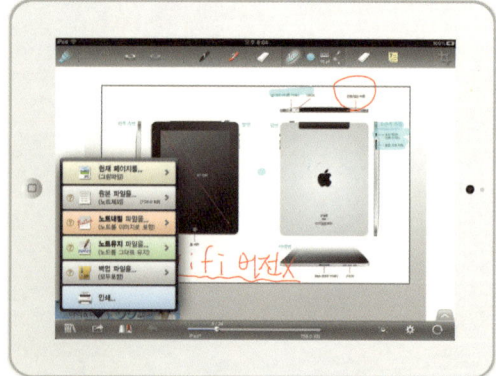

▲ PDF 편집

▲ 웹 검색

모바일 기기에서 사용하는 애플리케이션 장터

Step 03

이런 기능들이 사용됐어요. ➡ App Store, 구글 마켓

애플리케이션(Application)이란 모바일 기기에서 사용할 수 있는 응용 프로그램을 말하는 것으로 모바일 기기에서 사용하는 운영체제에서 지원하는 장터를 이용하여 애플리케이션을 다운로드받아서 사용할 수 있습니다. 아이폰, 아이패드는 애플에서 운영하는 앱 스토어(App Store)에서 구매할 수 있고 안드로이드 운영체제를 사용하는 모바일 기기는 구글 마켓을 이용하여 구매할 수 있습니다.

▲ 애플의 [App Store]

▲ 안드로이드의 [구글 마켓]

애플리케이션은 크게 스마트폰용과 태블릿 PC용으로 구분됩니다. 태블릿 PC는 스마트폰용과 태블릿 PC용 애플리케이션 모두 사용이 가능하지만 스마트폰은 스마트폰용 애플리케이션만 사용이 가능합니다. 비용에 따라 무료와 유료로 구분되는데 무료는 운영체제 서비스 업체에 회원가입을 하면 바로 구매가 가능하고 유료는 회원가입 때 설정한 신용카드로 앱 구매 시 자동 결제됩니다.

▲ 아이패드는 아이폰용 앱을 실행하면 작은 화면으로 나타나며 ● 버튼을 눌러 화면을 확대해서 볼 수 있습니다.

모바일 기기에서 사용하는 브라우저   Step 04

이런 기능들이 사용됐어요 ➔ Safari, 구글 인터넷

모바일 기기에는 인터넷 검색을 할 수 있게 해주는 브라우저가 설치되어 있습니다. 아이폰, 아이패드는 [Safari] 프로그램을 이용하고, 안드로이드폰은 [구글 인터넷] 프로그램을 이용하여 스마트 기기에서 빠른 인터넷 기능을 사용할 수 있습니다.

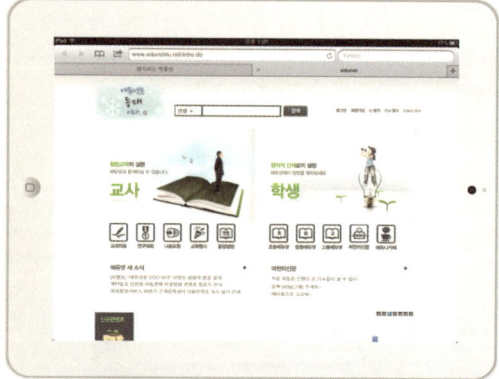

▲ 아이패드의 [Safari]

▲ 갤럭시탭의 [구글 인터넷]

[Safari]와 [구글 인터넷] 프로그램의 가장 큰 차이점은 플래시 지원 유무입니다. [구글 인터넷]은 플래시를 지원하여 플래시가 삽입되어 있는 홈페이지도 열어주지만 [Safari]는 플래시를 지원하지 않아 플래시 부분이 표시되지 않습니다. [Safari]가 플래시를 지원하지 않는 이유는 보안상 문제가 발생할 수 있는 플래시 사용을 자제하고 대신 HTML 5의 다이내믹 기능을 선호하기 때문입니다.

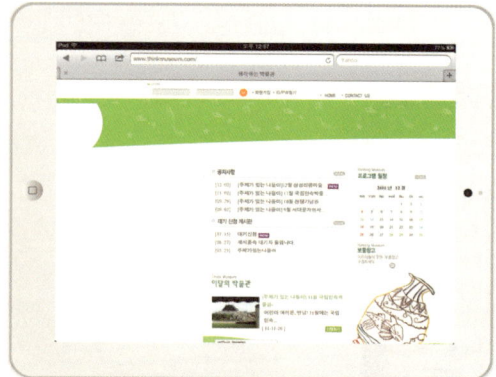

▲ 아이패드에서는 플래시가 열리지 않습니다.

▲ 안드로이드 태블릿 PC에서는 플래시가 있는 홈페이지도 정상적으로 열립니다.

모바일 기기를 미러링해주는 스마트 TV

Step 05

이런 기능들이 사용됐어요. ➜ 미러링

스마트 TV란 디지털 기능을 이용하여 스마트폰, 태블릿 PC 또는 PC의 영상을 자유자재로 출력할 수 있도록 해주는 TV를 말합니다. 대부분 와이파이를 이용한 무선 기능을 이용하여 버튼만 누르면 스마트폰 또는 태블릿 PC의 화면이 TV에 그대로 출력됩니다. 이와 같이 스마트 기기의 화면을 다른 기기에 동일하게 나타나게 해주는 기능을 미러링(Mirroring)이라고 합니다.

대표적인 스마트 TV에는 애플의 애플 TV와 삼성의 스마트 TV가 있습니다. 애플 TV는 단말기로 어떤 TV라도 연결만 해주면 아이폰, 아이패드를 미러링할 수 있는 반면 삼성 스마트 TV는 TV 일체형으로 스마트 TV를 구매해야만 미러링을 할 수 있습니다. 스마트 교육에서는 아이패드와 스마트 TV를 함께 사용하여 선생님의 수업 자료를 미러링하거나 학생의 발표물을 TV에 미러링할 때 사용합니다.

▲ 애플 TV와 아이패드 미러링

▲ 삼성 스마트 TV와 갤럭시탭 미러링

27

Section

03

아이패드
살펴보기

아이패드는 대표적인 태블릿 PC로 문서 작성, 인터넷 검색뿐만 아니라 앱 스토어를 이용하여 프로그램을 설치하여 사용할 수 있는 모바일 기기입니다. 아이패드의 기능을 배우기에 앞서 아이패드가 무엇인지 살펴보도록 하겠습니다.

섹션 01 | 섹션 02 | **섹션 03** | 섹션 04 | 섹션 05 | 섹션 06 | 섹션 07 | 섹션 08 | 섹션 09 | 섹션 10 | 섹션 11 | 섹션 12 | 섹션 13 | 섹션 14

아이패드란?

아이패드는 태블릿 PC

아이패드(iPad)는 애플사에서 내놓은 태블릿 PC입니다. 태블릿 PC(Tablet PC)란 일반적으로 화면을 터치해 명령을 입력하는 휴대용 컴퓨터를 말하는 것으로 노트북보다 휴대성이 좋기 때문에 언제 어디서든지 인터넷에 접속하거나 정보를 확인 및 작업하는 등의 작업을 수월하게 처리할 수 있습니다. 문서 작성뿐만 아니라 그림 그리기, 음악 듣기 및 연주, 그리고 필요한 프로그램을 설치해서 사용할 수 있기 때문에 활용할 수 있는 방법은 무궁무진합니다. 이러한 장점이 많기 때문에 교육 기관에서 시행하는 멀티미디어를 이용한 수업에도 적극 활용되고 있습니다.

iOS란?

아이패드는 애플사의 고유 모바일 운영체제인 iOS를 사용합니다. 마우스와 키보드를 사용하는 데스크탑 운영체제인 Windows나 OSX와 달리 손가락 터치만으로 쉽게 입력 작업을 수행할 수 있는 구조를 가지고 있습니다. iOS는 아이패드뿐만 아니라 아이폰에서도 함께 사용되기 때문에 동일한 작업 수행과 프로그램 사용이 가능하는 등 호환성이 유지됩니다. 하지만 그렇다고 해서 아이폰과 아이패드의 운영체제가 완전히 동일하지는 않습니다. 아이패드의 운영체제는 아이폰과의 호환성을 유지하되, 아이패드만의 특성을 십분 활용할 수 있도록 더욱 다양한 기능을 제공합니다.

▶ 아이패드의 iOS

▶ 아이폰의 iOS

iOS는 3.0, 4.0, 5.0 등 버전별로 분류하며 개인이 아이튠
즈를 통해 최신 버전으로 다운로드하여 설치할 수 있습니
다. iOS마다 지원하는 기능과 사용할 수 있는 프로그램 종
류도 다르므로 기기에 맞는 최신 버전을 설치하는 것이 좋
습니다.

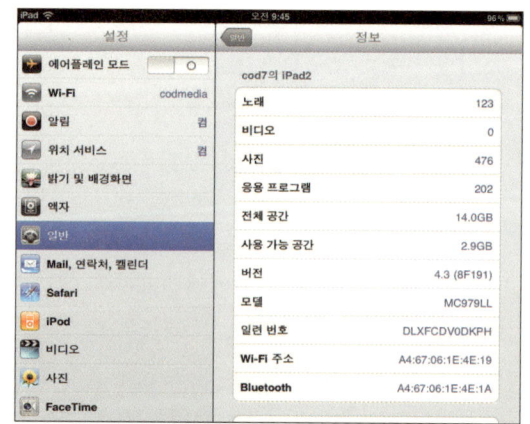

▶ [설정]-[일반]에서 iOS 버전을 확인할 수 있다.

아이패드 구조

아이패드는 액정, 4개의 버튼, 스피커, 마이크, 이어폰 커넥터, 독 커넥터로 구성되어 있습니다. 3G 버전은
USIM 카드를 꽂을 수 있는 카드 삽입구가 측면에 위치해 있습니다. 아이패드의 각 명칭에 대해서 살펴보도록
하겠습니다.

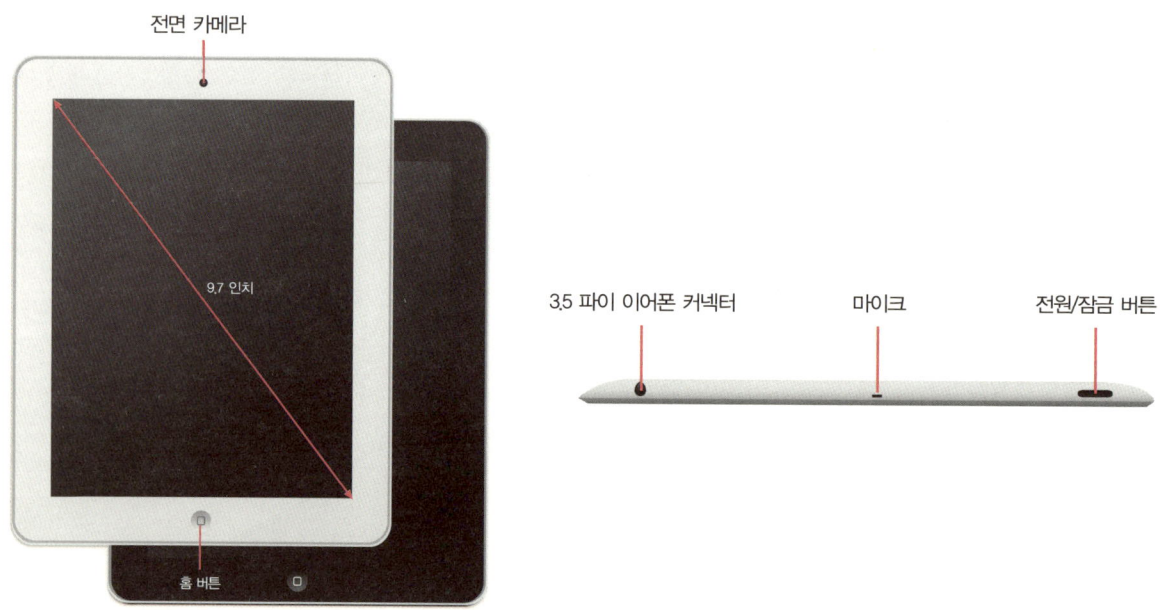

전면 카메라 : 화상 채팅 등에서 사용할 수 있는 저해상도 카메라로 사진 및 동영상 등을 촬영할 수 있습니다.
홈 버튼 : 애플만의 독특한 조작 버튼으로 아이패드를 켜거나 프로그램 종료 및 첫 페이지로 이동할 때 사용합니다.
3.5 파이 이어폰 커넥터 : 일반 이어폰을 끼울 수 있는 단자입니다.
마이크 : 소리를 녹음하거나 화상 채팅을 사용할 때 소리를 입력받는 단자입니다.
전원/잠금 버튼 : 버튼을 눌러 아이패드를 대기 상태로 설정하거나 대기 상태에서 해제시킬 수 있습니다. 그리고 버튼을 길게 눌러
기기를 완전히 끄거나 켤 수 있습니다.

후면 카메라

측면 스위치
볼륨 조절 버튼

스피커   30pin DOCK 커넥터

후면 카메라 : 고해상도의 사진 또는 동영상을 촬영할 때 사용합니다.

측면 스위치 : 볼륨 조절을 고정 또는 해제하거나, 가로 보기와 세로 보기 방식을 고정하거나 해제합니다.

볼륨 조절 버튼 : 볼륨 크기를 조절합니다.

스피커 : 소리를 내는 스피커입니다.

30pin Dock 커넥터 : 충전을 하거나 PC 연결 커넥터를 연결하는 단자입니다. 아이폰과 아이패드는 서로 같은 규격을 사용합니다.

와이파이 버전과 3G 버전의 모양이 달라요!

아이패드 와이파이 버전과 3G 버전의 모양이 조금 다릅니다. 3G 버전은 상단 부분
에 검정색 막대 부분이 있지만 와이파이 버전에는 검정색 막대 부분이 없습니다.

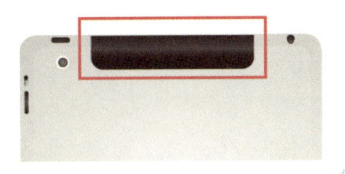

아이패드 사용을 위해 필요한 장비 Step 02

아이패드를 제대로 활용하려면 아이패드 장비 이외에 아이튠즈 프로그램, 무선 인터넷 환경 및 아이패드용 장비들이 필요합니다. 아이패드에 필요한 장비들에 대해서 알아보겠습니다.

아이튠즈 설치

아이튠즈는 애플에서 제공하는 소프트웨어로 PC에 설치하여 음악, 동영상 등을 재생하는 멀티미디어 재생 기능과 아이패드와 연결하여 자료를 공유할 수 있도록 해주는 기능을 제공합니다. 아이패드에 저장된 자료를 가져오거나 PC의 자료를 아이패드로 저장할 때 꼭 필요한 프로그램이므로 주로 사용할 PC에 아이튠즈를 설치합니다.

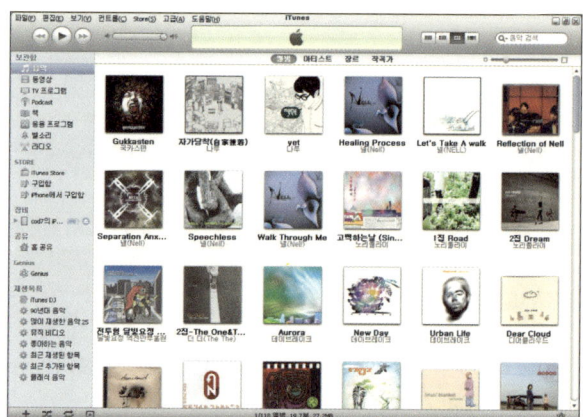

▶ 아이튠즈를 이용하여 PC에 저장된 사진이나 음악 파일을 아이패드로 저장할 수 있다.

무선 인터넷 환경 구축

아이패드는 무선 인터넷을 기본으로 사용하는 모바일 기기로 인터넷을 이용하는 작업이 많습니다. 아이패드에서 무선 인터넷을 이용하는 방법에는 와이파이를 이용하거나 3G망을 이용하는 방법이 있습니다. 와이파이는 무선 인터넷 신호를 보내는 단말기가 주변에 있을 경우 무선 신호를 받아서 사용하는 방식으로 별도의 통신 요금이 부과되지 않지만 무선 인터넷 신호가 없는 곳에서는 사용할 수 없습니다. 3G는 이동 통신 업체에 가입을 해야만 사용이 가능하며 유료이지만 어디서든지 인터넷 접속이 가능합니다. 학교, 회사 등의 여러 사람이 함께 사용하는 공간에서 아이패드를 사용하려면 무선 인터넷 신호를 보낼 수 있는 무선 인터넷 공유기를 이용해서 사용하는 것이 효율적입니다. 일반 유선 공유기를 무선 공유기로 교체하여 손쉽게 무선 인터넷 환경을 구축할 수 있습니다.

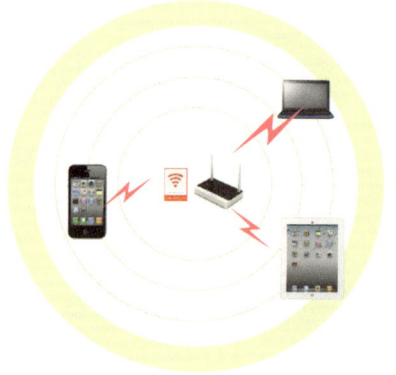

아이패드 활용 장비

아이패드는 근거리 통신망인 블루투스를 지원하므로 블루투스용 키보드 또는 이어폰 등을 이용할 수 있습니다. 특히 타이핑을 많이 하는 사용자들에게 매력적인 아이템으로 케이스와 일체형인 키보드가 인기가 높습니다.

블루투스 키보드 ▶

이외에도 아이패드는 30pin DOCK에 연결할 수 있는 여러가지 커넥터를 지원합니다. 모니터나 TV에 연결할 수 있는 커넥터를 사용하여 아이패드의 화면을 외부 모니터나 TV 화면에 띄울 수 있고 메모리 카드를 삽입할 수 있는 커넥터를 이용하여 디지털 카메라의 메모리 카드에 기록된 사진을 열어볼 수 있습니다.

▲ 모니터로 출력해주는 영상 출력 케이블   ▲ 메모리 카드를 연결할 수 있는 카메라 커넥터 킷

그리고 전자 기타의 출력 커넥터를 아이패드의 이어폰 잭에 연결할 수 있도록 해주는 [JAM] 기기를 이용하여 연주를 입력받아 음악을 제작할 수도 있고, DMB 수신기를 30pin DOCK에 연결하여 DMB 수신도 할 수 있습니다.

▲ DMB 수신기

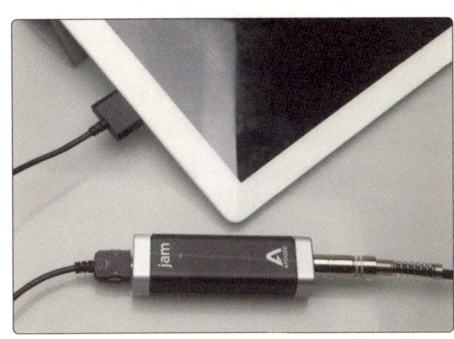

▲ 전자 기타의 소리를 입력받아주는 [JAM]

Section 04 아이패드 기본 동작 배우기

아이패드를 구매한 후 전원을 켜도 아무것도 나타나지 않습니다. 반드시 아이튠즈로 연결해주어야만 사용이 가능합니다. 여기서는 아이패드를 세팅하고 아이패드를 다루는 기본 동작에 대해서 알아보도록 하겠습니다.

섹션 01 섹션 02 섹션 03 섹션 04 섹션 05 섹션 06 섹션 07 섹션 08 섹션 09 섹션 10 섹션 11 섹션 12 섹션 13 섹션 14

아이튠즈 설치하기

이런 기능들이 사용됐어요 ➜ iTunes

01 〉〉 [애플] 홈페이지(http://www.apple.com/kr)에 접속한 다음 [iTunes] 메뉴를 클릭하고 [iTunes 다운로드] 버튼을 클릭합니다.

> 아이튠즈는 컴퓨터에서 다양한 콘텐츠를 관리하고 멀티미디어를 실행해주는 프로그램입니다. 아이폰과 같은 애플 기기의 자료를 관리하기 위해서는 아이튠즈를 반드시 설치해야 합니다.

02 〉〉 자신의 이메일 주소를 입력한 다음 [지금 다운로드] 버튼을 클릭합니다.

03 〉〉 [실행] 버튼을 클릭하여 프로그램을 설치합니다.

04 ≫ 설치가 완료되면 아이튠즈가 실행됩니다.

보관함 : 음악, 동영상, TV 프로그램, 라디오 별로 콘텐츠를 가져와서 보관하는 공간입니다. 여기에 보관된 자료를 동기화를 통해 아이패드에 전송할 수 있습니다.

STORE : 앱 스토어, 팟캐스트, 아이튠즈 유 콘텐츠를 검색하고 구매할 수 있습니다.

장비 : PC에 연결된 아이폰, 아이패드, 아이팟 등의 기기를 연결하고 관리합니다.

공유 : 보관함에 있는 자료를 다른 모바일 기기에서 보고 들을 수 있도록 연결합니다.

Genius : 선택한 음악과 비슷한 음악을 골라주는 기능입니다.

재생목록 : 보관함에 등록된 음악 중 지정된 분야에 따라 만든 목록을 보여줍니다.

애플 계정 가입하기

Step 02

이런 기능들이 사용됐어요 ➡ iTunes

01 ≫ 아이튠즈를 실행한 다음 왼쪽 메뉴에서 [iTunes Store]를 클릭합니다. 오른쪽의 [무료 Apps] 항목에서 [무료] 버튼을 클릭합니다.

[Store]-[계정 설정] 메뉴로 계정을 신청할 수 있지만 신용카드가 없을 경우 신청을 할 수 없습니다.

02 ›› 로그인 화면이 나타나면 [새로운 계정
생성] 버튼을 클릭합니다.

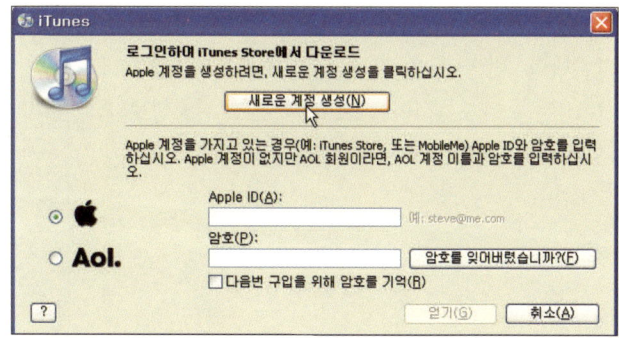

03 ›› [iTunes Store] 안내 페이지가 나타나
면 [계속] 버튼을 클릭합니다. [iTunes Store]
이용 약관 창이 나타나면 내용을 확인한 후 [이
이용 약관을 읽고 동의합니다.] 항목을 클릭해
서 체크하고 [계속] 버튼을 클릭합니다.

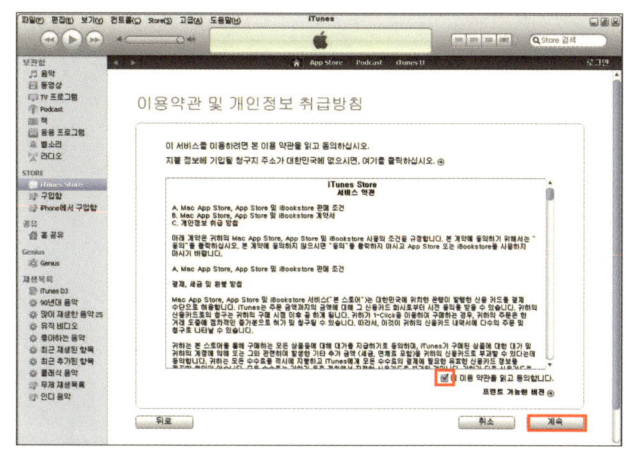

04 ›› [iTunes Store] 계정을 설정합니다.
이메일 주소와 암호, 아이디를 잊어버렸을 때
확인할 문제와 답을 입력하고 본인의 생년월일
을 입력한 다음 [계속] 버튼을 클릭합니다. 암
호는 숫자와 영문 대/소문자를 포함하여 8자
이상으로 입력합니다. 모든 내용은 영문으로
작성합니다.

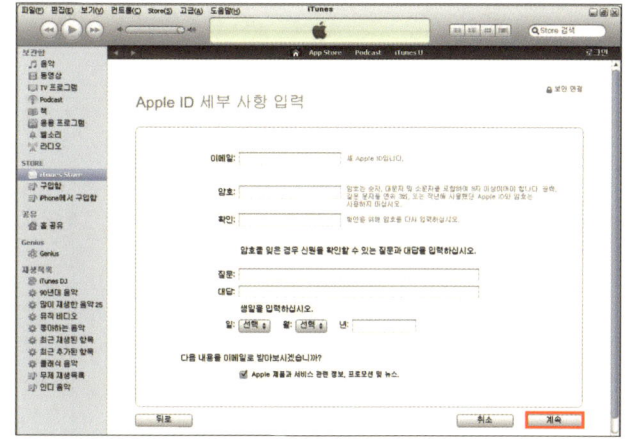

05》 앱 구매 시 결제할 신용 카드 정보를 입력합니다. 만일 신용 카드를 가지고 있지 않을 경우 [신용 카드]에 [없음]을 선택하고 주소 정보를 입력한 다음 [계속] 버튼을 클릭합니다.

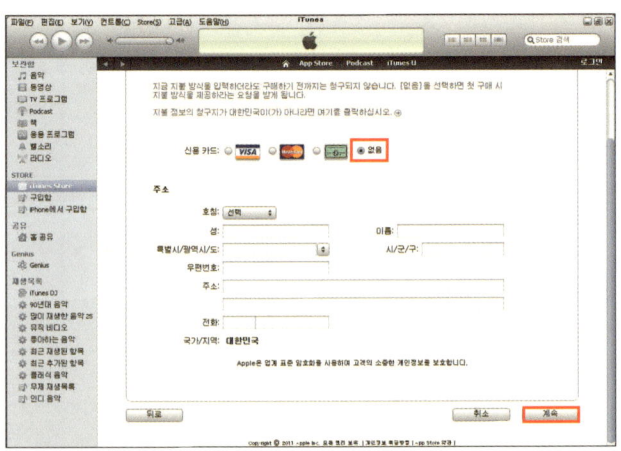

[Store]–[계정 설정] 메뉴로 계정을 신청한 경우에는 [없음] 항목이 나타나지 않습니다.

06》 계정 생성이 완료되었다는 메시지가 나타납니다. [완료] 버튼을 클릭해서 계정 생성을 종료합니다.

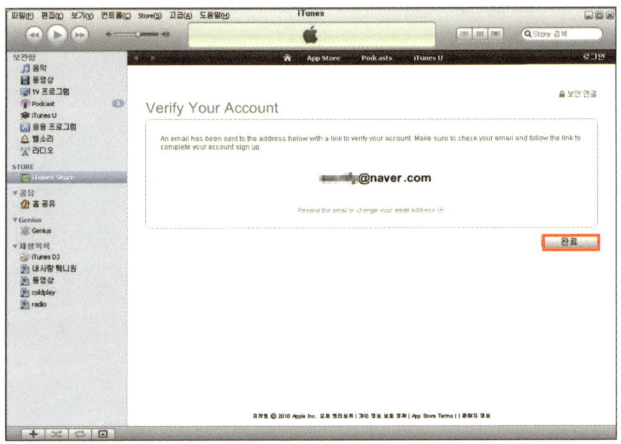

07》 계정 설정을 할 때 등록한 이메일 주소에서 받은 메일을 확인합니다. 아이튠즈에서 전송된 메일을 연 후 인증 링크를 클릭하여 인증을 확인하면 회원가입이 완료됩니다.

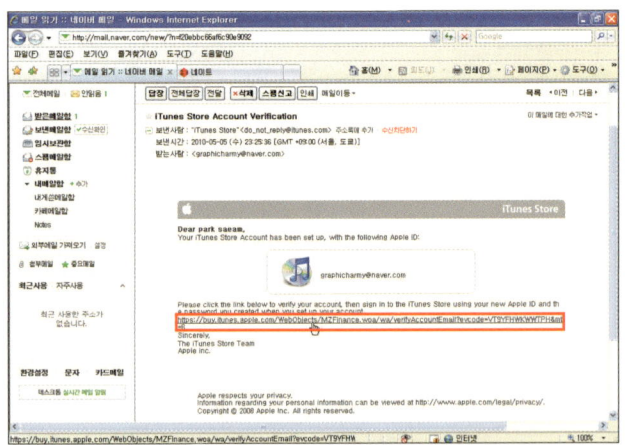

미국 계정으로 애플 계정 신청하기

Step 03

이런 기능들이 사용됐어요 ➡ iTunes

01 ›› [iTunes Store]를 실행한 다음 스크롤을 내려 화면 오른쪽 아래에 보이는 국기 아이콘을 클릭합니다. 각 나라의 국기가 나타납니다. 여기서 [United States]를 클릭합니다.

> 미국 앱 스토어를 이용하려면 미국 계정을 별도로 신청해야 합니다.

02 ›› 미국 아이튠즈로 페이지 내용이 바뀝니다. 상단의 [iTunes Store]를 선택하고 화면 오른쪽의 [Free Apps] 항목의 콘텐츠에 마우스 포인트를 위치하면 나타나는 [Free] 버튼을 클릭합니다.

03 ›› 로그인 화면이 나타나면 [새로운 계정 생성] 버튼을 클릭하여 계정 설정을 합니다. 계정 설정 방법은 한국 계정을 설정하는 방법과 동일합니다. 단 신용 카드를 설정하는 과정에서 국내 신용 카드는 지원하지 않으므로 반드시 [Credit Card]에서 [None]을 선택하도록 합니다.

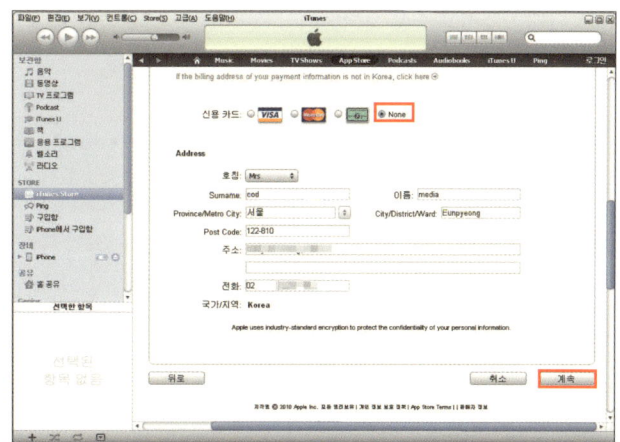

> 개인 도메인의 경우 전자우편 확인 메일이 수신되지 않을 수 있습니다. 이런 경우 네이버, 다음, 네이트 등의 포털 서비스에서 제공하는 전자우편을 이용합니다.

아이패드 연결하기

Step 04

이런 기능들이 사용됐어요 ➔ iTunes

01 ›› USB 케이블을 이용하여 컴퓨터와 아이패드를
연결합니다.

02 ›› 잠시 후 아이튠즈가 실행됩니다. 아이패드 연결을 시작하는 메시지와 소프트웨어 사용권 계약 메시지
가 나타나면 [계속] 버튼을 클릭합니다.

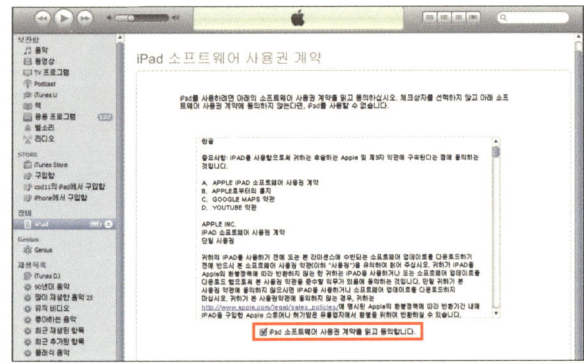

03 ›› 아이튠즈 계정 아이디와 비밀번호를 입력하는 페이지와 개인 정보를 입력하는 페이지가 순서대로 나
타납니다. 아이튠즈를 신청할 때 설정한 아이디와 비밀번호를 입력한 후 관련 정보를 입력하고 [계속] 버튼을
누릅니다.

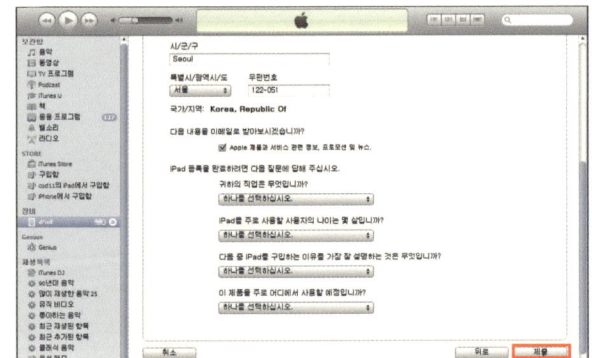

04 ›› [무료 나의 iPad 찾기] 페이지가 나타납니다. [나의 iPad 찾기 설정] 버튼을 클릭하면 관련 페이지로 이동합니다.

05 ›› 아이패드를 처음 연결한 경우 [새로운 iPad로 설정]을 체크하고 [계속] 버튼을 클릭합니다. 만일 이전에 아이폰 또는 아이패드를 연결한 경우 [다음 백업에서 복원]을 체크하고 [계속] 버튼을 클릭하면 이전에 백업되었던 데이터로 복원됩니다.

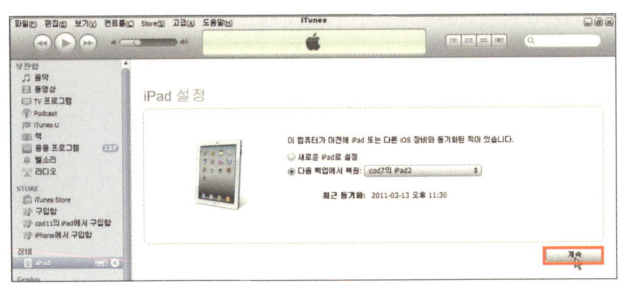

아이패드에 연결된 컴퓨터 인증받기

Step 05

이런 기능들이 사용됐어요 ➜ iTunes

01 ›› 아이튠즈 프로그램의 [Store] 메뉴에서 [이 컴퓨터 인증]을 클릭합니다.

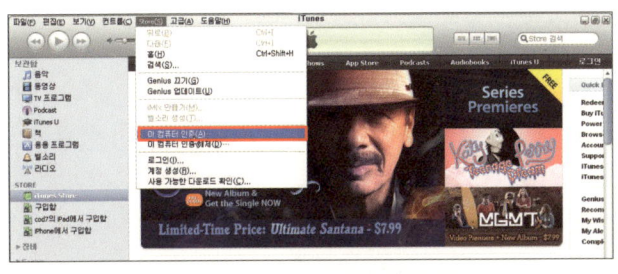

02 ›› [이 컴퓨터 인증] 대화 상자가 나타나면 Apple ID와 암호를 입력하고 [인증] 버튼을 클릭해 인증을 완료합니다.

> 컴퓨터 인증이 총 5번 초과되면 컴퓨터 인증을 초기화하여 재인증을 실행해야 합니다. 컴퓨터 인증 초기화는 1년에 한 번만 가능합니다. 컴퓨터 인증을 초기화하려면 아이튠즈에서 [Store] 메뉴의 [나의 계정 보기]를 클릭합니다. 비밀번호를 확인하면 내 계정 정보가 나타납니다. 컴퓨터 인증이 5번 되었으면 [Deauthorize All computers] 버튼이 표시됩니다. 이 버튼을 클릭하면 컴퓨터 인증이 초기화됩니다.

아이패드 켜고 끄기 Step 06

01 ≫ 아이패드의 대기 상태에서 ⊡ [홈] 버튼 또는 [전원/잠금] 버튼을 누릅니다. 잠금 화면이 나타나면 [밀어서 잠금해제] 슬라이드를 오른쪽으로 밀면 홈 화면이 켜집니다.

02 ≫ 화면이 켜져 있는 상태에서 [전원/잠금] 버튼을 누르면 화면이 꺼집니다.

03 ≫ [전원/잠금] 버튼을 길게 누르면 [밀어서 전원끄기] 슬라이드가 나타납니다. 슬라이드를 오른쪽으로 밀면 전원이 완전히 꺼집니다.

04 ≫ 전원이 완전히 꺼진 상태에서는 ⊡ [홈] 버튼을 눌러도 화면이 나타나지 않습니다. [전원/잠금] 버튼을 길게 눌러 전원을 다시 켭니다.

> 아이패드가 켜져 있는 상태에서 [홈] 버튼 또는 [전원/잠금] 버튼을 누르면 액정만 꺼지는 대기 상태를 유지합니다. 그리고 [전원/잠금] 버튼을 길게 눌러 전원을 끄면 아이패드는 어떤 동작도 하지 못하게 됩니다. 아이패드는 사용하지 않을 경우 자동으로 대기 모드로 전환되어 배터리 소모를 줄여주므로 특별한 경우가 아니면 시스템을 끄는 작업은 하지 않아도 됩니다.

가로 보기와 세로 보기

Step 07

이런 기능들이 사용됐어요 ➜ 설정

01 ›› 아이패드를 가로로 눕히면 홈 화면이 가로 방향에 맞게 회전되어서 나타납니다.

02 ›› 홈 화면에서 🔧 [설정] 아이콘을 누른 다음 [일반] 메뉴의 [측면 스위치 기능 설정]에서 [회전 잠금]을 눌러서 선택하면 측면 스위치로 보기 방식을 고정 및 해제할 수 있습니다. 선택이 완료되었으면 ⊡ [홈] 버튼을 누릅니다.

03 ›› 측면 스위치를 켜면 현재 보기 방식에서 화면이 고정됩니다. 아이패드 방향을 바꾸어도 화면이 회전되지 않습니다.

04 >>  [설정]−[일반]−[측면 스위치 기능 설정]에서 [소리 끔]을 선택했을 경우에는 메뉴를 이용하여 보기 방식을 고정할 수 있습니다. [홈] 버튼을 빠르게 두 번 누르면 하단 메뉴가 나타납니다. 아이콘 목록을 오른쪽으로 드래그한 다음 🔳 버튼을 누르면 아이콘 모양이 🔳 으로 바뀌면서 [회전 잠금]이 해제됩니다.

화상 키보드 사용하기

Step 08

이런 기능들이 사용됐어요 ➡ 키보드

아이패드는 글을 작성할 때 화상 키보드를 이용합니다. 화상 키보드의 자판은 일반 키보드와 동일하지만 키보드처럼 누름 방식이 아닌 터치 방식이므로 처음 사용할 때 불편할 수 있습니다. 화상 키보드를 사용하는 방법과 자판 구성에 대해서 살펴보겠습니다.

세로 보기보다는 가로 보기가 타이핑하기 편리합니다.
각도 조절이 가능한 아이패드 케이스를 이용하여 15˚로 높이를 조절합니다.
PC 키보드와 같은 파지법으로 두 손을 자판에 올립니다.
타이핑할 때 손끝으로 누르지 않도록 합니다.

자판 길게 누르기

자판을 누르면 관련된 문자가 나타납니다. 자판마다 나타나는 문자 내용을 알아두면 자판을 보다 빠르게 입력할 수 있습니다.

- 커서 앞 문자 지우기
- 줄 바꾸기
- 시프트 키
- 키보드 감추기

- 숫자 키보드
- 다국어 선택
- 한 칸 띄우기

숫자 키보드 : 숫자 또는 특수 문자를 입력할 때 누릅니다.

다국어 선택 : 아이패드에 등록되어 있는 키보드 언어를 선택합니다. 버튼을 누를 때마다 키보드 언어가 바뀝니다. 기본값은 한글, 엉어 순으로 바뀝니다.

커서 앞 문자 지우기 : 커서가 있는 곳의 앞에 있는 문자를 지웁니다.

다음 문장 : 줄을 바꾸어 다음 줄에 커서를 위치시킵니다.

시프트 키 : PC 키보드의 **Shift** 키와 같은 기능으로 한글일 경우 된소리, 영문일 경우 대문자로 변경합니다.

키보드 감추기 : 버튼을 누르면 키보드가 사라집니다. 다시 화면을 탭하면 키보드가 표시됩니다.

아이패드 상태 표시줄 살펴보기   Step 09

이런 기능들이 사용됐어요 ➔ 상태 표시줄

아이패드 상단에는 인터넷 접속 상태, 잠금 표시, 배터리 잔량, 블루투스 연결 유무를 알려주는 알림판이 표시됩니다. 여기서는 알림판의 알림 표시에 대해서 알아보고, 아이패드에 설치되어 있는 기본 프로그램에는 어떤 것들이 있는지 알아보겠습니다.

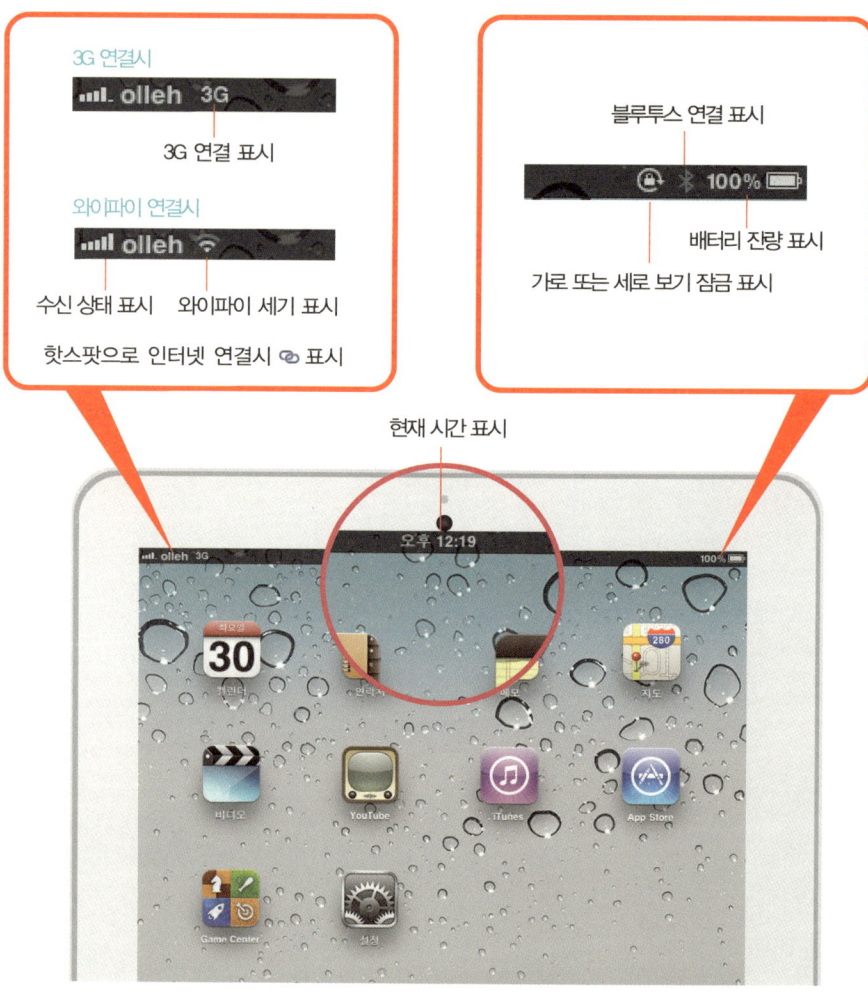

3G 연결시

3G 연결 표시

와이파이 연결시

수신 상태 표시   와이파이 세기 표시

핫스팟으로 인터넷 연결시 ⊕ 표시

블루투스 연결 표시

배터리 잔량 표시

가로 또는 세로 보기 잠금 표시

현재 시간 표시

아이패드에서 자주 사용하는 버튼 기능 알아보기 Step 10

이런 기능들이 사용됐어요 ➜ 버튼 기능

아이패드에서 프로그램을 실행하면 명령을 내리기 위한 여러 가지 버튼들이 나타납니다. 대부분의 버튼은 화면 상단에 위치해 있으며 아이콘 모양을 통해 대략적인 기능을 파악할 수 있습니다. 여기서는 자주 사용하는 버튼들의 기능을 알아보겠습니다.

새 문서를 엽니다.

선택한 요소를 저장하거나 전달하는 등의 작업을 실행합니다.

선택한 요소를 이메일, 공유 사이트 등으로 보내는 작업을 합니다.

선택한 목록을 삭제하는 버튼입니다.

새로운 목록을 추가할 때 사용하는 버튼입니다.

선택한 목록에 관련된 설정 페이지를 열 때 사용하는 버튼입니다.

해당 페이지를 닫거나 취소할 때 사용하는 버튼입니다.

해당 프로그램에 대한 환경 설정 페이지로 이동합니다.

이전 페이지로 이동합니다. 버튼에 이동할 페이지 이름이 표시됩니다.

옵션 버튼으로 둥근 사각형 모양으로 구성되어 있습니다.

해당 항목을 드래그하여 활성화합니다.

슬라이드 막대를 드래그하여 크기를 조절합니다.

아이패드 배경과
아이콘 편집하기

아이패드의 홈 화면은 배경화면과 프로그램 아이콘 목록으로 구성되어 있습니다. 여기서는 아이패드 배경을 꾸미고 프로그램 아이콘 위치를 이동 및 삭제하거나 그룹으로 지정하는 방법에 대해서 알아보겠습니다.

아이패드 배경 꾸미기

Step 01

이런 기능들이 사용됐어요 ➜ 설정

01 ›› 아이패드 홈 화면에서 🔘 [설정] 아이콘을 누른 다음 [밝기 및 배경화면]을 누릅니다. 현재 사용 중인 배경화면이 나타나면 배경화면 목록을 누릅니다.

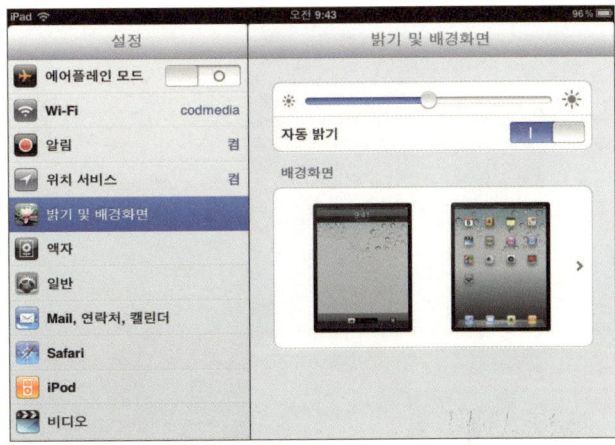

02 ›› 배경에 사용할 그림이 있는 목록을 누릅니다. 여기서는 아이패드에서 기본으로 제공하는 그림을 선택하기 위해서 [배경화면]을 눌러보겠습니다.

03 ›› 배경 그림으로 사용할 그림을 선택하여 누릅니다.

04 ›› 선택한 그림이 전체 화면으로 나타납니다. [둘 다 설정] 버튼을 눌러 잠금 화면과 홈 화면에 선택한 그림을 적용합니다.

05 ›› ◉ [홈] 버튼을 눌러 설정을 완료합니다. 홈 화면과 잠금 화면에 선택한 그림이 배경으로 설정됩니다.

아이패드 암호 걸기

Step 02

이런 기능들이 사용됐어요 ➜ 설정

01 ≫ 홈 화면에서 ▣ [설정]을 눌러 실행합니다. [일반] 메뉴를 누른 다음 [암호 켜기] 버튼을 누릅니다.

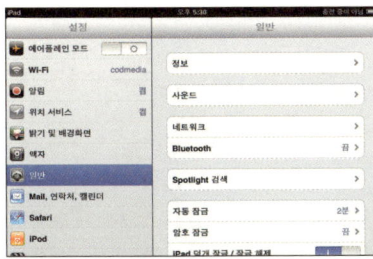 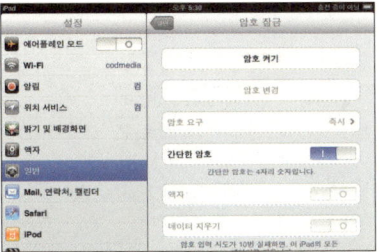

[데이터 지우기]를 활성화하면 10번 이상 암호를 잘못 입력 시 아이패드의 데이터가 자동 삭제될 수 있습니다.

02 ≫ [암호 설정] 창이 나타나면 비밀번호를 입력합니다. [암호 재입력] 창이 나타나면 다시 한 번 더 비밀번호를 입력합니다.

[암호 요구] 항목을 눌러 아이패드를 켠 후 암호를 묻는 메시지가 나타날 시간을 지정할 수 있습니다.

03 ≫ 암호가 설정되었습니다. ▣ [홈] 버튼을 눌러 홈 화면으로 이동합니다.

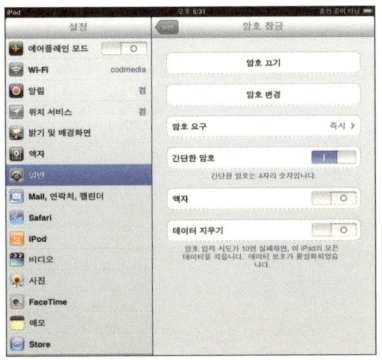

[암호 끄기] 버튼을 눌러 암호 설정을 해제할 수 있습니다.

04 » 아이패드의 [전원/잠금] 버튼을 눌러 아이패드를 끕니다. ▣ [홈] 버튼을 눌러 아이패드를 켠 후 밀어서 잠금해제 슬라이드를 드래그해서 켜면 [암호 입력] 창이 나타납니다. 암호를 입력하면 아이패드가 켜집니다.

[설정]–[일반]–[암호 잠금]에서 [액자] 항목을 활성화시키면 대기 화면에 액자 아이콘이 나타납니다.

문자를 포함한 암호 지정하기

▣ [설정]–[일반]의 [암호 잠금]에서 [간단한 암호] 항목을 비활성화하면 숫자 이외에 문자를 포함한 긴 문장을 암호로 지정할 수 있습니다.

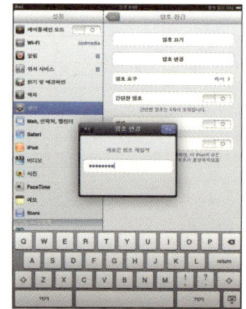 

프로그램 아이콘 편집하기　　Step 03

이런 기능들이 사용됐어요 ➜ 아이콘 편집

01 ›› 아이콘 중 하나를 길게 누르면 아이콘이 흔들거리면서 편집 모드로 전환됩니다. 독에 있는 ✉ [Mail] 아이콘을 상단 화면으로 드래그하여 이동시키고 ⊙ [App Store] 아이콘은 독으로 드래그하여 이동시킵니다.

> 화면 하단의 아이콘이 배치되어 있는 부분을 독이라고 합니다. 독은 페이지를 이동해도 움직이지 않습니다.

02 ›› 페이지에서 위치를 이동하고 싶은 아이콘이 있다면 아이콘을 길게 누르고 드래그하여 이동합니다.

03 ›› 아이콘을 길게 누른 상태에서 왼쪽이나 오른쪽 모퉁이로 드래그하면 다른 페이지로 아이콘을 이동할 수 있습니다.

아이콘 그룹 만들기

Step 04

이런 기능들이 사용됐어요 ➡ 아이콘 편집

01 ›› 아이콘을 길게 눌러 아이콘 편집 모드로 변경한 후 함께 그룹으로 묶고 싶은 다른 아이콘 위로 드래그
합니다. 키보드가 나타나면 그룹 이름을 입력하고 [Done] 버튼을 누릅니다. ⬭ [홈] 버튼을 눌러 작업을 완료
합니다. 그룹을 누르면 그룹으로 묶인 프로그램 목록이 나타납니다.

사용하지 않는 프로그램 삭제하기

Step 05

이런 기능들이 사용됐어요 ➡ 아이콘 편집

01 ›› 아이콘을 길게 눌러 아이콘 편집 모드로 변경한 다음 삭제하고 싶은 프로그램의 ⊗ 버튼을 누릅니다. 삭제
여부를 묻는 메시지 창이 나타나면 [삭제] 버튼을 누릅니다. ⬭ [홈] 버튼을 눌러 아이콘 편집 모드를 해제합니다.

메모리 효율 높이기 Step 06

이런 기능들이 사용됐어요 ➡ 독 편집

01 〉〉 ◙ [홈] 버튼을 빠르게 두 번 눌러 하단 메뉴를 엽니다. 아이콘을 길게 누르면 아이콘 편집 모드로 변경됩니다.

> 프로그램을 종료한 후에도 실행되었던 프로그램이 아이패드 메모리에 남아 있기 때문에 메모리에 남아 있는 대기 프로그램들을 삭제하여 메모리 효율을 높이도록 합니다.

02 〉〉 ➖ 버튼을 눌러 모든 프로그램을 제거합니다. 프로그램을 모두 제거했으면 ◙ [홈] 버튼을 눌러 작업을 완료합니다.

아이패드로 여러 가지 작업하기   Step.07

이런 기능들이 사용됐어요 ➜ 지도, 메모

01 >> 홈 화면에서 🗺 [지도] 아이콘을 눌러 지도를 실행합니다.

02 >> ⬜ [홈] 버튼을 눌러 프로그램을 종료한 후 📒 [메모] 아이콘을 눌러 프로그램을 실행하여 메모를 작성합니다.

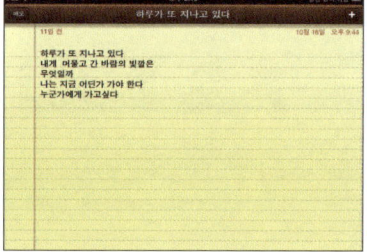

03 >> ⬜ [홈] 버튼을 두 번 누르면 실행했던 프로그램 목록이 순서대로 나타납니다. 🗺 [지도] 아이콘을 누르면 앞에서 작업했던 지도 프로그램에서 마지막에 보았던 내용이 그대로 열립니다.

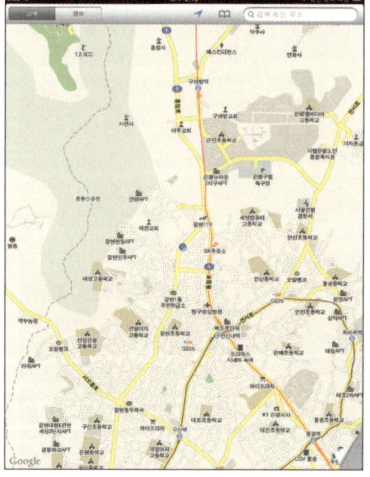

04 ›› 같은 방법으로 다른 프로그램을 실행한 뒤에도 ⬜ [홈] 버튼을 두 번 눌러 원하는 프로그램으로 전환할 수 있습니다.

아이패드로 와이파이 접속하기   Step 08

이런 기능들이 사용됐어요 ➜ 인터넷 접속

01 ›› 아이패드 상단 메뉴에는 현재 인터넷 연결 방식이 표시됩니다. 와이파이로 연결되어 있으면 📶, 3G로 연결되어 있으면 **3G**로 표시됩니다.

⤷ 와이파이 버전 아이패드는 3G 접속이 되지 않습니다.

02 ›› 홈 화면에서 🔧 [설정] 아이콘을 누른 다음 [Wi-Fi] 메뉴에서 [Wi-Fi] 항목을 활성화시킵니다. 네트워크 목록 중 신호가 가장 좋은 목록을 눌러 선택하면 와이파이로 연결됩니다.

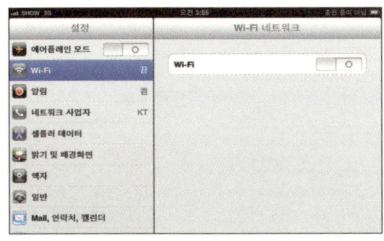 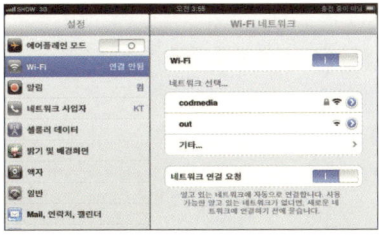

⤷ 신호가 가장 좋은 네트워크가 맨 위에 표시됩니다.

03 »   네트워크 목록에 🔒 아이콘이 표시되어 있다면 암호를 입력해야 와이파이 접속이 가능합니다. 🔒 아이콘을 누르면 나타나는 창에서 네트워크에 설정된 암호를 입력하고 키패드에서 [Join]을 누릅니다.

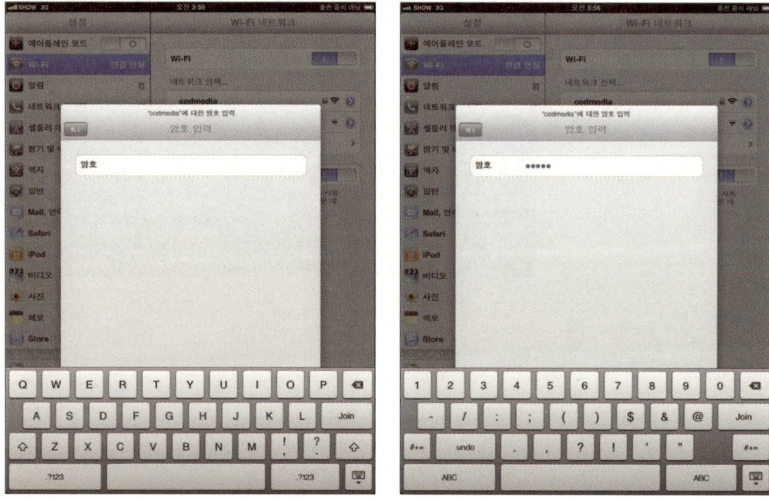

04 »   정상적으로 와이파이에 연결되면 상단에 📶 아이콘이 표시됩니다.

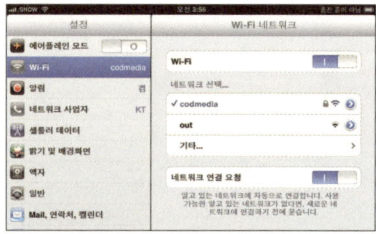

아이패드는 와이파이를 자동으로 찾아서 연결해주며 와이파이 연결이 끊어지면 3G 버전일 경우 자동으로 3G로 연결됩니다.

3G 기능 끄기

[설정]에서 [셀룰러 데이터] 메뉴를 누릅니다. [셀룰러 데이터] 항목을 비활성화시키면 3G 접속이 해제됩니다. 인터넷 접속이 필요 없을 경우 3G 기능을 완전히 차단하고 싶을 때 이용합니다.

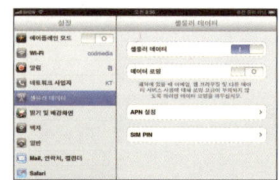 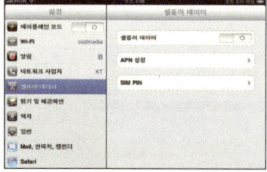

핫스팟으로 인터넷 사용하기

Step 09

이런 기능들이 사용됐어요 ➡ 설정, 핫스팟

01 ›› 핫스팟을 지원하는 모바일 기기에서 핫스팟을 활성화시킵니다. 여기에서는 3G를 지원하는 아이폰 4S에서 [설정]-[개인용 핫스팟]에서 [개인용 핫스팟]을 활성화시켜 보겠습니다.

> 핫스팟(Hot spot)이란 무선 인터넷을 사용할 수 있도록 전파를 중계하는 것입니다. 핫스팟 기능을 제공하는 휴대폰은 3G를 와이파이로 전파를 보낼 수 있으며 아이패드는 이 와이파이 전파를 이용하여 와이파이가 되지 않는 지역에서도 인터넷 접속을 할 수 있습니다.

02 ›› 아이패드에서 🌐 [설정]을 실행한 다음 [Wi-Fi] 메뉴를 누르면 아이폰 이름의 와이파이가 설정된 것을 볼 수 있습니다. 와이파이를 연결하면 인터넷을 사용할 수 있습니다.

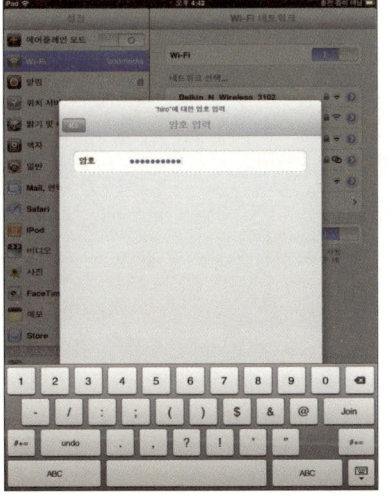
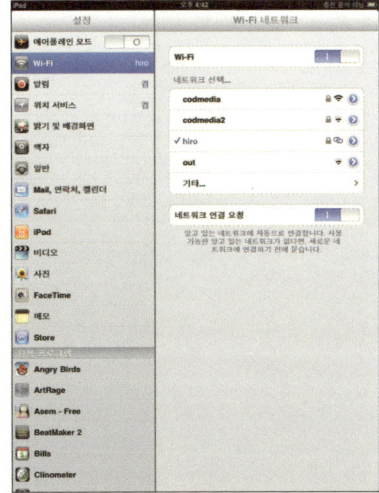

아이튠즈를 이용하여 자료 관리하기

아이튠즈는 PC에서는 멀티미디어 재생 플레이어로 사용되지만 아이패드와 연결하면 이미지, 음악, 동영상 등의 문서를 전송해주는 기능을 합니다. 여기서는 아이튠즈를 이용하여 자료를 전송하고 활용하는 방법에 대해서 알아보겠습니다.

아이패드로 음악 동기화하기   Step 01

이런 기능들이 사용됐어요 ➡ iTunes, 음악

01 ›› 아이튠즈를 실행한 다음 [파일] 메뉴에서 [보관함에 폴더 추가]를 클릭합니다.

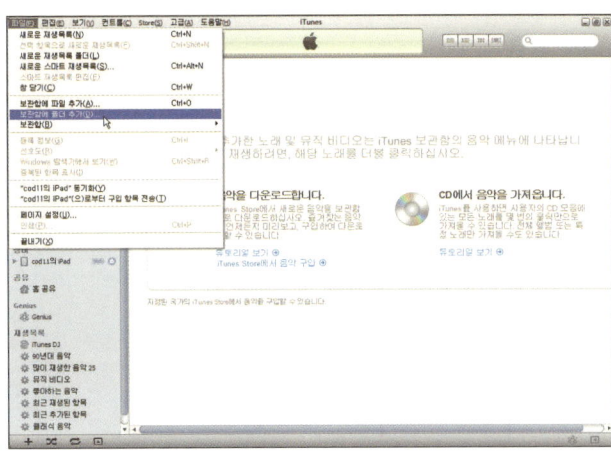

> 파일을 추가하려면 [보관함에 파일 추가]를 선택합니다.

02 ›› 음악 파일들이 포함되어 있는 폴더를 선택하고 [확인] 버튼을 클릭합니다.

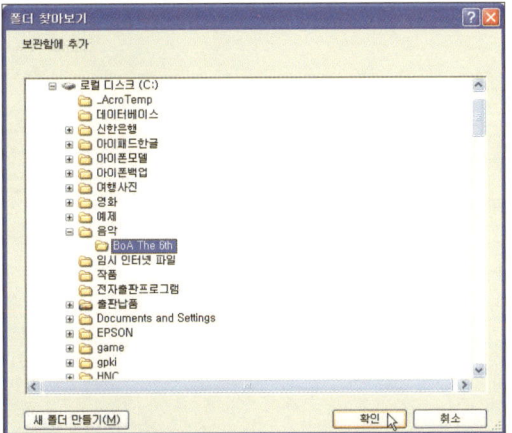

03 ›› [음악] 메뉴를 클릭하면 선택한 음악 파일이 등록되어 있습니다. 앨범의 [앨범 재생] 버튼을 클릭하면 앨범에 들어 있는 음악들이 재생됩니다.

> [보관함]은 자료를 종류별로 보관해두는 항목입니다.

04 ›› 앨범을 더블 클릭하면 앨범에 담겨 있는 노래 목록이 나타납니다. 노래 목록을 더블 클릭하면 해당 음악을 재생할 수 있습니다.

05 ›› ➕ 버튼을 클릭하면 [재생 목록]이 추가됩니다. 추가된 재생 목록에 이름을 입력합니다.

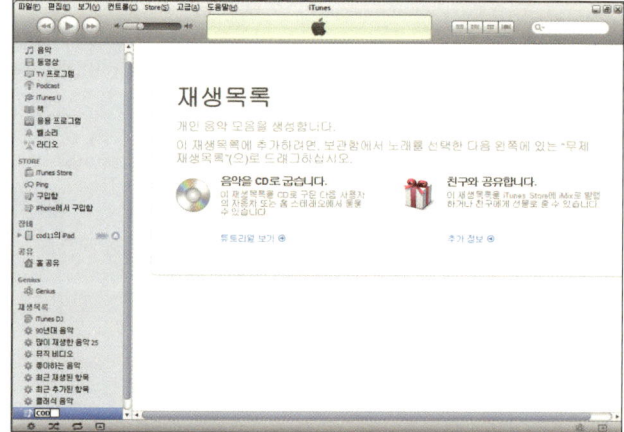

> 재생 목록은 음악들을 분류해둘 임의의 목록입니다.

06 ›› [보관함]-[음악]에 등록된 음악 중 재생 목록에 등록할 음악을 마우스 오른쪽 클릭한 다음 [재생목록으로 추가]에서 재생 목록 이름을 선택합니다.

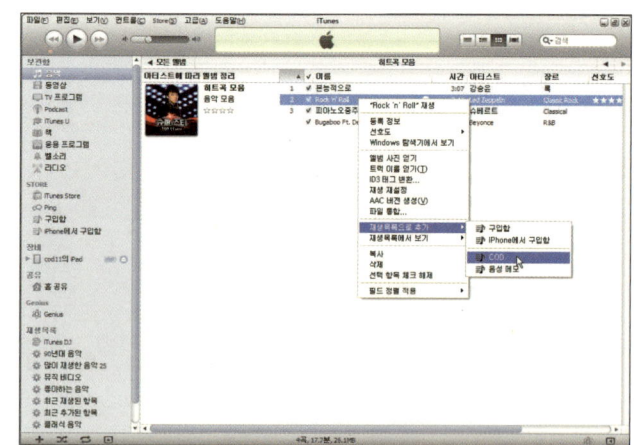

07 ›› 아이패드를 PC와 연결한 후 [장비]에서 장비 목록을 클릭하고 [음악] 탭을 클릭한 후 [재생목록]에서 아이패드에 전송할 목록을 클릭해서 체크하고 [적용] 버튼을 클릭합니다.

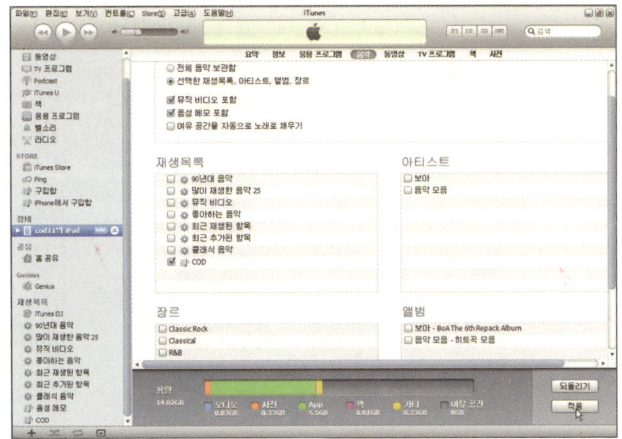

[아티스트]에서 아티스트 분류별로 음악을 전송할 수 있습니다.

08 ›› 아이패드를 실행한 다음  [음악] 아이콘을 누릅니다.

[음악] 프로그램은 예전 버전에서는 [iPod]이라고 표시했습니다.

09 ›› 동기화한 음악 파일이 나타납니다. 듣고 싶은 음악 파일을 눌러 음악을 재생합니다.

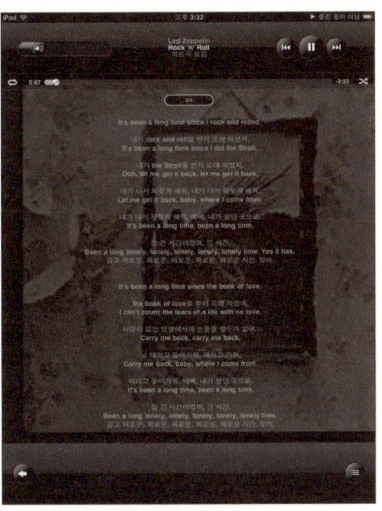

교육 동영상 아이패드로 보기 Step 02

이런 기능들이 사용됐어요 ➡ 팟인코더, 비디오

01 ≫ [Daum tv 팟] 홈페이지(http://tvpot. daum.net/application/PotEncoder.do)에 접속한 다음 [팟인코더 다운로드] 버튼을 클릭해 프로그램을 다운로드 받아 설치합니다.

[팟인코더]는 동영상 파일을 아이패드에서 사용하는 동영상 파일 형식으로 변환해주는 프로그램입니다.

02 ≫ [Daum 팟인코더] 프로그램을 실행한 다음 [불러오기] 버튼을 클릭합니다.

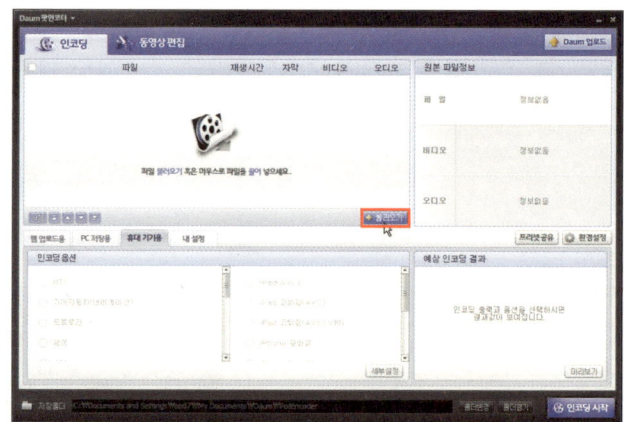

03 ≫ [파일 열기] 대화 상자가 나타나면 변환할 동영상 파일을 선택하고 [열기] 버튼을 클릭합니다.

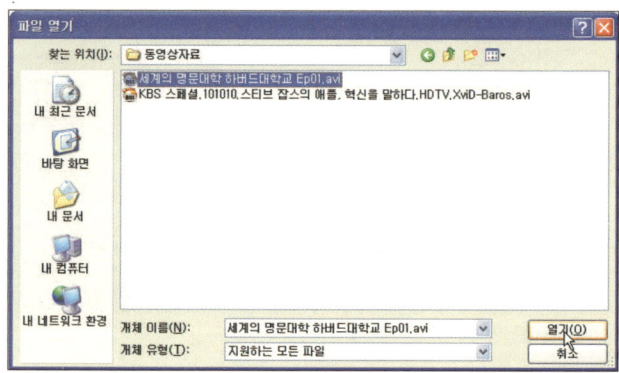

04 ›› [휴대기기용] 탭을 클릭하고 [애플], [iPad(AVC)]를 선택한 다음 [인코딩 시작] 버튼을 클릭해서 변환합니다. 변환이 완료되면 mp4 파일 형식으로 [내문서]-[Daum]-[PotEncoder] 폴더에 동영상이 저장됩니다.

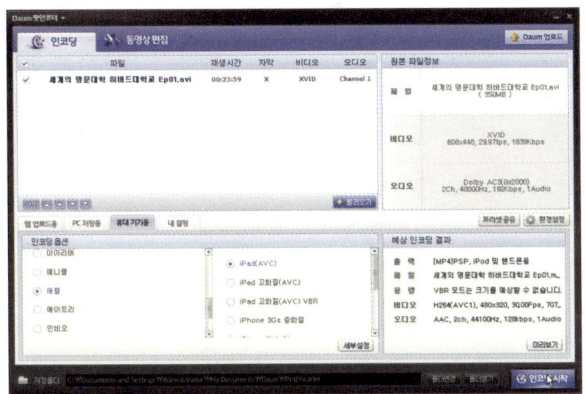 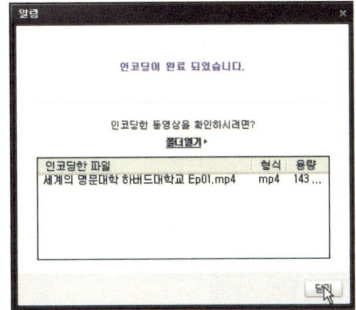

05 ›› 아이튠즈를 실행한 다음 [파일] 메뉴에서 [보관함에 폴더 추가]를 클릭한 다음 앞에서 변환한 동영상 파일을 선택합니다. [보관함]-[동영상]에 동영상 파일이 추가됩니다.

동영상에 대한 자막 파일이 있는 경우 동영상을 변환시킬 때 동영상에 자막이 함께 입혀져 변환됩니다.

06 ›› 아이패드를 PC와 연결한 후 [장비]에서 장비 목록을 클릭합니다. [동영상] 탭을 클릭한 후 [동영상 동기화] 항목을 선택하고 [적용] 버튼을 클릭합니다.

07 ›› 전송이 완료되었으면 아이패드를 연 다음  [비디오] 아이콘을 누릅니다.

08 ›› 동기화시킨 동영상 목록이 나타납니다. 동영상 목록을 누르면 동영상 정보가 나타납니다. 동영상을 재생하려면 ◉ 버튼을 누릅니다.

 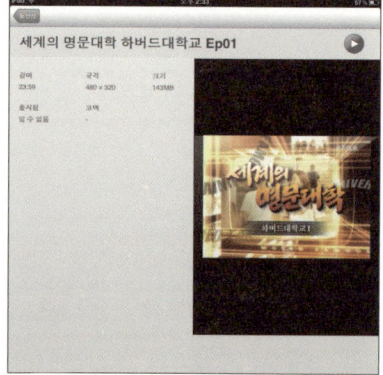

09 ›› 동영상이 재생됩니다. 가로 보기로 하면 화면을 보다 넓게 볼 수 있습니다.

해외 풍경 사진 아이패드로 열어보기 Step 03

이런 기능들이 사용됐어요 ➔ 사진

01 ≫ [Windows 탐색기]에서 아이패드로 동기화시킬 그림을 [내 문서]-[내 그림] 폴더에 저장해둡니다.

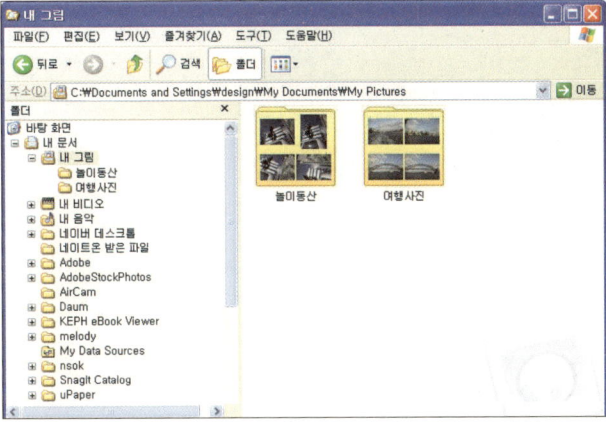

02 ≫ 아이튠즈를 실행한 다음 [장비] 목록에서 [사진] 탭을 클릭합니다. [다음으로부터 사진 동기화] 항목을 체크한 후 [적용] 버튼을 클릭합니다.

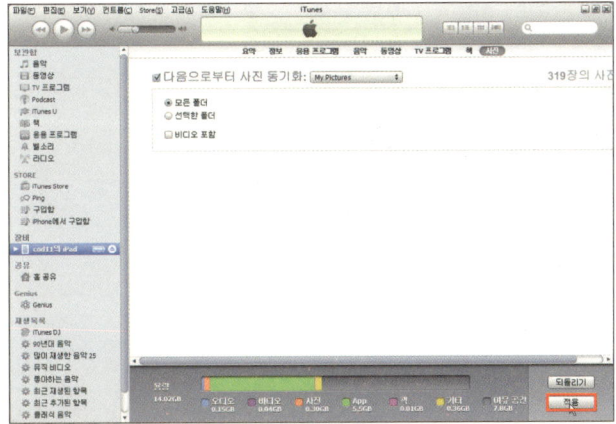

03 ≫ 아이패드를 연 후 [사진] 아이콘을 누릅니다.

04 >> 상단 메뉴에서 [앨범] 버튼을 누르면 동기화시킨 사진 폴더 목록을 볼 수 있습니다.

[사진] 버튼을 누르면 아이패드에 저장되어 있는 모든 사진들이 나타납니다.

05 >> 사진 폴더 목록을 누르면 목록에 속해 있는 사진들이 나타납니다. 손가락으로 위아래로 드래그해서 사진 목록을 스크롤할 수 있습니다.

06 >> 사진을 누르면 큰 화면으로 사진을 볼 수 있습니다. 두 손가락으로 사진을 벌리면 사진을 확대해서 볼 수 있습니다.

한 손가락으로 사진을 더블 탭하여 사진을 확대 및 축소해서 볼 수 있습니다.

07 >> 사진을 좌우로 드래그해서 다음 사진으로 넘겨 볼 수 있으며, 가로 보기로 놓아 사진을 가로 방향으로 볼 수 있습니다.

08 >> 사진 목록이 나열되어 있는 경우 두 손가락으로 오므리면 사진이 모아지면서 앨범 목록으로 만들 수 있습니다.

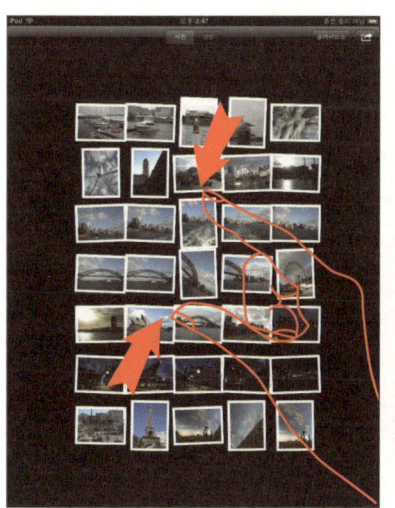

아이패드 기본 프로그램 사용하기

아이패드에서 제공하는 기본 프로그램에는 글을 작성할 수 있는 [메모], 지도 검색을 할 수 있는 [지도], 사진 및 동영상을 촬영할 수 있는 [카메라], 화상 통화 서비스인 [FaceTime]이 있습니다. 여기서는 이러한 기본 프로그램을 이용하여 학습에 활용하는 방법에 대해서 알아보겠습니다.

[메모]로 타이핑 연습하기 Step 01

이런 기능들이 사용됐어요. ➔ 메모

01 》 홈 화면에서 ▬ [메모] 아이콘을 누릅니다. 프로그램이 실행되면 화면을 탭하여 나타나는 키보드를 이용하여 글을 입력합니다.

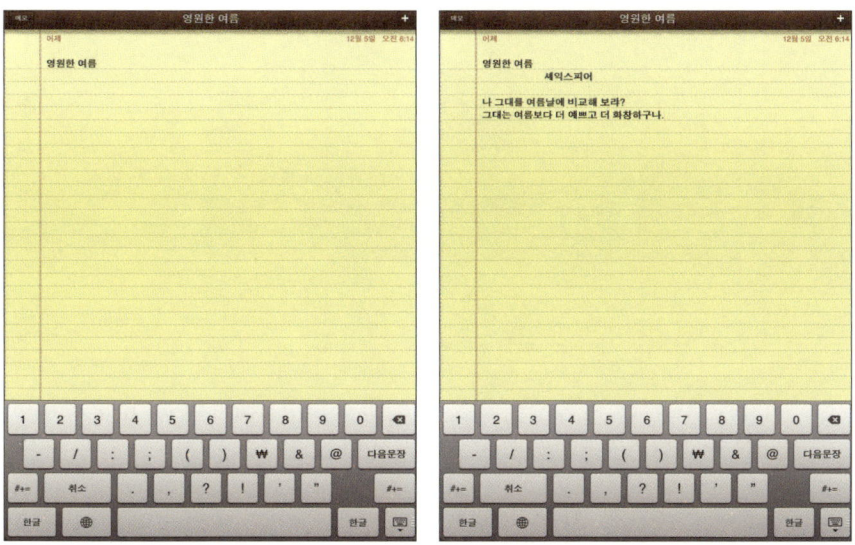

자판에서 ⌨ 버튼을 누르면 자판이 사라집니다.

02 》 자판에서 🌐 버튼을 눌러 영문 모드로 변경합니다. 영문으로 시를 작성합니다.

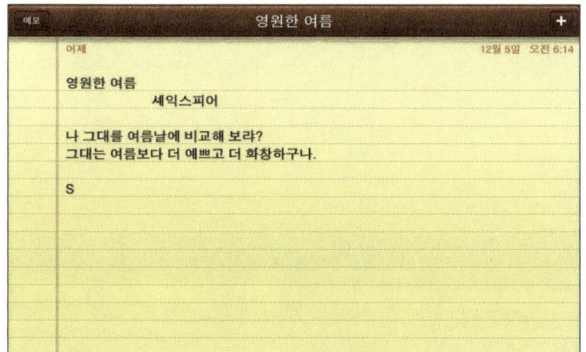 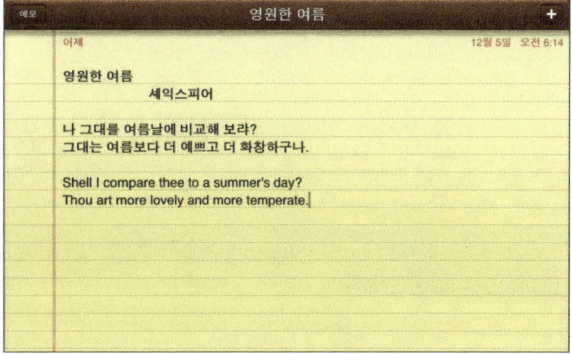

- 된소리 입력 : ⇧ 버튼을 누른 후 해당 문자를 입력
- 줄 바꾸기 : 다음문장 , return 버튼을 누름
- 숫자 및 특수 기호 입력 : .?123 버튼을 누름

03 ›› 영문을 입력한 글을 길게 누르면 영역 표시줄이 나타납니다. 좌우의 핸들을 드래그해서 영문 전체를 선택한 후 [복사하기] 버튼을 누릅니다.

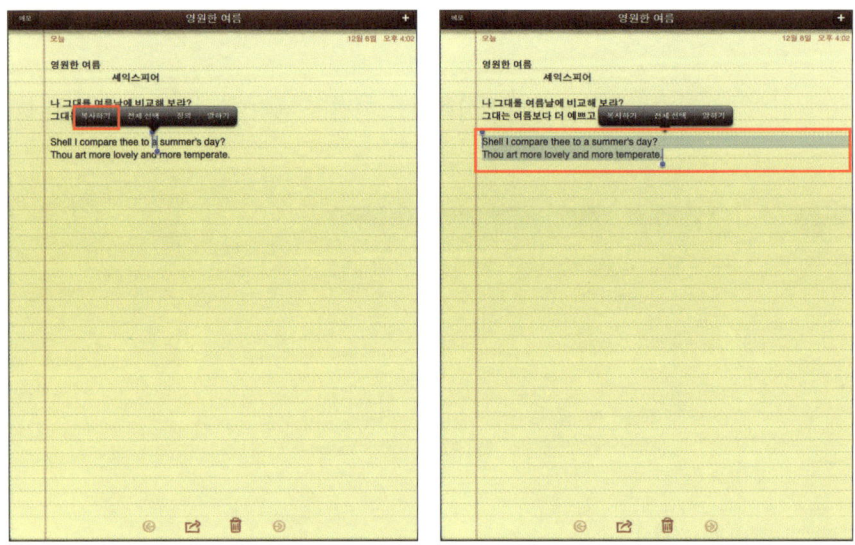

04 ›› ➕ 버튼을 눌러 새 문서를 엽니다. 문서를 길게 누르면 나타나는 메뉴에서 [붙이기]를 눌러 복사한 영문시를 붙여 넣습니다.

05 ›› 왼쪽 상단에 위치해 있는 메모 [메모] 버튼을 누르면 저장한 문서 목록이 나타납니다. 열고 싶은 문서 목록을 눌러 문서를 열 수 있습니다.

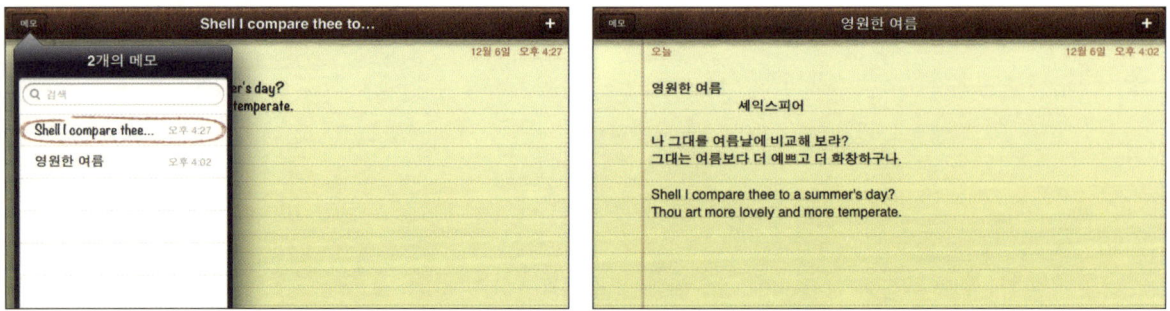

[지도]로 울릉도 탐색하기　　Step 02

이런 기능들이 사용됐어요. ➜ 지도

01 ⟫ 🗺 [지도]를 실행하면 나타나는 지도를 두 손가락으로 오므리거나 벌려 확대 및 축소해서 볼 수 있습니다. 지도를 드래그하여 울릉도를 찾아본 후 자세히 살펴봅니다.

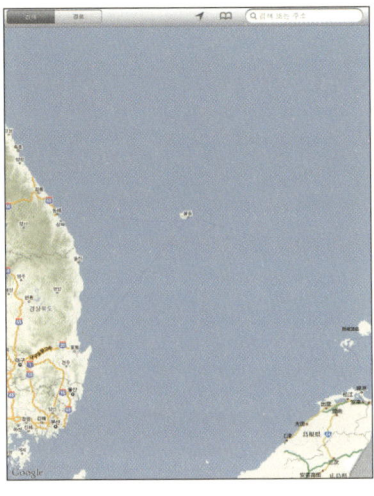 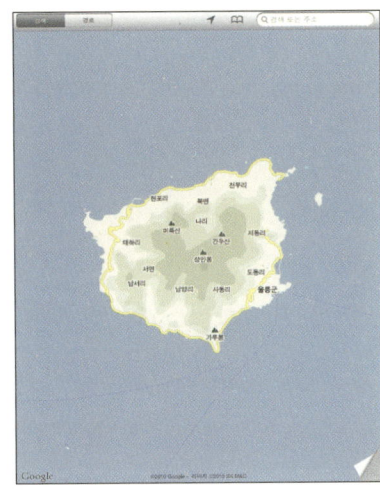 

02 ⟫ ◤ 버튼을 누르면 현재 위치 영역으로 이동되고, 다시 ◤ 버튼을 누르면 진북 방향에 맞게 지도가 회전됩니다.

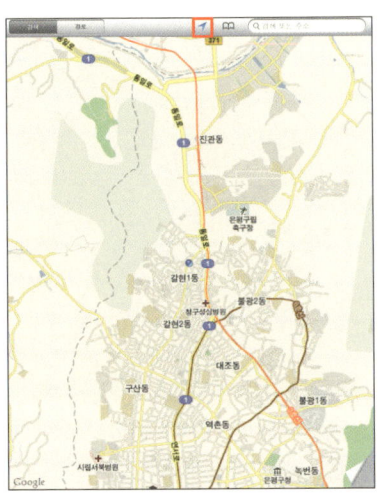 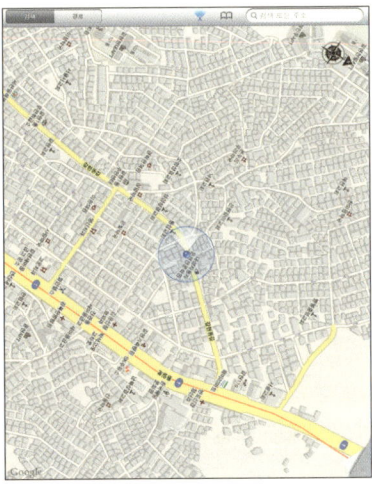

'나침반 간섭' 메시지가 나타나면 아이패드를 8자로 흔들어 줍니다.

[지도]로 우리 학교 검색해서 거리 확인하기

Step 03

이런 기능들이 사용됐어요. ➜ 지도

01 ›› [지도]를 실행합니다. 검색창을 누른 후 자판을 이용하여 자신의 초등학교 이름을 입력하고 [검색] 버튼을 누르면 검색 지역이 표시됩니다.

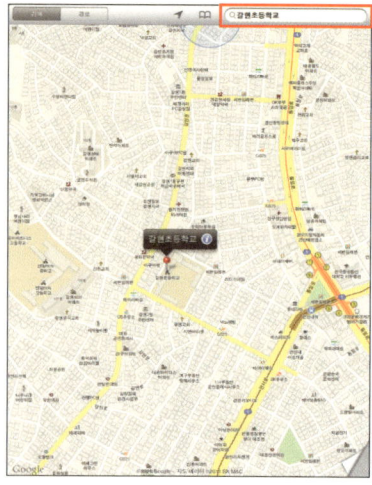

02 ›› 검색 표시의 버튼을 누르면 지역 정보를 볼 수 있으며 [홈페이지] 항목을 누르면 학교 홈페이지로 이동됩니다.

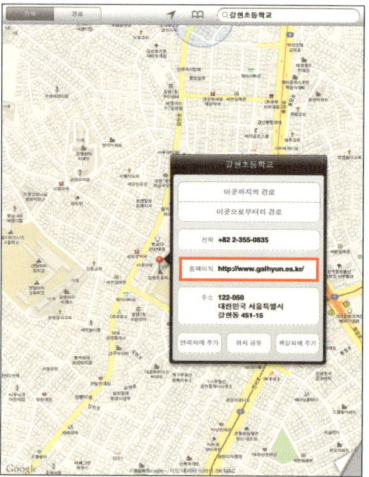 

03 >> 정보창에서 [이곳까지의 경로]를 누르면 현재 위치에서 학교까지의 위치가 지정됩니다.

 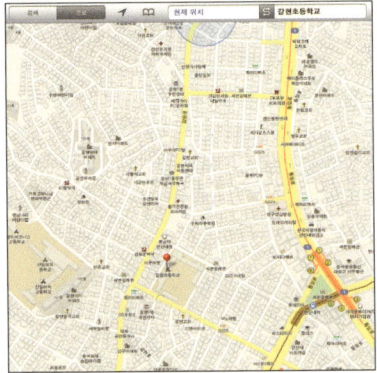

04 >> 하단 막대에서 🚌 [버스] 버튼을 누르면 현재 위치에서 학교까지의 버스 경로가 표시됩니다.

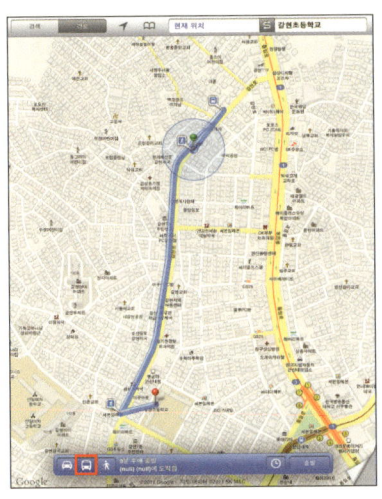

05 >> 하단 막대에서 [출발] 버튼을 누르면 단계별로 거리가 표시됩니다. 하단 막대의 방향키를 눌러 단계를 이동시킬 수 있습니다.

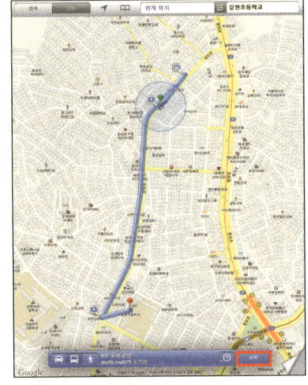 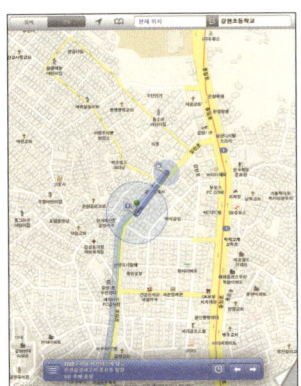

[지도]의 로드뷰로 뉴욕 풍경 살펴보기

Step 04

이런 기능들이 사용됐어요. ➜ 지도

01 ›› 📖 [지도]를 실행한 다음 검색창에 '뉴욕' 이라고 입력하여 위치를 찾은 후 지도를 확대합니다. 🧍 버튼을 누르면 사진으로 거리 풍경을 볼 수 있습니다. 손가락으로 드래그해서 방향을 회전시키거나 화살표를 눌러 방향을 진행할 수 있습니다.

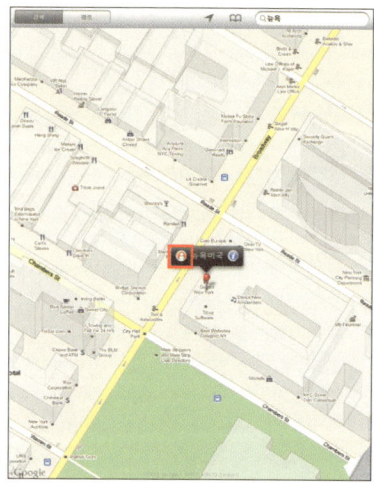  

> 거리 풍경 검색은 로드뷰로 🧍 아이콘이 표시된 도로 지역만 볼 수 있습니다.

02 ›› 오른쪽 하단의 책갈피를 누른 후 [지도] 항목에서 [위성]을 선택하면 위성 사진으로 지도가 나타나고, [지도+위성]을 선택하면 위성 사진에 지역 정보를 함께 볼 수 있습니다.

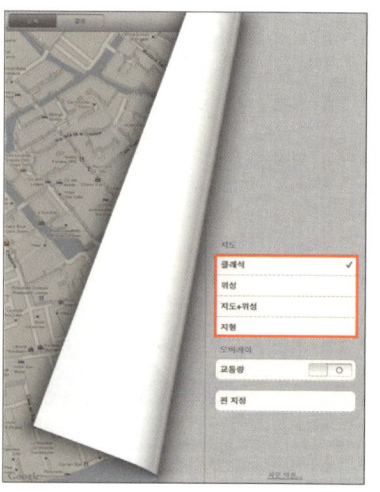  

> [교통량]은 도로의 교통량을 색상으로 표시해주는 기능으로 특정 지역에만 사용이 가능합니다.

에펠탑 로드뷰 사진 캡처해서 메일로 제출하기   Step 05

이런 기능들이 사용됐어요 ➡ 지도

01 ≫   [지도]를 실행한 후 '에펠탑'을 검색해서 로드뷰로 에펠탑 장면을 엽니다. [홈] 버튼과 [전원/잠금] 버튼을 동시에 눌러 화면을 캡처합니다.

> 'Tour Eiffel'로 검색하면 에펠탑의 로드뷰 사진을 열 수 있습니다.

02 ≫   [홈] 버튼을 눌러 프로그램을 닫은 후   [사진]을 실행합니다. 캡처한 사진을 연 후   버튼을 누르고 [사진 이메일]을 선택합니다. 받는 사람과 내용을 작성한 후 [보내기] 버튼을 눌러 사진을 메일로 보냅니다.

[FaceTime]으로 학생과 1대1 상담하기

Step 06

이런 기능들이 사용됐어요. ➔ FaceTime

01 ›› 홈 화면에서 [설정]을 실행합니다. [FaceTime] 메뉴를 누르고 애플 계정 아이디와 비밀번호를 입력한 후 [로그인] 버튼을 누릅니다.

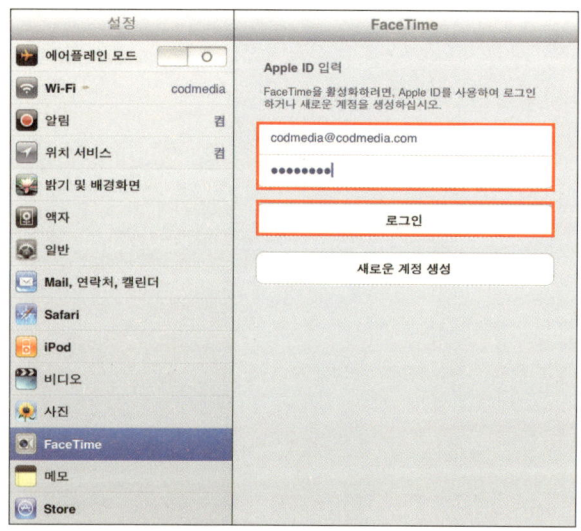

[FaceTime]에서 애플 계정으로 등록하면 등록된 이메일 주소를 통해 통화 연결을 할 수 있습니다.

02 ›› 홈 화면에서 [FaceTime] 아이콘을 누른 다음 [연락처]에서 통화하고 싶은 친구 목록을 누릅니다.

[FaceTime]은 서로 와이파이에 연결되어 있는 경우에만 통화가 이루어집니다.

03 » 휴대 전화 목록에 있는 📹 버튼을 누르거나 이메일 목록을 눌러 통화를 겁니다.

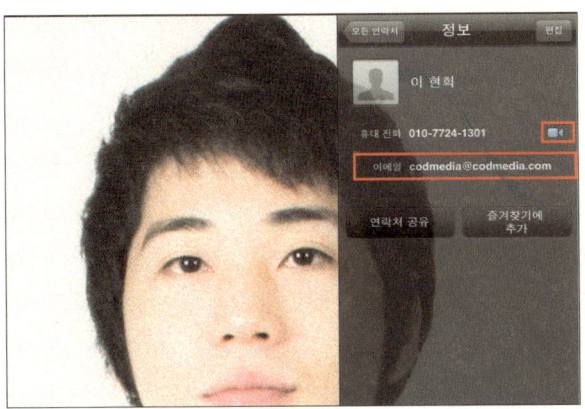

[즐겨찾기에 추가] 버튼을 누르면 [즐겨찾기] 탭에 등록됩니다. 자주 접속할 친구를 등록할 때 사용합니다.

04 » 통화가 연결됩니다. 정상적으로 연결이 되면 전면에 상대방 모습이 나타나고 자신의 영상은 작은 창에 보이게 됩니다

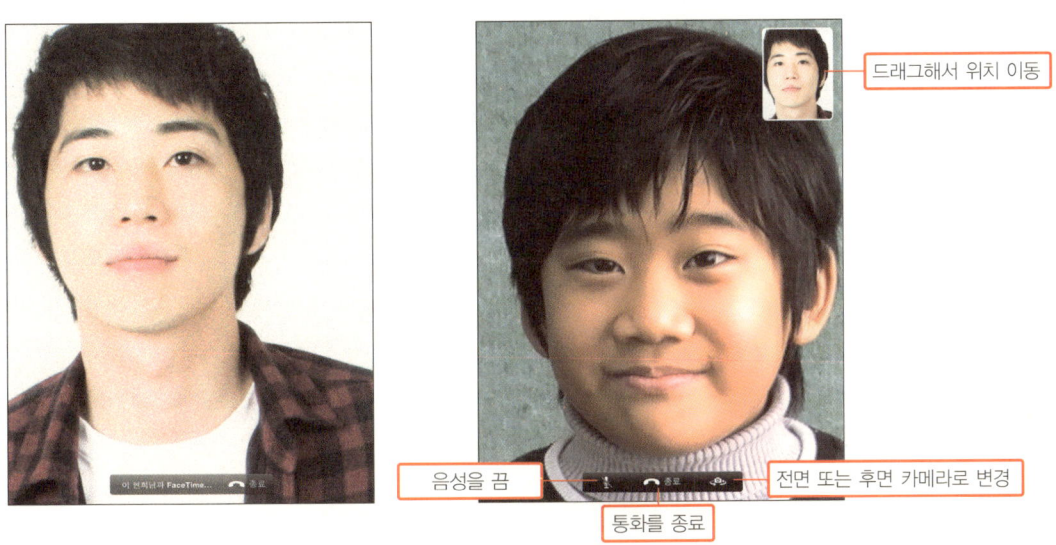

드래그해서 위치 이동

음성을 끔

통화를 종료

전면 또는 후면 카메라로 변경

05 » 아이패드를 가로로 돌리면 넓은 화면으로 볼 수 있습니다.

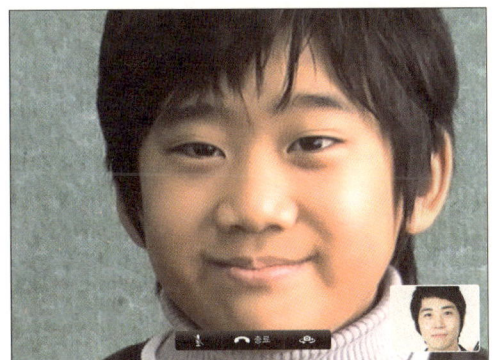

실과 시간에 만든 요리 사진 찍기 Step 07

이런 기능들이 사용됐어요. ➜ 카메라

01 ›› 홈 화면에서 📷 [카메라] 아이콘을 누릅니다. [옵션] 버튼을 눌러 [격자] 항목을 활성화한 후 [완료] 버튼을 누릅니다.

> 사진은 왼쪽 하단에 위치해 있는 촬영 모드를 카메라 쪽(📷📹)으로 설정해야 합니다.

02 ›› 촬영할 피사체를 두 손가락으로 드래그하면 나타나는 조절 게이지를 드래그해서 확대 비율을 조절합니다. 피사체 부분을 탭하여 포커스를 맞춘 다음 📷 버튼을 눌러 사진을 촬영합니다.

03 ›› 화면 오른쪽 상단에 위치해 있는 🎥 버튼을 누르면 전면 카메라를 이용하여 사진을 촬영할 수 있습니다.

전면 카메라는 줌 기능을 지원하지 않습니다.

04 ›› 홈 화면에서 📷 [Photo Booth]를 실행한 다음 효과 목록 중 사용하고 싶은 효과 목록을 눌러 독특한 사진을 촬영할 수 있습니다.

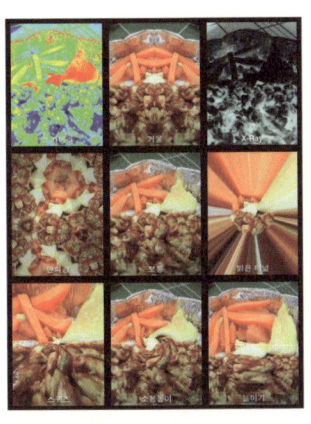

🔄 버튼을 누르면 효과를 선택할 수 있는 초기 화면으로 돌아갑니다.

05 ›› 홈 화면에서 🌻 [사진] 아이콘을 누른 후 [카메라 롤]을 눌러 촬영한 사진을 확인합니다. 보고 싶은 사진을 탭하여 사진을 누르면 전체 화면으로 사진을 볼 수 있습니다. 손가락으로 좌우로 드래그해서 다음 사진으로 넘겨봅니다.

특활 시간 동영상 촬영하기 Step 08

이런 기능들이 사용됐어요. ➔ 카메라–캠코더, 사진

01 ›› ◉ [카메라] 아이콘을 누른 후 ◼ 을 선택하여 캠코더 모드로 설정합니다. 촬영할 피사체를 향해 아이패드를 위치한 다음 초점을 맞출 곳을 탭한 후 ◉ 버튼을 눌러 촬영합니다. 다시 ◉ 버튼을 눌러 촬영을 종료할 수 있습니다.

촬영 실행과 종료할 때 '띵' 소리가 납니다.

02 ›› 홈 화면에서 🌻 [사진] 아이콘을 누른 다음 [카메라 롤] 폴더에서 동영상 클립을 선택합니다.

동영상 클립은 ◼◂ 아이콘이 표시됩니다.

03 ›› 가운데 ▶ 버튼을 누르면 동영상이 재생됩니다.

04 ›› 화면 상단에 위치해 있는 레이어 목록에서 왼쪽 핸들을 드래그하여 동영상이 시작될 위치를 지정하고 오른쪽 핸들을 드래그하여 끝날 영역을 지정합니다.

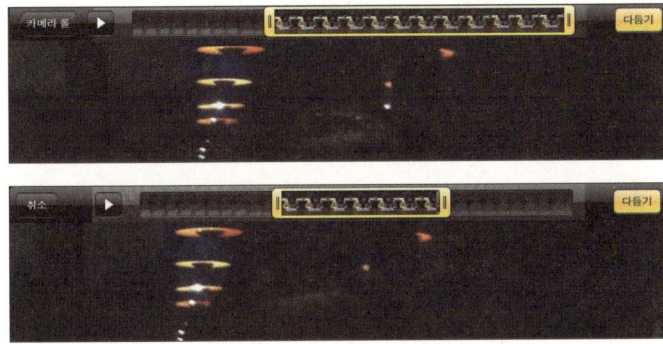

05 ›› [다듬기] 버튼을 눌러 나타나는 메뉴에서 [원본 다듬기]를 누르면 선택한 영역만 동영상 파일로 저장됩니다.

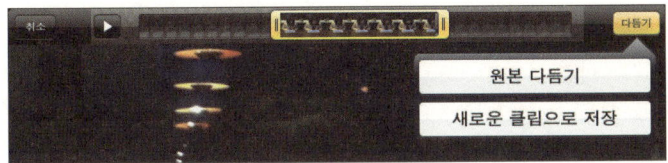

[새로운 클립으로 저장]을 누르면 원본은 그대로 두고 편집한 동영상이 다른 이름으로 저장됩니다.

연락처, 메일, 캘린더 활용하기

아이패드는 동기화 기능을 이용하여 아이패드에서 작성한 연락처, 메일, 캘린더의 내용을 인터넷 연결이 가능한 PC, 아이폰 등의 기기에서 동일하게 확인할 수 있습니다. 동기화를 이용하여 연락처, 메일, 캘린더를 어떻게 활용하는지 알아보겠습니다.

[연락처]로 친구 정보 기록하기

이런 기능들이 사용됐어요. ➡ 연락처

01 ›› 홈 화면에서 ▣ [연락처] 아이콘을 눌러 연락처를 실행합니다. 연락처를 작성하기 위해서 ➕ 버튼을 누릅니다.

02 ›› 각 입력란을 눌러 정보를 입력합니다. [사진 추가] 항목을 누른 다음 [사진 선택]을 눌러 사진 앨범에 저장되어 있는 사진을 선택해서 등록합니다.

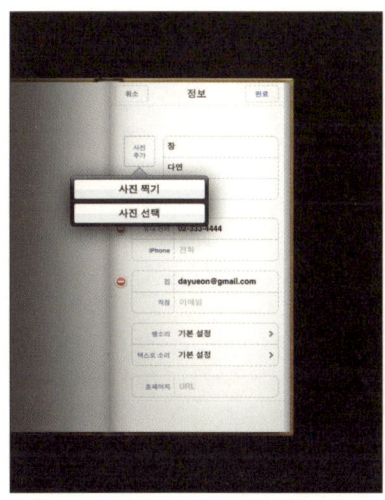 

03 >> 각 항목에 내용을 작성한 후 [완료] 버튼을 누릅니다. [메모] 란에는 해당 학생에 관련된 첨부 내용을 기록합니다.

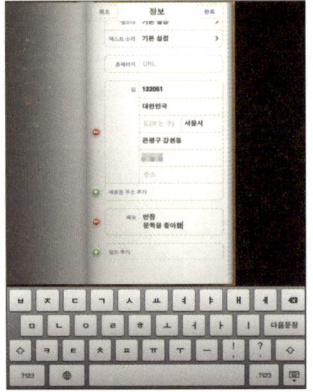

👉 [필드 추가] 항목을 눌러 다른 정보란을 추가할 수 있습니다.

04 >> 같은 방법으로 학생 연락처를 작성합니다.

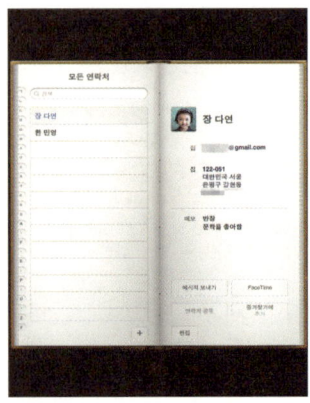

05 >> 연락처 화면에서 이메일을 누르면 학생에게 바로 메일을 보낼 수 있는 메시지 창이 열립니다. 주소를 누르면 학생 주소가 지도에 표시됩니다.

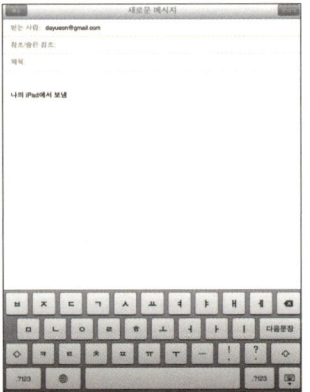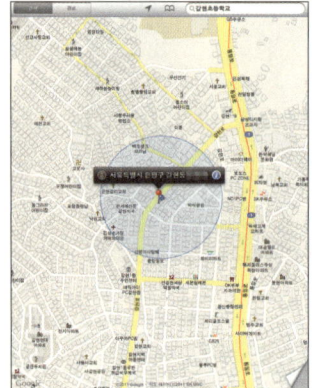

지메일로 이메일 계정 신청하기   Step 02

이런 기능들이 사용됐어요 ➡ Mail

01 ›› 홈 화면에서 📧 [Mail] 아이콘을 누릅니다. 메일 계정을 선택하는 화면이 나타나면 계정을 설정할 목록을 누릅니다.

 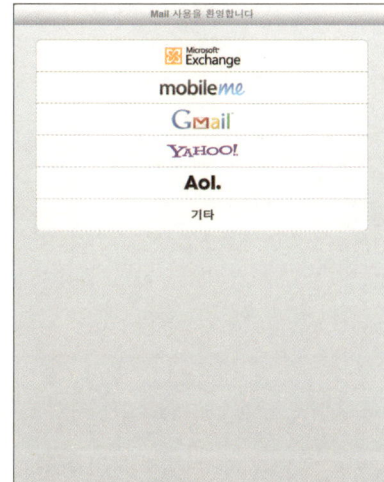

> 지메일 홈페이지(https://mail.google.com)에 접속한 다음 [가입하기] 버튼을 클릭하여 회원으로 가입합니다.

02 ›› 지메일 회원가입 시 신청했던 이름, 이메일 주소, 암호를 입력한 후 [다음] 버튼을 누릅니다. 지메일로 관리할 서비스 종류를 활성화시킨 후 [저장] 버튼을 누릅니다.

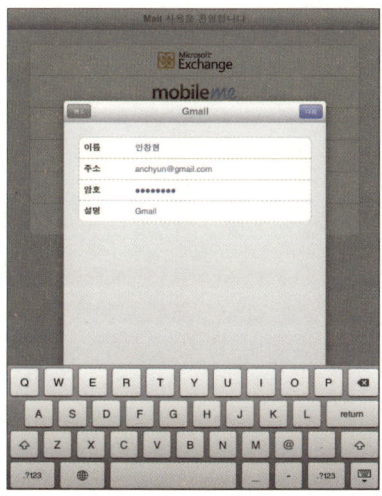 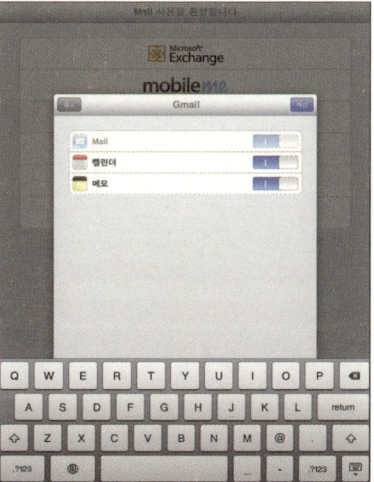

> [캘린더]와 [메모]를 활성화하면 구글에서 제공하는 캘린더와 메모 서비스를 아이패드와 연동해서 사용할 수 있습니다.

학생에게 공문 이메일 보내고 수신 메일 확인하기 Step 03

이런 기능들이 사용됐어요. ➜ 설정, Mail

01 ›› 홈 화면에서 ▣ [설정] 아이콘을 누른 다음 [Mail, 연락처, 캘린더] 항목을 누릅니다. [서명] 항목을 누른 다음 메일에 표시할 글을 입력합니다.

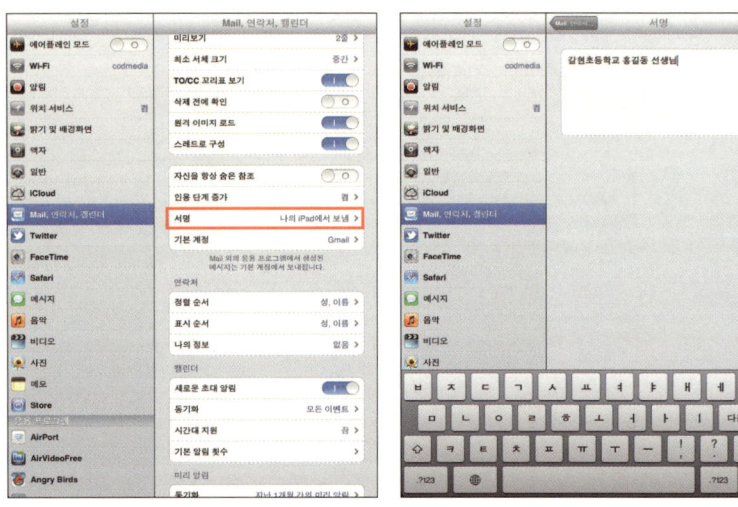

⌒ [서명]에 입력한 글은 모든 이메일의 밑에 표시됩니다.

02 ›› 홈 화면에서 ▣ [Mail] 아이콘을 누른 다음 새로운 메일을 보내기 위해 ▣ 버튼을 누릅니다. 받는 사람에 상대방 이메일 주소를 입력하거나, ⊕ 버튼을 눌러 나타나는 연락처 목록에서 메일을 보낼 학생을 선택합니다.

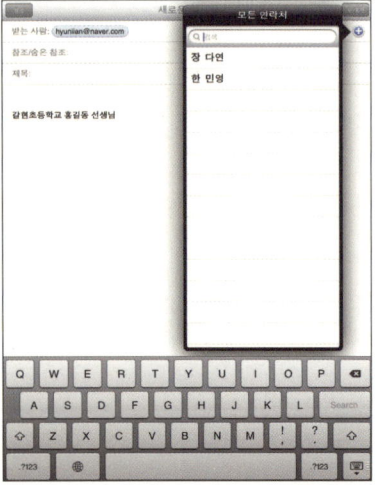

03 ›› 제목과 내용을 작성한 후 [보내기] 버튼을 눌러 메일을 보냅니다.

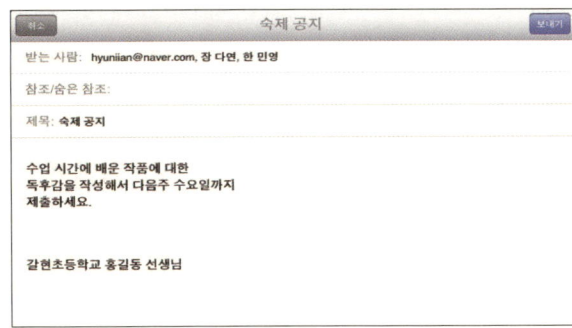

> 메일 전송이 성공적으로 완료되면 '휘익~' 소리가 납니다.

04 ›› 메일이 성공적으로 보내졌는지 확인하려면 [메일상자]에서 [보낸편지함]을 눌러 송신한 메일 목록을 불러옵니다.

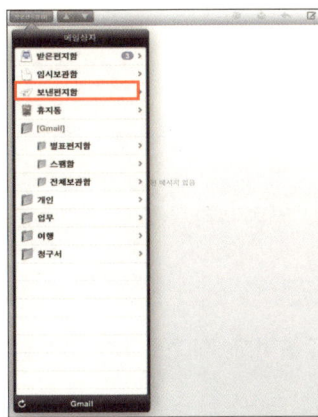 

> [편집] 버튼을 누른 다음 메일을 선택하고 [삭제] 또는 [아카이브] 버튼을 눌러 메일을 삭제할 수 있습니다.

05 ›› 답장을 보내려면 답장을 보낼 메일을 연 다음 ◀ 버튼을 눌러 나타나는 메뉴에서 [답장]을 누릅니다. 답장으로 보낼 글을 입력하고 [보내기] 버튼을 누릅니다.

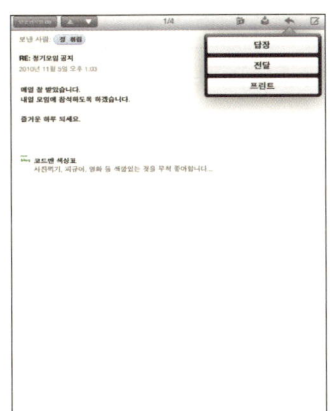 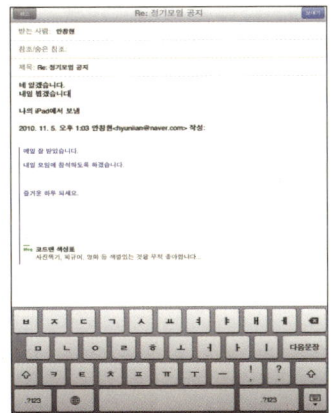

메일 수신하고 첨부 파일 아이패드에 저장하기 Step 04

이런 기능들이 사용됐어요. ➔ Mail

01 》 홈 화면에서 📧 [Mail]을 실행합니다. 텍스트 또는 이미지가 첨부된 메일을 연 후 첨부 파일 아이콘을 누르면 데이터를 다운로드할 수 있습니다. 다시 아이콘을 누르면 첨부 파일을 열어볼 수 있습니다.

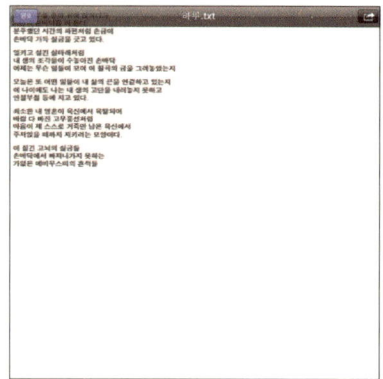
▶ 텍스트 문서를 연 경우

▶ 첨부 이미지를 연 경우

🔙 버튼을 누른 후 [이미지 저장] 버튼을 누르면 첨부 이미지가 아이패드에 저장되고 [사진] 프로그램을 실행하여 이미지를 열어볼 수 있습니다.

02 》 PDF 파일이 첨부된 메일을 열고 첨부 아이콘을 누르면 다운로드가 실행됩니다. 다운로드가 완료된 후 다시 아이콘을 누르면 PDF 문서가 열립니다.

📤 버튼을 누르고 ["iBooks"로 열기]를 눌러 [iBooks]에 저장할 수 있습니다.

문화유적 촬영해서 메일로 보내기   Step 05

이런 기능들이 사용됐어요 ➜ 카메라, 사진

01 ›› 홈 화면에서 ◉ [카메라]를 실행한 다음 이메일로 보낼 문화유적을 촬영합니다.

02 ›› 🌻 [사진]을 실행한 다음 앞에서 촬영한 사진을 엽니다. ↗️ 버튼을 누르면 나타나는 메뉴에서 [사진 이메일]을 선택한 다음 받는 사람과 제목 및 내용을 입력하고 [보내기] 버튼을 눌러 메일을 보냅니다.

캘린더로 학급 일정 기록하기

Step 06

이런 기능들이 사용됐어요 ➡ 마켓

01 ›› 홈 화면에서 **22** [캘린더] 아이콘을 눌러 프로그램을 실행합니다. **＋** 버튼을 누르면 나타나는 [이벤트 추가] 창에서 각 항목을 눌러서 내용을 입력합니다. [시작 종료] 항목에서 이벤트로 설정할 날짜를 선택합니다.

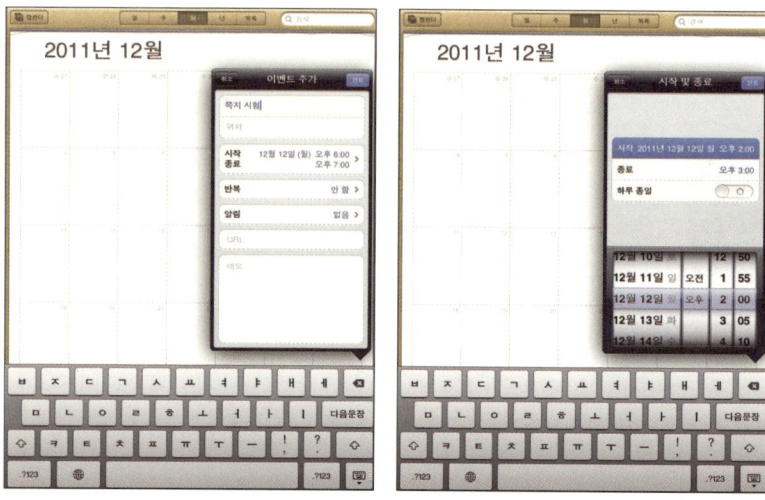

02 ›› [알림] 항목을 누른 다음 알림 시간을 선택합니다.

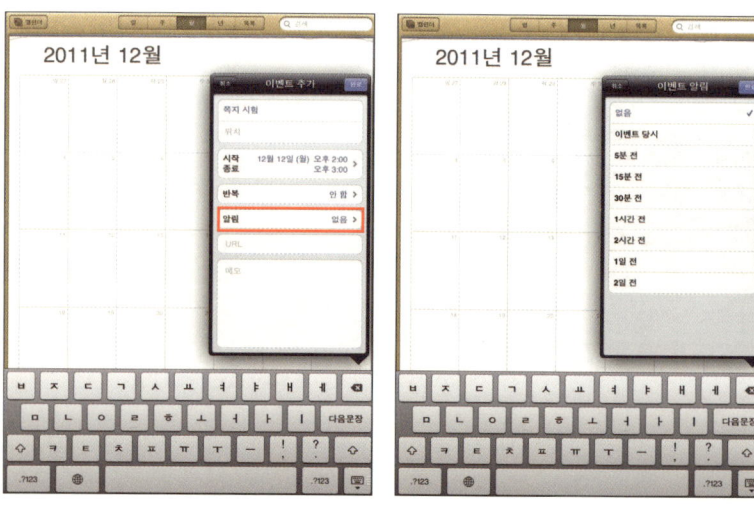

03 >> 각 항목을 작성한 후 [완료] 버튼을 눌러 이벤트 작성을 마칩니다. 등록된 이벤트 목록을 누르면 이벤트 정보를 볼 수 있습니다.

04 >> [구글] 홈페이지(http://www.google.co.kr)에 접속하여 로그인한 후 [캘린더]를 누르면 아이패드에서 작성했던 이벤트를 볼 수 있습니다.

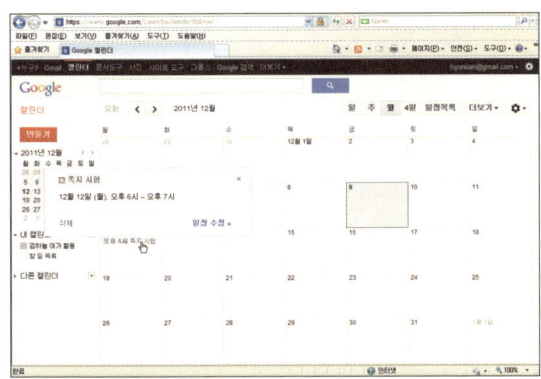

아이패드에서 설정한 이메일 계정과 동일한 구글 계정으로 로그인해야 일정이 나타납니다.

05 >> [구글] 홈페이지에서 이벤트를 작성할 날짜를 클릭하여 이벤트를 기록한 후 아이패드의 [캘린더]를 실행하면 [구글] 홈페이지에서 기록한 이벤트를 볼 수 있습니다.

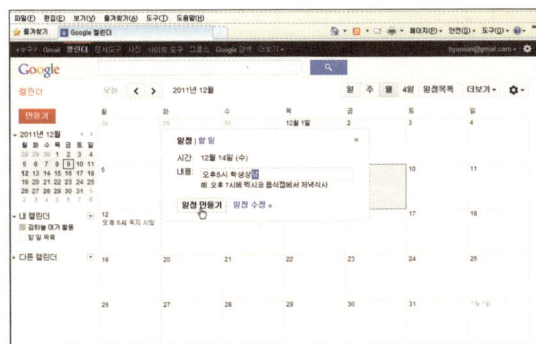 

Section

09

사파리로 인터넷 검색하기

아이패드는 [Safari]를 이용하여 인터넷 검색을 할 수 있습니다. 여기서는 [Safari]를 이용하여 인터넷 검색 및 즐겨찾기 추가, 홈 화면 추가 등 인터넷을 활용하는 방법에 대해서 알아보겠습니다.

사파리로 홈페이지 검색하기

Step 01

이런 기능들이 사용됐어요. ➡ Safari

01 ›› 홈 화면에서 [Safari] 아이콘을 눌러 실행합니다. 주소 입력줄에 'www.naver.com'을 입력하고 키보드에서 [GO] 버튼을 누릅니다.

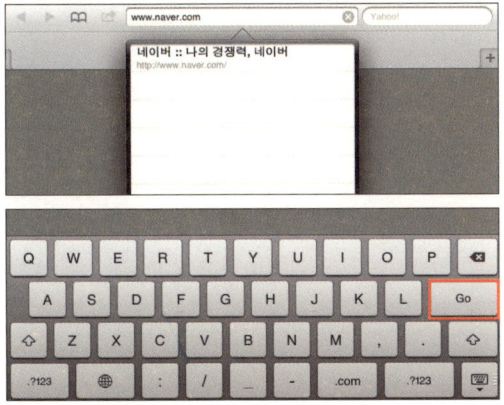

02 ›› 홈페이지가 열리면 두 손가락으로 드래그해서 화면을 확대해서 볼 수 있습니다.

[Safari]는 기본적으로 플래시를 지원하지 않으므로 플래시가 삽입되어 있는 홈페이지는 제대로 나타나지 않습니다.

03 ›› 링크가 걸려 있는 부분을 눌러 연결된 페이지를 열어볼 수 있습니다. 동영상이 있는 부분은 동영상을 눌러 동영상을 볼 수 있습니다.

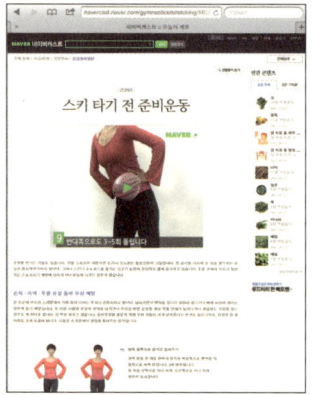 

04 ›› 문서 탭에서 ➕ 버튼을 눌러 새 탭을 엽니다. 📖 버튼을 누르고 [Yahoo!]를 선택해서 야후 홈페이지를 엽니다.

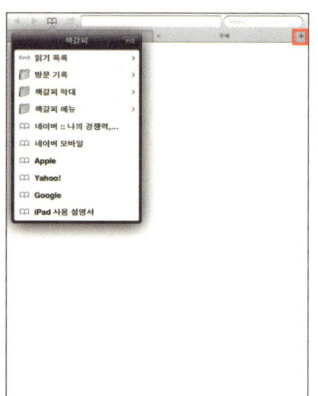 

> 문서 탭에서 ✖ 버튼을 눌러 해당 문서 탭을 닫을 수 있습니다.

05 ›› 문서 탭을 눌러 다른 페이지를 열어볼 수 있습니다.

우리 학교 홈페이지를 홈 아이콘으로 만들기 Step 02

이런 기능들이 사용됐어요. ➔ Safari

01 ›› 🌐 [Safari]를 실행한 후 [야후] 홈페이지의 검색창에서 학교 이름을 입력하여 우리 학교 홈페이지를 검색합니다.

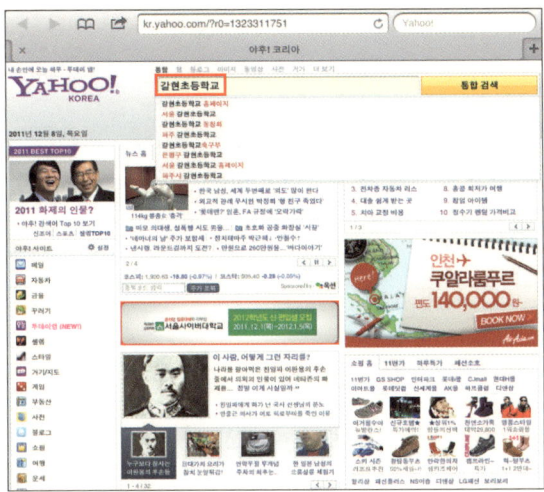

02 ›› 우리 학교 홈페이지 목록을 찾은 다음 목록을 길게 누르면 나타나는 메뉴에서 [새로운 탭에서 열기]를 누릅니다.

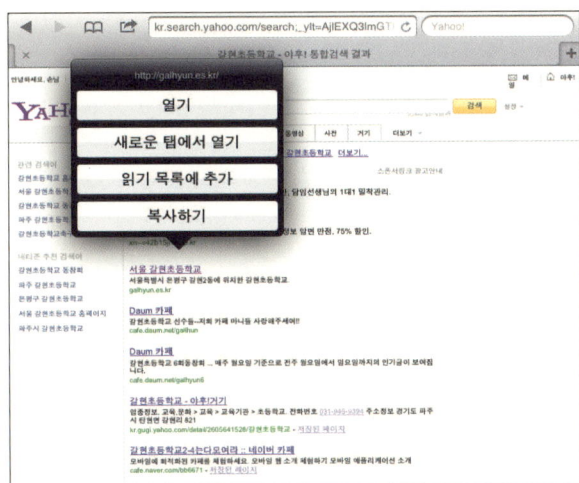

링크를 누르면 현재 문서에서 링크로 열린 페이지가 열리지만 [새로운 탭에서 열기]를 누르면 새로운 문서 탭에 연결된 페이지가 열립니다.

03 >> 새로운 문서 탭에 학교 홈페이지가 열립니다.

> 문서 탭을 많이 열어두면 메모리 효율이 떨어져 인터넷 검색이 느려질 수 있습니다. 사용하지 않는 문서 탭은 수시로 종료해 둡니다.

04 >> 🔲 버튼을 누르면 나타나는 메뉴에서 [홈 화면에 추가]를 누릅니다.

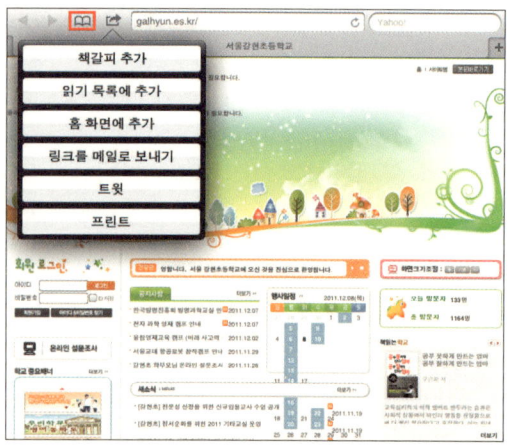

> [링크를 메일로 보내기]를 선택하면 열려 있는 홈페이지 주소를 메일로 보낼 수 있습니다.

05 >> [홈에 추가] 창이 나타나면 이름을 입력하고 [추가] 버튼을 누릅니다. 홈 화면에 아이콘이 만들어집니다. 이 아이콘을 누르면 바로 홈페이지가 열립니다.

> 홈 화면에 추가로 만든 아이콘을 누르면 [Safari]를 열어 검색을 하지 않아도 바로 해당 홈페이지가 열립니다.

박물관 검색해서 즐겨찾기로 등록하기 Step 03

이런 기능들이 사용됐어요. ➔ Safari

01 ≫ 🧭 [Safari]에서 [네이버] 홈페이지에 접속한 다음 '어린이 박물관' 을 검색합니다. 유용한 박물관 홈페이지를 찾아서 홈페이지를 엽니다.

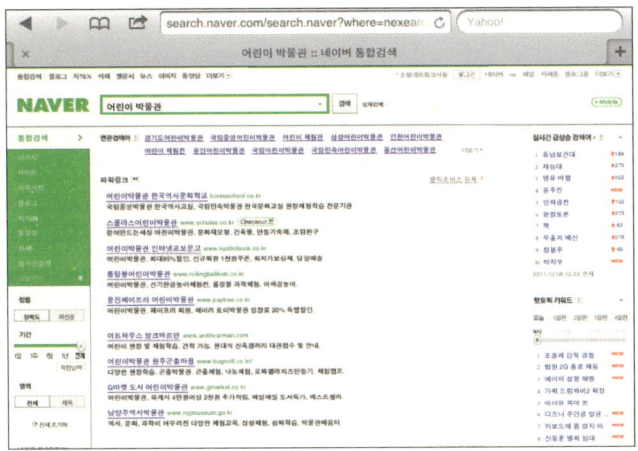

[책갈피]란 특정 홈페이지를 저장해 두는 기능입니다. 저장해 둔 책갈피는 언제든지 눌러 해당 홈페이지를 열 수 있습니다.

02 ≫ 📖 버튼을 누른 다음 [편집] 버튼을 누릅니다. 새로운 폴더를 만들기 위해서 [새로운 폴더] 버튼을 누른 다음 [폴더 편집] 창에 이름을 입력합니다. [책갈피] 버튼을 눌러 이전 페이지로 이동한 후 [완료] 버튼을 눌러 편집을 완료합니다.

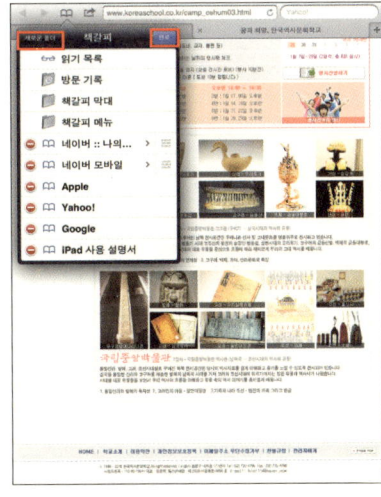

03 ›› 책갈피로 등록할 홈페이지를 연 후 📤 버튼을 누른 다음 [책갈피 추가]를 누릅니다.

04 ›› [책갈피 막대]를 누른 다음 앞에서 등록한 '박물관' 목록을 선택한 후 [저장] 버튼을 누릅니다.

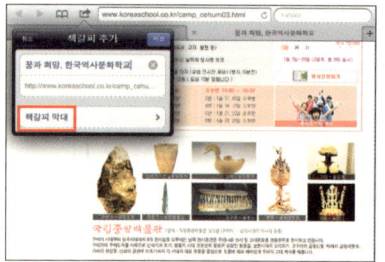 

05 ›› 같은 방법으로 박물관 홈페이지를 검색해서 [박물관] 폴더에 책갈피로 등록합니다. 📖 버튼을 누른 다음 [박물관] 폴더를 누르면 등록한 홈페이지 목록을 확인할 수 있습니다. 이 목록을 눌러 언제든지 홈페이지를 열 수 있습니다.

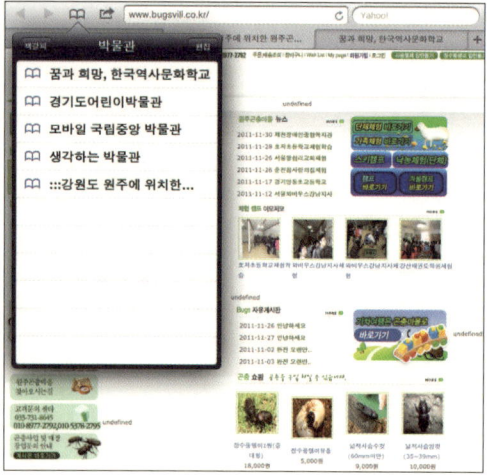

홈페이지에서 '도덕경' 자료를 찾아 [메모]로 문서 만들기 Step 04

이런 기능들이 사용됐어요. ➔ Safari, 메모

01 ›› 홈 화면에서 📙 [Safari]를 실행합니다. 주소 입력창 옆에 있는 구글 검색창에 '도덕경 1장' 이라고 입력한 후 [검색] 버튼을 누릅니다.

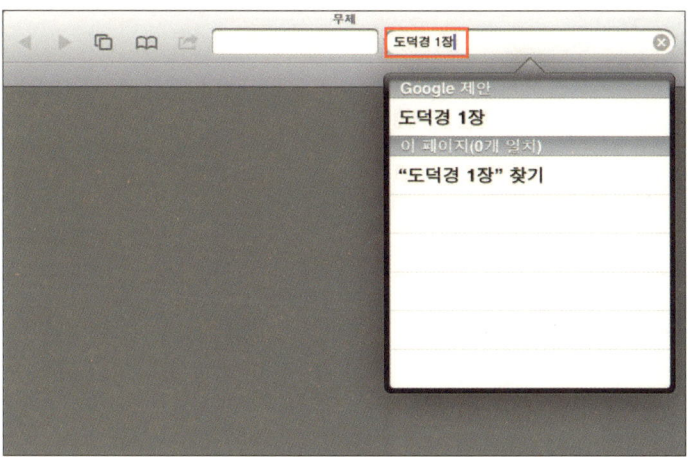

구글 검색창에서 검색어를 입력해서 바로 검색 결과를 찾을 수 있습니다.

02 ›› 관련 자료를 찾은 후 화면을 보기 좋게 확대하려면 두 손가락을 화면에 가져다 댄 상태에서 손가락 사이의 폭을 넓힙니다.

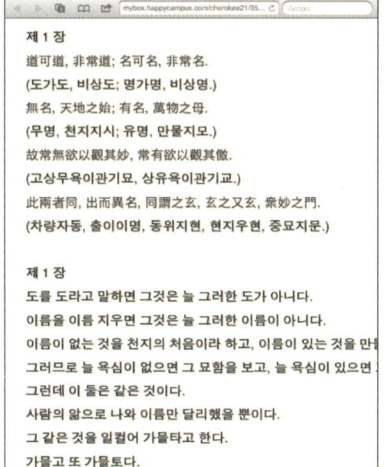

03 ›› 복사할 글이 있는 부분을 길게 누릅니다. 누르고 있을 때 돋보기가 나타나고 손을 놓으면 선택 표시
영역과 [복사하기] 풍선이 나타납니다. 왼쪽과 오른쪽에 있는 파란색 조절점을 하나씩 손으로 움직여 복사할
영역을 지정한 후 [복사하기]를 누릅니다.

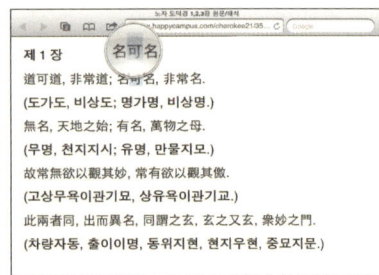  

04 ›› [홈] 버튼을 눌러 프로그램을 닫고 [메모]를 실행합니다. 글쓰는 화면을 누른 다음 [붙이기]를
누릅니다.

 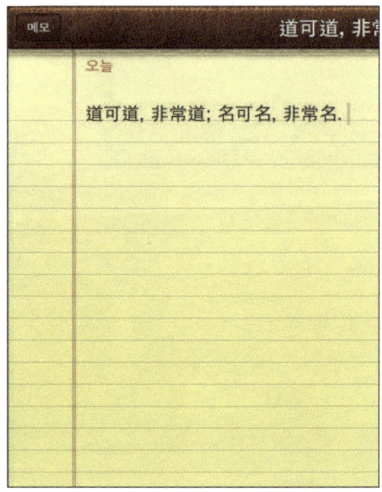

05 ›› [홈] 버튼을 두 번 누른 후 독 메뉴에서 [Safari] 아이콘을 눌러 앞에서 연 페이지를 엽니다. 같
은 방법으로 내용을 복사한 후 붙여 넣어 메모 문서를 완성합니다.

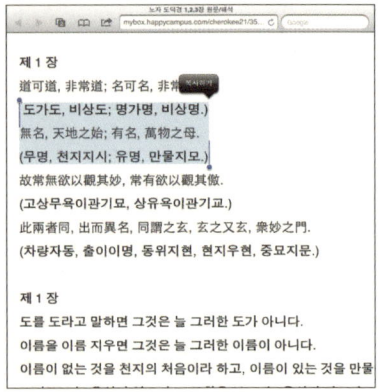 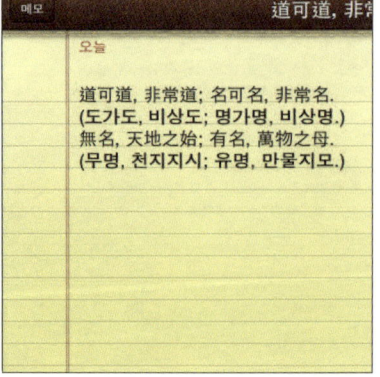

구글 번역기를 이용해 문장 번역하기

Step 05

이런 기능들이 사용됐어요. ➡ Safari

01 ›› 홈 화면에서 🧭 [Safari]를 실행한 후 [구글 번역] 홈페이지(http://translate.google.co.kr)에 접속합니다. [언어감지]를 눌러 나타나는 목록을 손가락을 이용해 아래에서 위로 밀어 [한국어]를 선택합니다. [한국어] 버튼을 누르고 같은 방법으로 [영어]를 선택합니다.

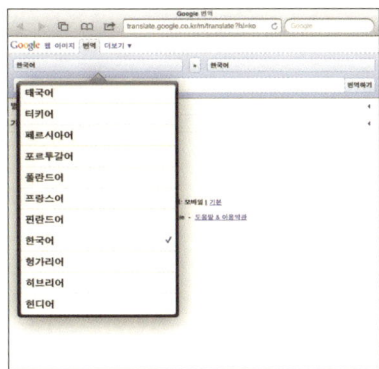 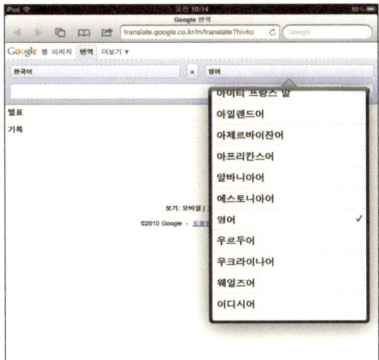

> ▸ 버튼을 기준으로 왼쪽에 있는 버튼을 눌러 원본 언어를, 오른쪽에 있는 버튼을 눌러 번역할 언어를 선택합니다.

02 ›› 검색창에 번역할 글을 입력하고 [번역하기] 버튼을 누르면 입력된 글이 영문으로 번역되어 나옵니다.

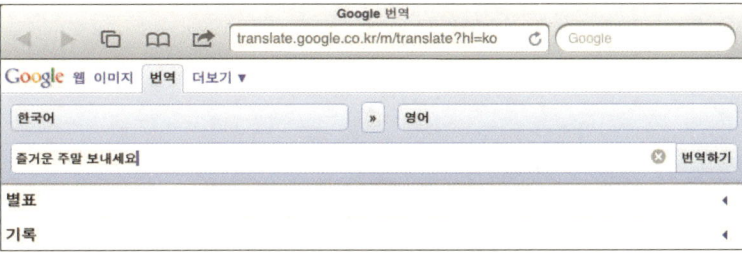

앱 스토어로
애플리케이션 설치하기

앱 스토어는 온라인으로 다양한 응용 프로그램을 구매할 수 있도록 해주는 프로그램입니다. 앱을 검색하는 방법과 국내 앱 스토어와 미국 앱 스토어 이용 방법, 유료 및 무료 앱 구매 방법 등에 대해서 알아보겠습니다.

인기 있는 애플리케이션 설치하기 Step 01

이런 기능들이 사용됐어요. ➡ App Store

01 ›› 홈 화면에서 📲 [App Store] 아이콘을 눌러 실행합니다.

02 ›› [인기차트] 탭을 누른 다음 화면을 위아래로 드래그하여 다운로드할 프로그램을 찾아 선택합니다. 설명 페이지에서 [무료] 버튼을 누른 후 [App 설치] 버튼을 눌러 프로그램 설치를 실행합니다.

> 왼쪽은 유료 인기 프로그램들이고, 오른쪽은 무료 인기 프로그램입니다.

105

03 ›› 화면에 아이콘이 나타나고 프로그램 설치 진행이 막대로 표시됩니다. 설치가 완료되면 아이콘이 활성화됩니다.

[삼익 피아노] 애플리케이션은 피아노 연주를 할 수 있는 프로그램입니다.

04 ›› [App Store]에서 검색창을 누른 후 설치할 애플리케이션 이름을 입력하고 [검색] 버튼을 누릅니다. 애플리케이션이 검색되면 설치할 애플리케이션 목록을 누릅니다.

[iPhone Apps] 항목에는 아이폰용 애플리케이션 목록이 나타납니다. 아이폰용 애플리케이션을 실행하면 작은 화면으로 나타나며 ● 버튼을 눌러 화면을 확대해서 볼 수 있습니다.

05 ›› 금액이 적혀 있는 버튼을 누른 다음 [App 구입] 버튼을 눌러 프로그램을 설치합니다. [어썸노트]는 문서를 작성할 수 있는 프로그램입니다.

유료 애플리케이션은 애플 계정을 신청할 때 등록한 신용카드로 결재됩니다.

미국 앱 스토어에 접속해서 무료 앱 설치하기 Step 02

이런 기능들이 사용됐어요. ➔ App Store

01 ›› [App Store]에서 페이지 하단으로 이동하면 [Apple ID] 버튼이 있습니다. 이 버튼을 누른 다음 [로그아웃] 버튼을 눌러 로그아웃합니다. [로그인] 버튼을 누르고 [기존 Apple ID] 버튼을 눌러 미국 애플 계정으로 로그인합니다.

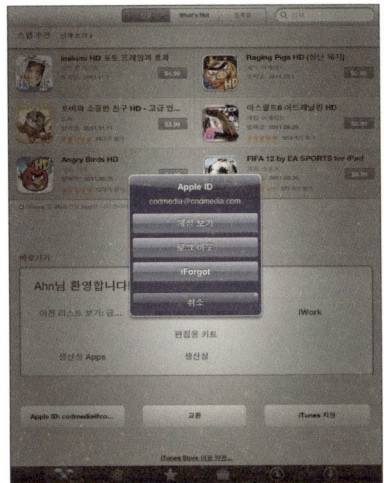 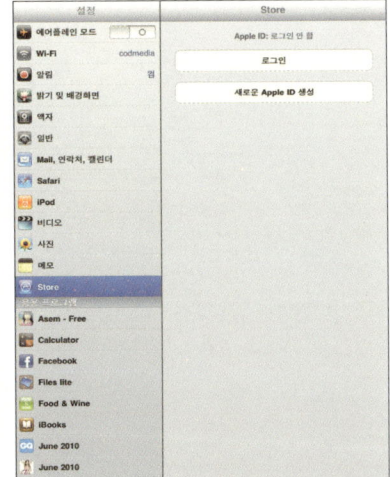

02 ›› 미국 계정의 앱 스토어가 열리면 다운로드하고 싶은 프로그램을 찾아서 다운로드합니다.

미국 계정은 앱 스토어의 하단 탭 이름이 영문으로 표시됩니다.

미국 계정 유료 앱 구매해서 설치하기

Step 03

이런 기능들이 사용됐어요. ➡ App Store

01 ›› 미국 계정의 기프트 카드를 구매합니다. 기프트 카드는 10달러, 25달러, 50달러 등 금액별로 구분되어 있습니다. 미국 계정 기프트 카드는 미국에서만 사용이 가능하기 때문에 국내에서는 판매하지 않습니다. 오픈마켓에서 '기프트 카드'를 검색하면 구매 대행을 통해 구매할 수 있습니다.

02 ›› 미국 계정으로 접속한 후 앱 스토어를 실행합니다. [Top Charts] 탭을 누른 다음 하단에 있는 [Redeem] 버튼을 누릅니다. 기프트 카드에 있는 리딤 번호를 입력한 후 [Redeem] 버튼을 눌러 금액을 충전합니다.

03 ›› [Continue] 버튼을 눌러 리딤 코드를 설정한 후, 미국 계정의 비밀번호를 입력하고 [승인] 버튼을 누르면 리딤 코드가 등록됩니다.

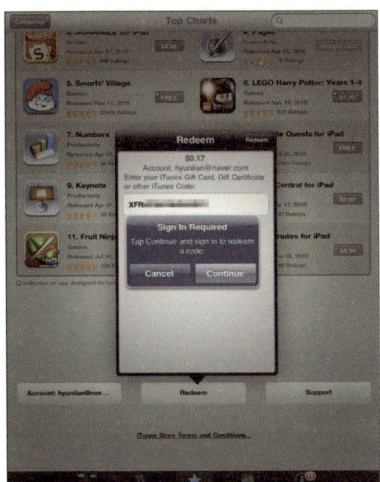 

04 ›› 충전된 금액만큼 유료 앱을 구매할 수 있습니다.

사용한 기프트 카드의 금액이 정상적으로 등록되었는지 충전 금액을 확인하도록 합니다.

애플리케이션 업데이트하고 구매한 앱 재설치하기 Step 04

이런 기능들이 사용됐어요. ➜ App Store

01 ›› 홈 화면에서 ⊕ [App Store]를 실행한 후 [업데이트] 탭을 누릅니다.

02 ›› [모두 업데이트] 버튼을 눌러 모든 애플리케이션을 업데이트합니다.

각 애플리케이션 목록을 누른 다음 [업데이트] 버튼을 눌러 목록별로 설치할 수도 있습니다.

03 >> ◉ App Store]에서 [구입목록] 탭을 누릅니다.

[구입목록]에는 등록한 애플 계정으로 구매한 애플리케이션 목록이 표시됩니다.

04 >> [이 iPad에 없음] 버튼을 누르면 구매한 앱 중에서 현재 아이패드에 없는 앱 목록이 나타납니다.

왼쪽 상단에 위치해 있는 [iPhone] 버튼을 누르면 아이폰 전용 애플리케이션 목록만 열어볼 수 있습니다.

05 >> 재설치할 앱의 ☁ 아이콘을 눌러 애플리케이션을 설치합니다.

한 번 구매한 앱은 유료와 무료 구분 없이 [구입목록]에 나타나며, 유료 앱도 별도의 추가 구매 없이 무료로 설치할 수 있습니다.

아이패드로 도서 보기

아이패드의 액정 크기는 일반적인 도서 크기와 비슷하여 도서를 보기에 적합합니다. 아이패드에서 제공되는 도서 보기 프로그램 [아이북스]를 통해 도서를 구매해서 보거나 PDF로 작성된 문서를 열어볼 수 있습니다. 또한 각종 앱을 이용하여 동화, 잡지, 신문, 사전 등 여러 종류의 문서를 볼 수 있습니다.

애니메이션 도서로 영어 공부하기 Step 01

이런 기능들이 사용됐어요. ➜ How To Train Your Dragon

01 ›› ▣ [App Store]에서 'how to train your dragon'이라고 검색해서 ▣ [How To Train Your Dragon] 애플리케이션을 설치한 후 실행합니다. [READ to ME] 버튼을 누릅니다.

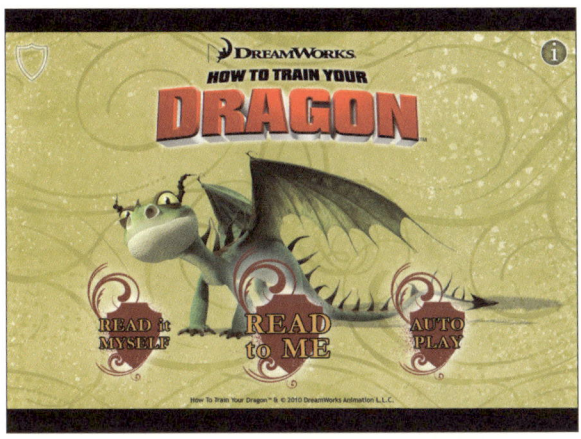

02 ›› 영문자막이 하단에 표시되고 성우의 목소리가 자막을 읽어줍니다. 잘 들은 뒤 음성이 끝나면 성우의 음성을 따라 자막을 소리내어 읽어봅니다. 화면을 좌우로 드래그해서 다음 페이지로 넘겨봅니다.

▣ 버튼을 누르면 읽기를 중지합니다. ▣ 버튼을 누르면 메인화면으로 돌아가고, ▣를 누르면 설정을 변경할 수 있습니다.

신문 기사 스크랩해서 이메일로 제출하기 Step 02

이런 기능들이 사용됐어요. ➜ 중앙일보, 메모

01 » 🔵 [App Store]에서 '중앙일보' 라고 검색해서 🔵 [중앙일보] 애플리케이션을 설치한 후 프로그램을 실행합니다. 화면을 좌우로 드래그해서 보고 싶은 기사를 찾습니다.

02 » 기사 목록을 선택하면 기사가 열립니다. 화면을 좌우로 드래그해서 다음 기사로 넘겨볼 수 있습니다.

03 ▶▶ 기사를 길게 누르면 선택 목록이 나타납니다. 선택 영역 막대를 좌우로 드래그해서 기사 모두를 선택한 후 [Copy] 버튼을 누릅니다.

04 ▶▶ ⬜ 홈 버튼을 눌러 프로그램을 닫은 후 🟨 [메모]를 실행합니다. 빈 문서를 누르면 나타나는 메뉴에서 [붙이기]를 선택해 복사한 기사를 붙여 넣습니다.

 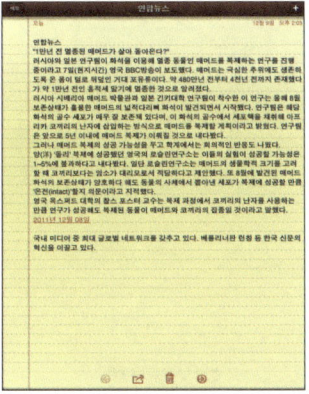

05 ▶▶ 내용을 알맞게 수정하고 📤 버튼을 누른 다음 [이메일]을 선택합니다. 메시지 페이지가 나타나면 받는 사람에 이메일 주소를 입력하고 제목을 입력한 후 [보내기] 버튼을 누릅니다.

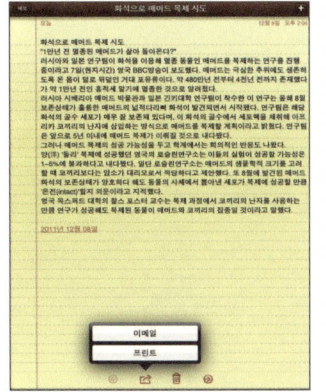 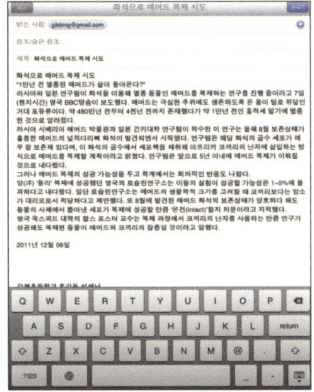

백과사전으로 학습 자료 찾기

Step 03

이런 기능들이 사용됐어요. ➜ Simplepedia

01 » 　[App Store]에서 'Simplepedia' 라고 검색해서 　[Simplepedia] 프로그램을 설치하고 실행합니다. 화면 상단의 검색창을 누르고 찾을 정보를 입력한 후 [검색] 혹은 [Search] 버튼을 누릅니다.

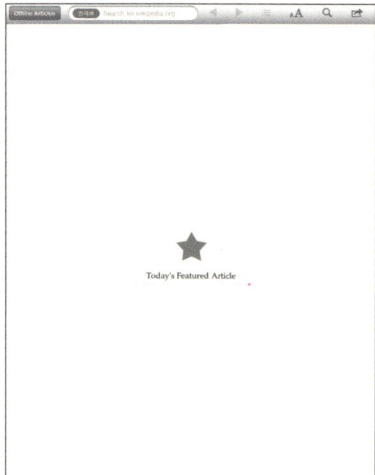
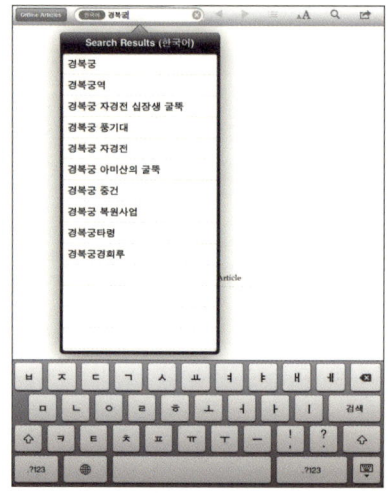

02 » 　검색 정보가 나타납니다. 링크가 걸려 있는 부분을 누르면 해당 페이지로 이동합니다.

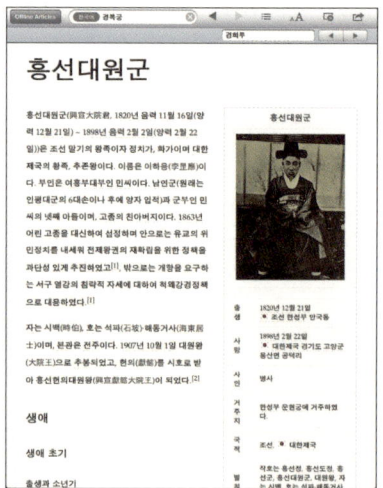

자료를 복사해서 [메모]와 같은 문서 프로그램에 붙여 넣기하면 자료를 보관할 수 있습니다.

학습 자료 아이패드로 발표하기

Step 04

이런 기능들이 사용됐어요 ➔ iTunes, iBooks

01 ›› PC에서 [파워포인트]를 실행하고 아이패드로 전송할 문서를 연 후 [Office]–[다른 이름으로 저장]–[PDF 또는 XPS]를 클릭합니다. 파일 이름을 입력하고 [게시] 버튼을 클릭하여 PDF 문서로 저장합니다.

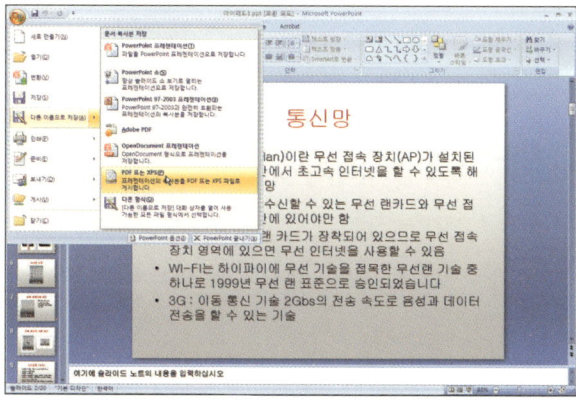
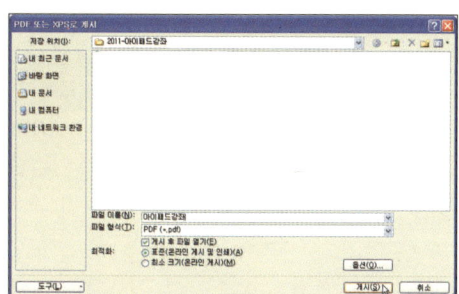

02 ›› 아이패드를 PC에 연결한 다음 [iTunes]를 실행합니다. [파일]–[보관함에 파일 추가] 메뉴를 클릭하여 앞에서 저장한 PDF 파일을 선택합니다.

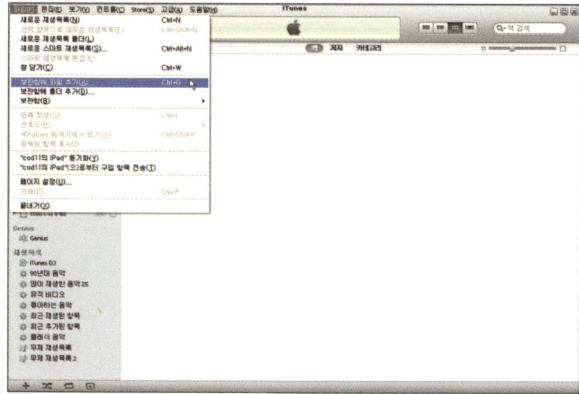

03 ›› [장비] 항목에서 [책] 버튼을 클릭한 다음 [책 동기화] 항목을 클릭해 체크한 후 [동기화] 버튼을 클릭하여 자료를 아이패드로 전송합니다.

04 ›› 아이패드를 연 후 📖 [iBooks] 아이콘을 누릅니다. [모음] 버튼을 누른 다음 [PDF]를 선택합니다. 도서 목록이 나타나면 도서를 누릅니다.

> [iBooks] 애플리케이션이 없다면 [App Store]에서 'ibooks'로 검색해 프로그램을 설치합니다.

05 ›› PDF 문서가 열립니다. 좌우로 드래그해서 페이지를 넘겨볼 수 있습니다.

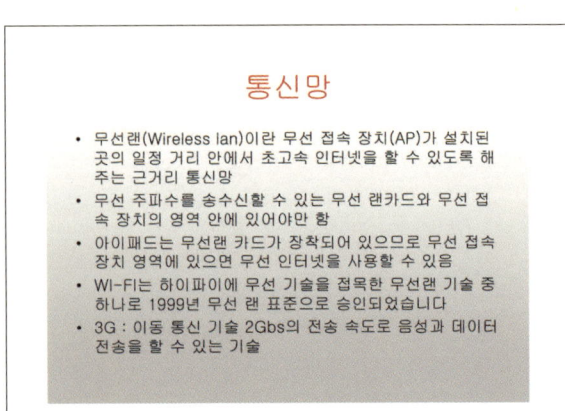
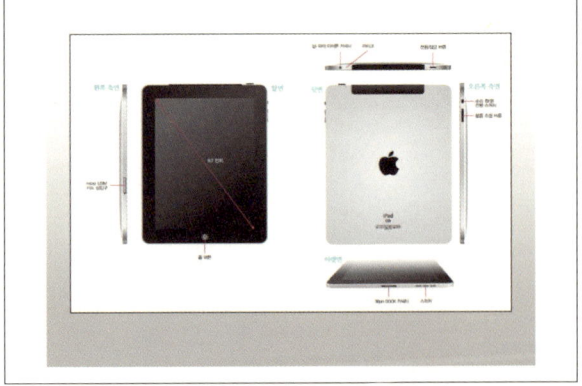

> 애플 TV와 연동하거나 비디오 케이블을 모니터와 연결해 프레젠테이션을 할 수 있습니다.

PDF 문서에 첨삭 달기

Step 05

이런 기능들이 사용됐어요 ➜ iTunes, pdf-notes

01 ›› PC에서 [iTunes]를 실행한 다음 [장비] 탭에서 [응용 프로그램]을 선택합니다. 화면 아래에 있는 [파일 공유] 메뉴에서 [pdf-notes]를 선택하고 [추가...] 버튼을 클릭합니다.

02 ›› [iTunes] 대화 상자가 나타납니다. 내 아이패드에서 읽고 싶은 PDF 파일을 선택하고 [열기] 버튼을 클릭합니다.

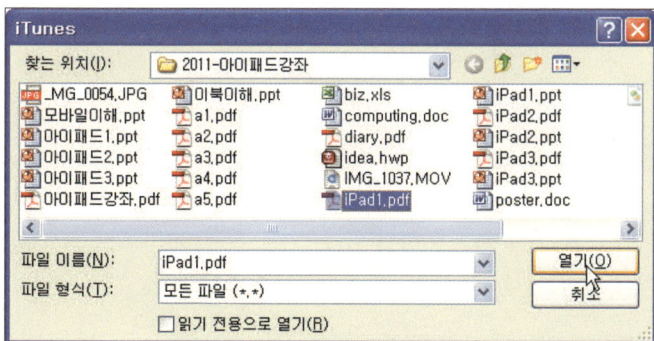

03 》   아이패드에서  아이콘을 눌러 [PDF 노트]를 실행합니다. 내 컴퓨터의 파일이 등록된 것을 볼 수 있습니다. 눌러서 실행하면 다운로드가 시작됩니다.

[PDF 노트] 애플리케이션은 [App Store]에서 'PDF Notes'로 검색해 다운로드 받을 수 있습니다.

04 》   선택한 문서의 내용이 열립니다. 화면을 한 번 누르면 메뉴가 나타납니다. 왼쪽 상단의 도구를 누르면 도구에 중지 마크가 표시됩니다. 이 상태에서 좌우로 드래그해서 페이지를 넘길 수 있습니다.

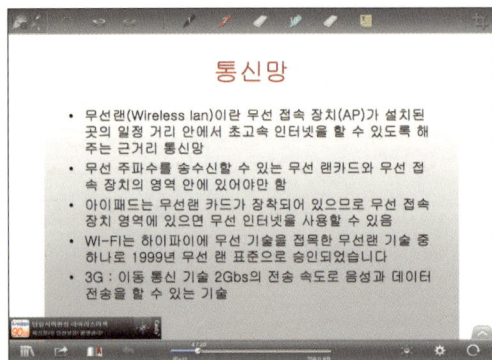

05 》   다시 왼쪽 도구를 눌러 중지 마크를 없애면 편집 모드로 변경됩니다. 사용할 펜을 선택한 다음 속성 버튼을 눌러 색상과 두께를 조절하고 화면을 마우스로 드래그해 글이나 그림을 그릴 수 있습니다.

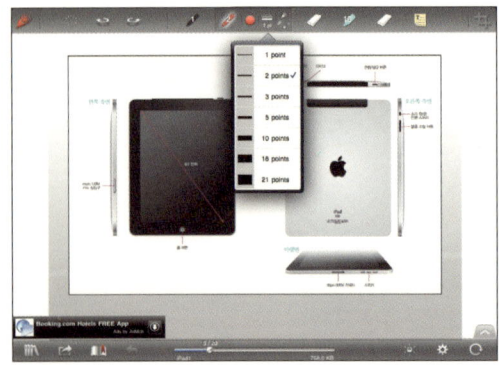

06 ››  버튼을 누른 다음 지울 부분을 드래그해서 선을 지울 수 있고  버튼을 누르고 드래그하여 형광 펜처럼 투명한 선을 그릴 수 있습니다.

07 ›› 하단의 메뉴에서  버튼을 누르면 나타나는 메뉴에서 [노트내림 파일을...]을 누른 다음 [이메일로] 를 선택해 편집한 페이지를 이메일로 보낼 수 있습니다.

아이패드 고급 활용 기술 배우기

아이패드는 어떻게 사용하는가에 따라 활용하는 방법이 무궁무진합니다. 여기서는 아이패드를 보다 효율적으로 사용할 수 있는 방법에 대해서 알아보겠습니다.

명함 정보를 QR 코드로 만들기

이런 기능들이 사용됐어요. ➜ 인터넷 검색

01 ›› PC에서 [Daum 코드] 홈페이지(http://code.daum.net)에 접속한 다음 [Daum코드 생성하기] 버튼을 클릭합니다.

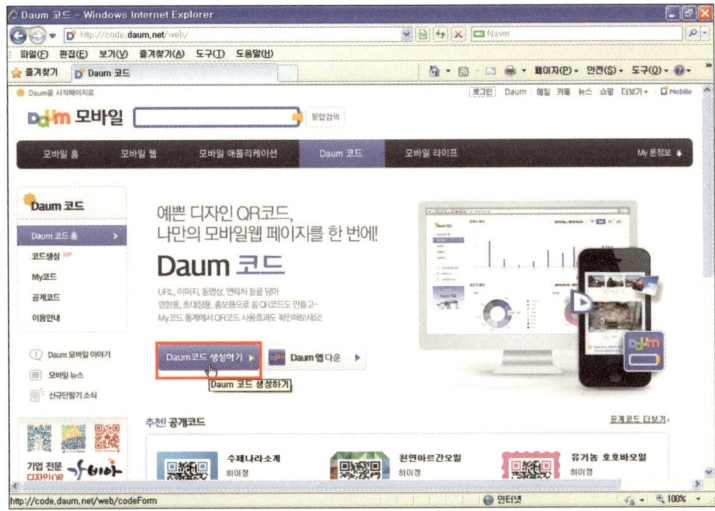

02 ›› [제목]에 이름을 입력하고 [테두리 컬러 & 스킨]에서 코드 디자인을 선택합니다.

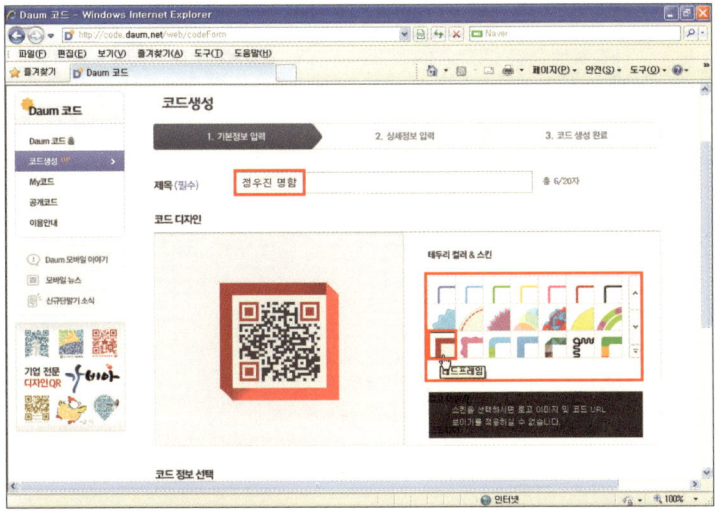

03 ›› [코드 정보 선택] 항목에서 [나만의 정보]를 선택하고 [다음단계] 버튼을 클릭합니다.

[직접 링크]는 홈페이지 주소만 기록해주는 서비스입니다.

04 ›› 상단에서 [명함]을 클릭해 양식을 선택한 후 내용을 작성합니다. '연락처를 입력해 보세요'를 클릭하면 나타나는 창에서 사진과 정보를 입력하고 [완료] 버튼을 클릭합니다.

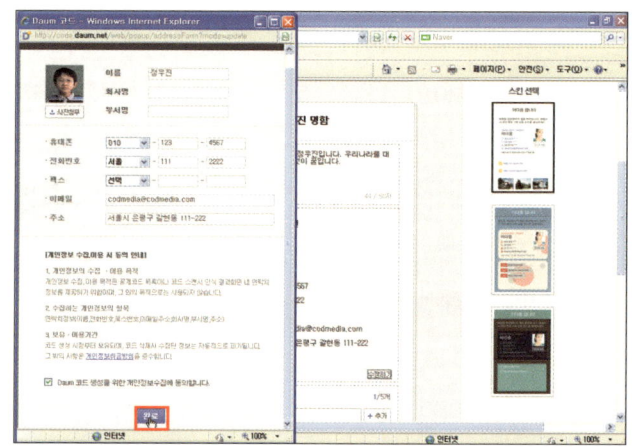

05 ›› '이미지를 첨부해 보세요'를 클릭해 관련 사진을 추가한 후 [생성하기] 버튼을 클릭합니다.

06 ›› 코드가 완성되었습니다. [이미지로 저장하기]에서 이미지 파일 형식과 크기를 선택하고 [저장] 버튼을 클릭하면 코드를 이미지로 저장할 수 있습니다.

아이패드로 QR 코드 스캔하기   Step 02

이런 기능들이 사용됐어요 ➜ App Store, 네이버

01 ›› [App Store]에서 '네이버'로 검색해 [네이버] 앱을 설치합니다.

02 ›› [네이버] 앱을 실행한 다음 화면을 터치합니다. 화면의 하단 메뉴에서 [검색]을 누르고 [코드] 아이콘을 누릅니다.

03 ›› 카메라가 켜지면 QR 코드가 있는 부분으로 초점을 맞춥니다. 이때 가능한 가깝게 위치시킵니다.

04 ›› 정상적으로 QR 코드를 인식하면 코드에 기록되어 있는 홈페이지가 열립니다.

아이패드에서 사진 프린트하기   Step **03**

이런 기능들이 사용됐어요 ➜ e-print

아이패드는 iOS4.2에서부터 e-print를 이용하여 무선으로 인쇄하는 기능을 제공합니다. e-print를 지원하는 프린터만 사용이 가능하지만 공유 프린트를 통한 인쇄도 가능합니다. 아이패드로 프린트를 어떻게 하는지 알아보겠습니다.

아이패드 인쇄에 대해서

e-print는 네트워크를 이용하여 프린트하는 기술로, 어디서든지 인터넷만 연결되어 있으면 무선으로 인쇄할 수 있습니다. 현재는 HP사의 프린터만 지원하고 있지만 앞으로 e-print를 지원하는 프린터가 늘어날 것으로 예상됩니다.

공유 프린트로 인쇄하기

공유 프린트는 와이파이로 같은 네트워크상에 연결된 프린터로 인쇄하는 것을 말합니다. 무선 공유기를 이용하여 함께 무선으로 연결된 컴퓨터에 장착된 프린터라면 모두 지원합니다. 와이파이 영역을 벗어나면 사용할 수 없으며 3G는 지원하지 않습니다.

01 ≫ e-print를 지원하는 프린터를 준비하거나 공유 프린트를 세팅합니다.

e-print 세팅하는 방법은 프린터 매뉴얼을 참조하세요.

02 ≫ 아이패드에서 🌻 [사진] 아이콘을 눌러 실행하고 인쇄할 사진을 엽니다. 📤 버튼을 누른 다음 [프린트]를 누릅니다.

03 ≫ [프린터]를 누르면 프린터가 검색됩니다. 프린터가 검색되면 프린터 목록을 누르고 [1개의 복사본]의 버튼을 눌러 인쇄 매수를 지정한 후 [프린트] 버튼을 누릅니다.

04 ›› 잠시 후 프린터를 통해서 사진이 인쇄됩니다.

프린트를 지원하는 애플리케이션

[사진] 이외에 [Pages], [Keynote], [Numbers], [어썸노트] 등 문서 작성 애플리케이션에서도 프린트 기능을 제공합니다.

▶ [Pages]의 프린트 메뉴

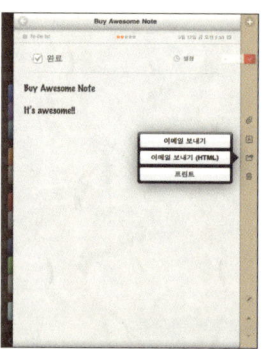
▶ [어썸노트]의 프린트 메뉴

디지털 카메라로 촬영한 사진 아이패드로 열어보기 Step 04

이런 기능들이 사용됐어요 ➡ 아이패드 카메라 킷

아이패드에는 USB 단자가 없기 때문에 USB 기기를 연결할 수 없지만 아이패드 카메라 킷을 이용하면 USB 기기를 이용하여 카메라, 아이패드, 아이폰을 연결하여 자료를 불러오거나 USB 키보드를 연결하여 타이핑을 할 수 있습니다. 또한 메모리 카드 커넥터를 이용하여 메모리 카드를 연결해 사진 또는 동영상 자료를 불러올 수 있습니다.

아이패드 카메라 킷

아이패드 카메라 킷에는 카메라와 연결할 수 있는 USB 커넥터와 SD 메모리 카드를 끼울 수 있는 커넥터가 들어있습니다. USB 커넥터는 카메라를 직접 연결할 수 있을 뿐만 아니라 USB 키보드도 연결할 수 있으므로 매우 유용한 장비입니다. 아이패드 카메라 킷은 비품 제품을 사용하거나 iOS 버전에 따른 호환성 문제로 인식 오류가 발생할 수 있으니 구매 시 잘 따져본 후 구매하도록 합니다.

▲ USB 커넥터　　　　▲ SD 메모리 카드 커넥터

메모리 카드에 저장된 사진과 동영상 불러오기

SD 메모리 카드를 SD 메모리 커넥터에 연결하여 메모리 카드에 저장되어 있는 사진 또는 동영상 파일을 불러올 수 있습니다.

01 ≫ 메모리 카드 커넥터를 아이패드에 연결한 후 커넥터에 메모리 카드를 끼웁니다.

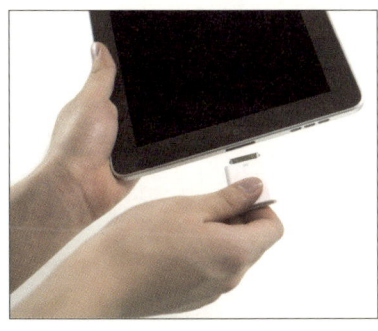 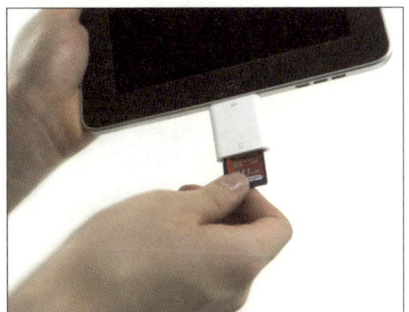

02 >> 아이패드를 켜면 잠시 후 메모리 카드에 저장되어 있는 사진 또는 동영상이 나타납니다. 가져올 사진을 눌러 선택한 다음 [가져오기] 버튼을 누르면 나타나는 메뉴에서 [선택된 항목 가져오기]를 누르면 선택한 사진이 사진 앨범에 저장됩니다.

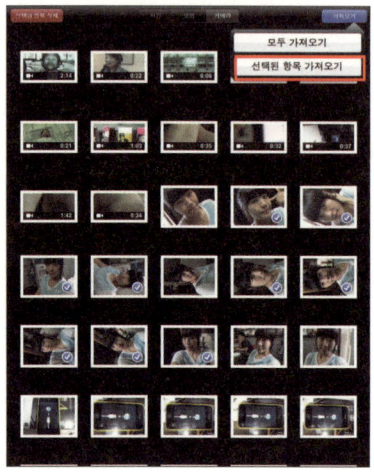

카메라 또는 아이패드, 아이폰 연결하기

카메라 또는 아이패드, 아이폰을 USB 커넥터에 해당 USB 케이블로 연결하면 저장 공간에 저장되어 있는 사진 또는 동영상 자료를 불러올 수 있습니다.

01 >> 카메라 USB 케이블을 카메라와 아이패드 USB 커넥터에 연결합니다. 아이패드 또는 아이폰을 연결하려면 USB 케이블을 이용하여 USB 커넥터에 연결합니다.

02 >> 카메라를 켜면 카메라의 메모리 카드에 저장된 사진 또는 동영상이 나타납니다.

영상 케이블을 이용하여 프레젠테이션하기   Step 05

이런 기능들이 사용됐어요 ➔ 영상 출력 어댑터

아이패드용 영상 케이블을 이용하면 아이패드 액정에 나타나는 화면을 모니터, TV 또는 빔프로젝터에 출력할 수 있습니다. 영상 케이블에는 VGA와 HDMI 방식이 있습니다. 각각의 어댑터의 특징에 대해서 알아보겠습니다.

VGA 영상 출력 어댑터

VGA 영상 출력 어댑터는 컴퓨터 모니터에 사용하는 RGB 케이블을 연결하여 모니터에 영상이 나타나도록 해주는 장치입니다. 가장 일반적으로 많이 사용되는 단자로 VGA 어댑터로 연결하면 아이패드 화면이 연결된 모니터에 출력됩니다. 수업이나 발표를 위한 빔 프로젝터를 연결할 때 사용하기 적합합니다.

HDMI 영상 출력 어댑터

HDMI 영상 어댑터는 영상 이외에 음성도 출력되므로 HDMI를 지원하는 TV나 모니터에 연결하면 영상과 음성을 함께 출력할 수 있습니다. 이 어댑터는 동영상을 출력할 때 효과적으로 사용할 수 있습니다.

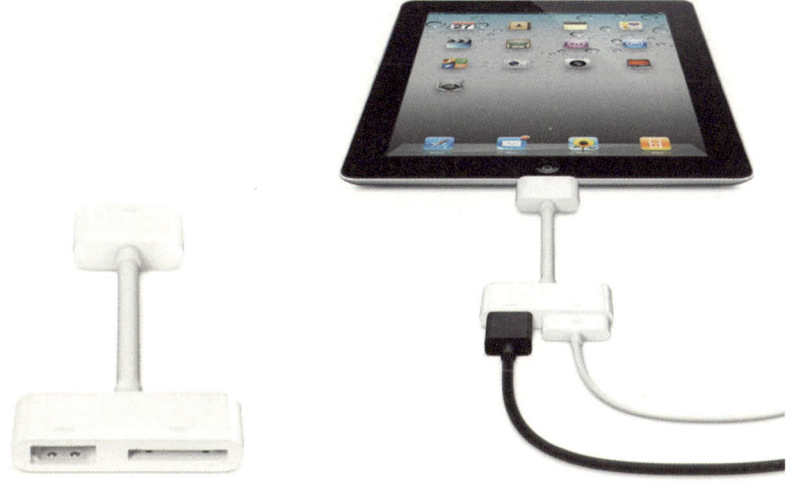

131

학습에 도움을 주는 애플리케이션 찾기

[App Store]에서 제공하는 애플리케이션 중 학습에 도움이 되는 애플리케이션에 대해서 알아 보겠습니다. 앱의 종류에 따라 아이패드에서 사용이 가능한 아이폰용 앱은 [아이폰/아이패드], 아이패드 전용 앱은 [아이패드], 아이폰과 아이패드 모두 최적화되어 실행되는 앱은 [아이폰, 아이패드 호환]이라고 표기하였습니다.

국어/한자 관련 앱

이런 기능들이 사용됐어요 → App Store

우리말 학습 [자주 틀리는 우리말] 아이폰/아이패드

[자주 틀리는 우리말]은 자주 틀릴 수 있는 우리말 정보를 알려주는 앱입니다. [App Store]에서 '자주 틀리는 우리말'이라고 검색해서 앱을 설치한 후 실행하면 자주 틀리는 우리말 목록이 나타납니다. 이곳에서 정보를 보고 싶은 목록을 클릭해서 정보를 확인할 수 있습니다.

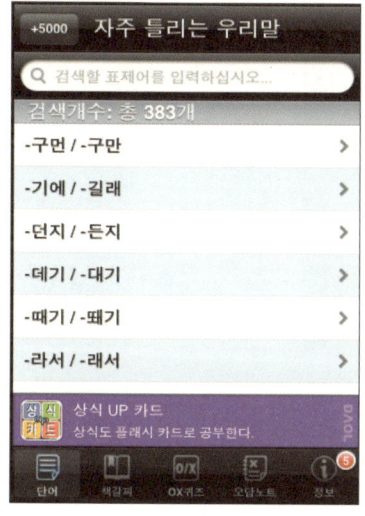 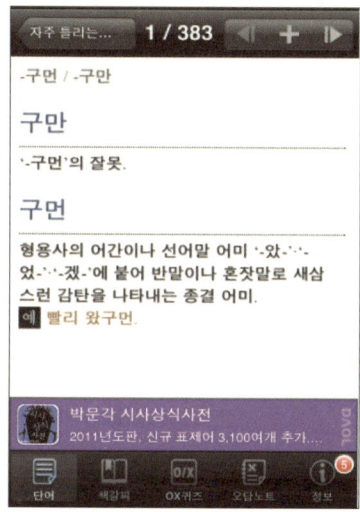

[OX퀴즈] 탭을 클릭하면 자주 틀리는 우리말을 중심으로 구성된 문제가 출제됩니다. 문제를 읽고 질문이 맞으면 [O], 아니면 [X]를 눌러 문제를 풀어볼 수 있습니다.

우리말 학습 [우리말 겨루기] 아이폰/아이패드

[우리말 겨루기]는 우리말 어휘를 얼마나 알고 있는지 테스트하는 앱으로 [App Store]에서 '우리말 겨루기' 라고 검색하여 무료로 설치할 수 있습니다. 총 10개의 문제가 순서대로 제시되며 보기에서 맞는 답을 눌러 어휘력을 테스트할 수 있습니다.

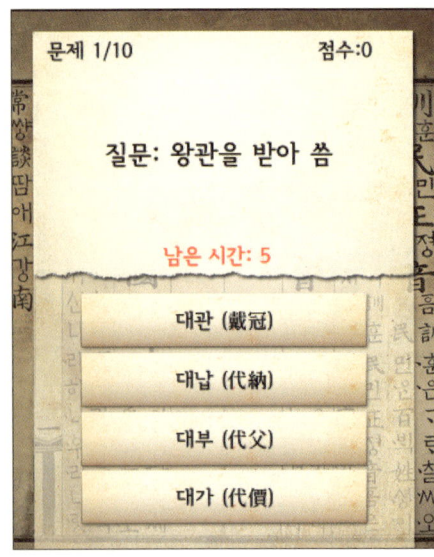
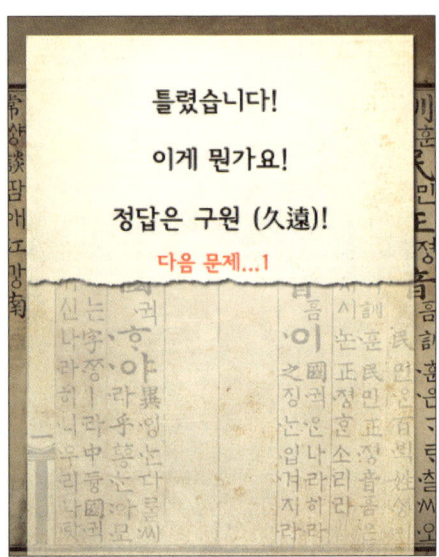

한자 학습 [마법 천자문] 아이패드

[마법 천자문]은 한자 학습 앱으로 [App Store]에서 '마법 천자문 lite' 라고 검색하여 무료로 설치할 수 있습니다. 메인 화면에서 [한자 연습장] 버튼을 누르면 한자 정보를 보고 연습장에 직접 손가락으로 그리면서 한자를 연습할 수 있습니다. [한자 카드] 버튼을 누르면 음성으로 제시되는 한자를 듣고 알맞은 한자 카드를 탭하여 맞추는 게임도 즐길 수 있습니다.

한자 학습 [즐거운 사자성어] 아이폰/아이패드

[즐거운 사자성어]는 사자성어 학습 앱으로 [App store]에서 '즐거운 사자성어' 라고 검색하여 무료로 설치할 수 있습니다. 사자성어 목록에서 정보를 보고 싶은 사자성어를 눌러 자세한 설명을 볼 수 있으며 보관하고 싶은 사자성어는 [단어장에 추가]를 실행하면 [단어장]에서 선택한 사자성어만 따로 볼 수 있습니다.

영어 학습 관련 앱 Step 02

이런 기능들이 사용됐어요 ➤ App Store

알파벳 연습 [토들러 알파벳 lite for iPad] 아이패드

[토들러 알파벳]은 영어 알파벳 학습 앱으로 [App Store]에서 '토들러 알파벳 lite' 라고 검색하여 무료로 설치할 수 있습니다. 학습할 알파벳을 누르면 알파벳에 관련된 그림을 관련 위치로 드래그해서 알파벳을 익힐 수 있습니다. 이외에 알파벳 송 노래 부르기와 직접 손가락으로 그리면서 알파벳을 배울 수 있는 기능도 제공합니다.

영어 단어 학습 [뇌새김 영단어 HD Lite] 아이패드

[뇌새김 영단어]는 영어 단어 학습 앱으로 [App Store]에서 '뇌새김 영단어 Lite'라고 검색하여 무료로 설치할 수 있습니다. 처음에 사용자 정보와 난이도를 선택하면 학습 단어가 화면에 나타납니다. 단어와 뜻과 귀여운 삽화와 음성으로 학습할 수 있습니다. [심화학습] 버튼을 누르면 단어가 어떻게 사용되는지 예문으로 볼 수 있습니다.

영어 단어 학습 [초등영단어] 아이폰/아이패드

[초등영단어]는 영어 단어 학습 앱으로 [App Store]에서 '초등영단어'라고 검색하여 무료로 설치할 수 있습니다. 앱을 실행하면 영어 단어가 나타납니다. 이 단어를 알고 있으면 [O] 버튼을 누르고 모르겠으면 [X] 버튼을 눌러 단어를 검사한 후 [틀린문제] 버튼을 눌러 잘 모르는 단어만 따로 학습할 수 있습니다. 영어 단어의 뜻을 알고 싶다면 단어를 위 또는 아래로 문지르면 뜻을 확인할 수 있습니다.

 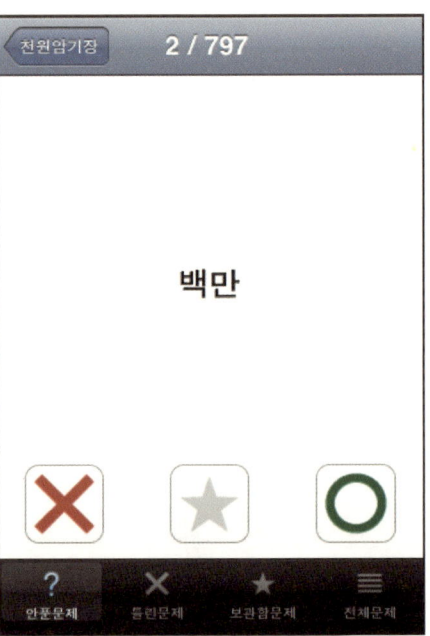

영어 회화 학습 [문단열 스피킹 공식 기본편 HD] 아이패드

[문단열 스피킹 공식 기본편 HD]는 영문 구문별로 영어를 학습하는 방법을 소개하는 앱으로 [App Store]에서 '문단열 스피킹 공식 기본편'이라고 검색하여 무료로 설치할 수 있습니다. 구문을 학습하고 구문을 이용한 예제를 통해 심화 학습을 할 수 있습니다. 특히 '문단열' 선생님의 강의도 볼 수 있습니다.

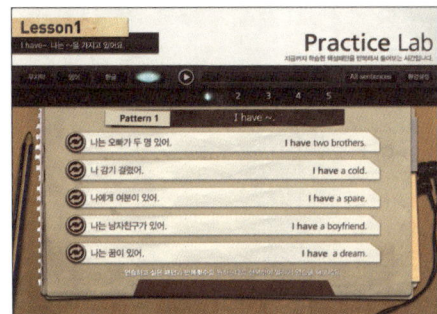

수학/과학 학습 관련 앱 Step 03

이런 기능들이 사용됐어요 ➡ App Store

산술 연습 학습 [수학달인] 아이폰/아이패드

[수학달인]은 구구단 및 산술을 연습할 수 있는 앱으로 [App Store]에서 '수학달인'이라고 검색하여 무료로 설치할 수 있습니다. [구구단] 버튼을 눌러 구구단 문제를 풀면서 구구단을 학습할 수 있고 [퀴즈] 버튼을 눌러 산술 문제를 풀면서 산술 학습을 할 수 있습니다.

교과서 학습 [교과서 핵심 총정리]   아이폰, 아이패드 공용

[교과서 핵심 총정리]는 수학, 물리, 화학, 지구과학, 생물 학습 정보를 제공하는 앱으로 [App Store]에서 '교과서 핵심 총정리'라고 검색하면 '$6.99'로 구매해서 설치할 수 있습니다. 각 학습별로 정리해 놓은 핵심을 정리하여 볼 수 있으며 [예제모음] 메뉴를 통해 예제별로 검색해서 볼 수 있고 다시 보고 싶은 내용은 [즐겨찾기]에 등록해 다시 볼 수 있습니다.

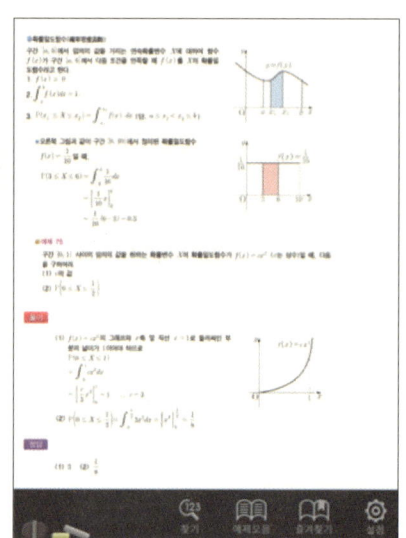

별자리 학습 [Star Walk for iPad]   아이패드

[Star Walk]는 우주의 행성과 별자리 정보를 알려주는 앱으로 [App Store]에서 'Star Walk for iPad'라고 검색하면 '$4.99'로 구매해서 설치할 수 있습니다. 아이패드를 하늘로 향하면 해당 위치에 있는 별자리와 행성 정보를 볼 수 있으며, 정보를 보고 싶은 행성을 눌러 자세한 행성 정보를 볼 수도 있습니다. 비슷한 앱으로 [NASA App HD] 앱이 있는데 이 앱은 설명이 영어로 되어 있지만 무료로 사용이 가능합니다.

과학자 전기 [소문난 과학자] 아이패드

[소문난 과학자]는 역사적으로 유명한 과학자들의 일대기를 만화로 소개한 앱으로 [App Store]에서 '소문난 과학자'를 검색해서 무료로 설치할 수 있습니다. 만화로 구성된 과학자 일대기를 볼 수 있으며 [인물사전]을 이용하여 인물 정보도 자세히 확인할 수 있습니다.

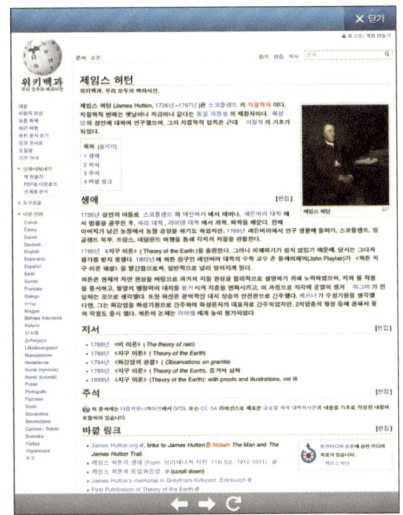

과학 정보 [YTN SCIENCE for iPad] 아이패드

[YTN SCIENCE for iPad]는 YTN에서 운영하는 과학 전문 채널 앱으로 [App Store]에서 'ytn science for ipad'를 검색해서 무료로 설치할 수 있습니다. [과학뉴스] 메뉴를 눌러 현재 이슈가 되는 과학 뉴스를 볼 수 있고 [과학실험 VOD] 메뉴를 눌러 과학 실험을 동영상으로 볼 수 있습니다.

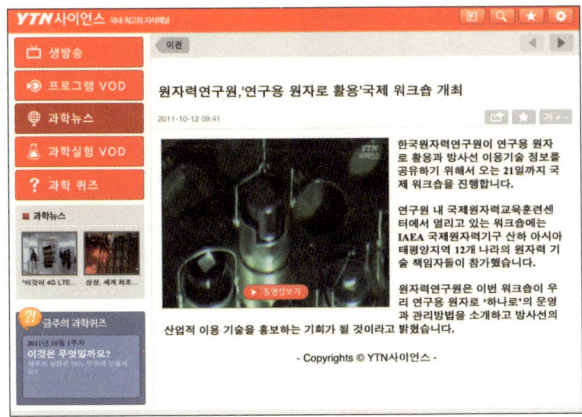
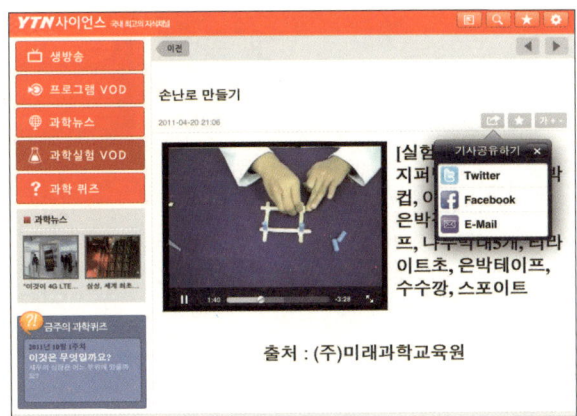

주기율 학습 [화학주기율표] 아이폰, 아이패드 호환

[화학주기율표]는 화학주기율표를 보여주는 앱으로 [App Store]에서 '화학주기율표'를 검색해서 무료로 설치할 수 있습니다. 프로그램을 실행하면 주기율표가 나타납니다. 두 손가락으로 드래그해서 화면을 확대 및 축소해서 볼 수 있습니다. 비슷한 앱으로 [Merck PSD HD]가 있는데 이 앱은 영문이지만 보다 다양한 정보를 볼 수 있습니다.

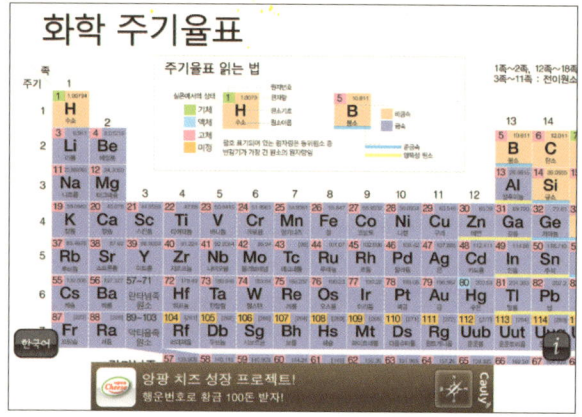 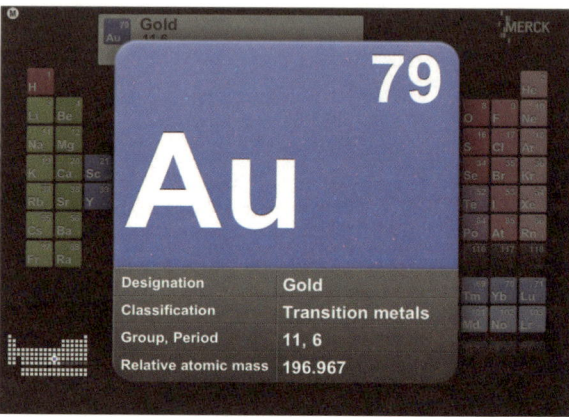

과학 용어 사전 [사이언스올 과학용어사전] 아이폰/아이패드

[사이언스올 과학용어사전]은 과학 관련 용어 사전을 제공하는 앱으로 [App Store]에서 '사이언스올 과학용어사전'을 검색해서 무료로 설치할 수 있습니다. 앱을 설치한 다음 [과학용어사전]을 누른 다음 가나다 또는 알파벳 순으로 검색해서 용어의 뜻을 알아볼 수 있습니다.

 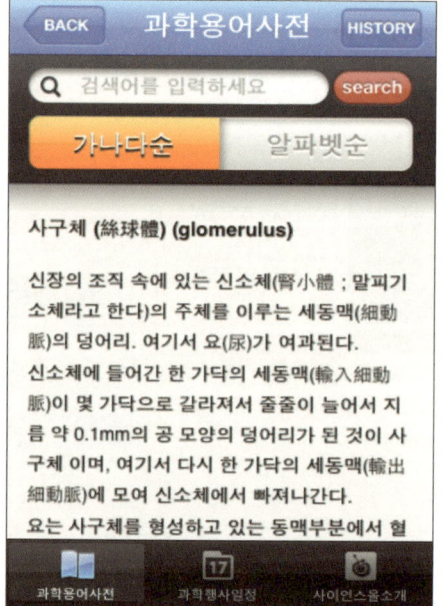

사회/역사 관련 앱 Step **04**

이런 기능들이 사용됐어요 ➔ App Store

세계 국기 학습 [도전!만국기] 아이폰/아이패드

[도전!만국기]는 전 세계 국기 정보를 알려주는 앱으로 [App Store]에서 '도전!만국기'를 검색해서 무료로 설치할 수 있습니다. 프로그램을 실행하면 대륙을 선택하는 화면이 나타납니다. 국기 정보를 보고 싶은 대륙을 선택하면 대륙에 속해있는 나라의 국기가 나타나며, [상세정보]와 [위치보기] 버튼을 눌러 국가 정보를 볼 수 있습니다.

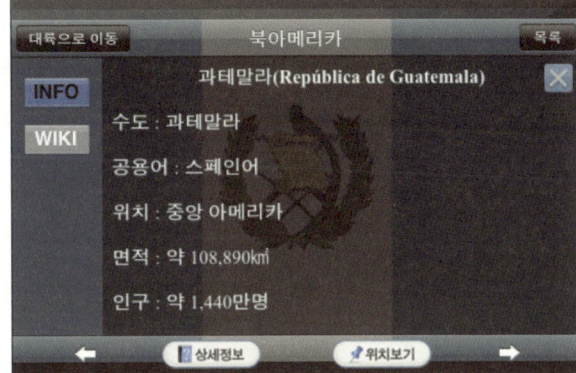

한국사 학습 [한국사 연표] 아이폰/아이패드

[한국사 연표]는 한국의 역사 정보를 알려주는 앱으로 [App Store]에서 '한국사 연표'를 검색해서 무료로 설치할 수 있습니다. 프로그램을 실행하면 한국의 구석기부터 현재까지의 연대표가 나타납니다. 보고 싶은 연대를 누르면 그 시대의 정보를 볼 수 있습니다.

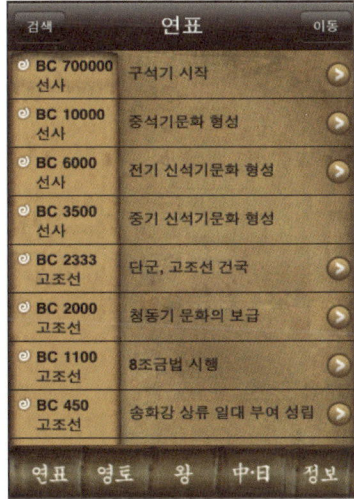
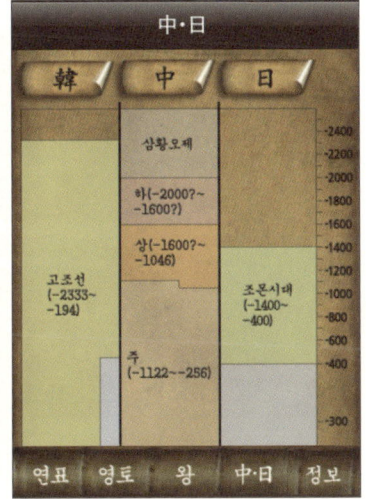

정보보호 학습 [정보보호앱] 아이폰/아이패드

[정보보호앱]은 방송통신위원회에서 제공하는 정보보호 앱으로 [App Store]에서 '정보보호앱'을 검색해서 무료로 설치할 수 있습니다. [정보보호 안내] 메뉴를 눌러 정보보호가 왜 중요한지 정보를 볼 수 있고 [정보보호 퀴즈] 메뉴를 눌러 정보보호에 대해서 얼마나 알고 있는지 테스트할 수 있습니다.

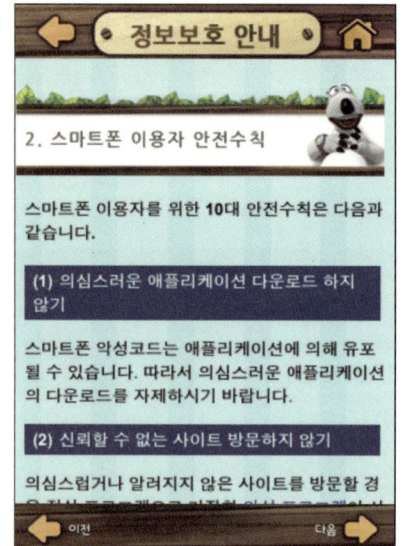 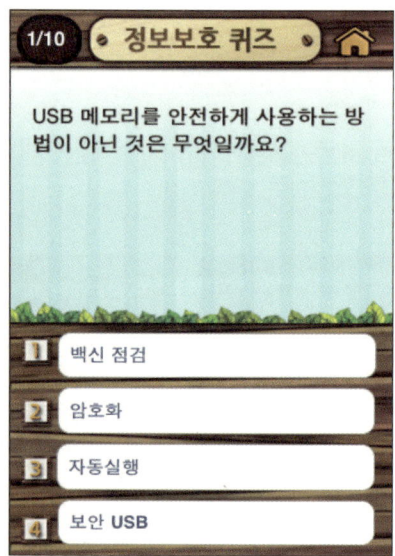

제사 정보 [제사의 달인] 아이폰/아이패드

[제사의 달인]은 제사상을 차리는 방법과 제사 순서 등의 정보를 알려주는 앱으로 [App Store]에서 '제사의 달인'을 검색해서 무료로 설치할 수 있습니다. 제사 순서와 상차리는 방법 및 지방 쓰는 방법에 대해서 배울 수 있습니다.

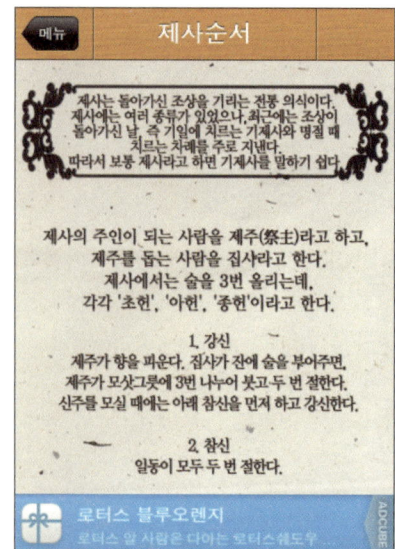 

친척 호칭 학습 [친인척호칭법] 아이폰/아이패드

[친인척호칭법]은 친인척의 호칭을 알려주는 앱으로 [App Store]에서 '친인척호칭법'을 검색해서 무료로 설치할 수 있습니다. 직계, 외가 등의 친인척의 호칭 정보를 볼 수 있습니다. [패밀리맵] 앱을 이용하면 자신의 친인척 가계도를 직접 꾸밀 수 있습니다.

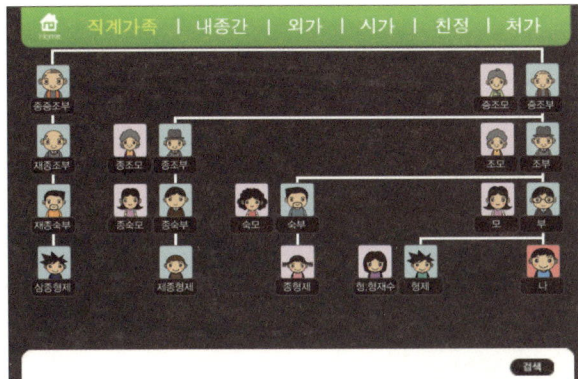 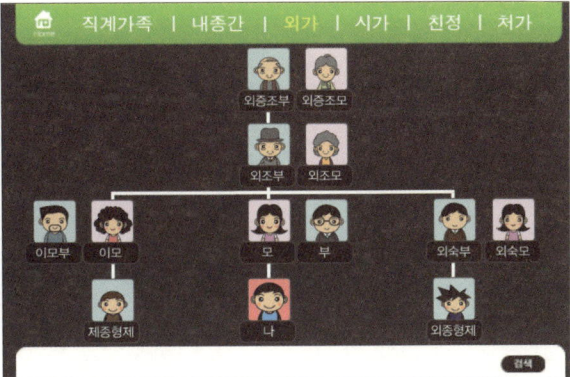

예술 관련 앱

Step 05

이런 기능들이 사용됐어요 ➡ App Store

김홍도 작품 학습 [김홍도 화첩] 아이폰, 아이패드 호환

[김홍도 화첩]은 단원 김홍도의 작품을 볼 수 있는 앱으로 [App Store]에서 '김홍도 화첩'을 검색해서 무료로 설치할 수 있습니다. 김홍도의 작품뿐만 아니라 [작가소개] 버튼을 눌러 작가 정보도 볼 수 있습니다. [신윤복 화첩], [정선 화첩] 앱을 이용하여 신윤복과 정선 작품도 볼 수 있습니다.

명화 학습 [세계의 명화] 아이폰/아이패드

🎨 [세계의 명화]는 전 세계의 명화 작품과 정보를 볼 수 있는 앱으로 [App Store]에서 '세계의 명화'를 검색해서 무료로 설치할 수 있습니다. [아티스트] 메뉴를 눌러 화가의 정보를 볼 수 있고 [작품]을 누르면 명화를 볼 수 있습니다. [명화퀴즈] 메뉴를 이용하여 퀴즈를 통해 명화에 대해서 얼마나 알고 있는지 알아볼 수 있습니다.

그림 그리기 [Adobe Eazel for Photoshop] 아이패드

🎨 [Adobe Eazel for Photoshop]은 그림 그리기 앱으로 [App Store]에서 'eazel'을 검색해서 무료로 설치할 수 있습니다. 다섯 손가락을 동시에 누르면 나타나는 도구를 이용하여 선의 두께, 투명도, 색상 등을 조절하여 자유롭게 그림을 그립니다. [Settings]-[Save to Photos] 메뉴를 실행하여 작업한 그림을 저장할 수 있습니다.

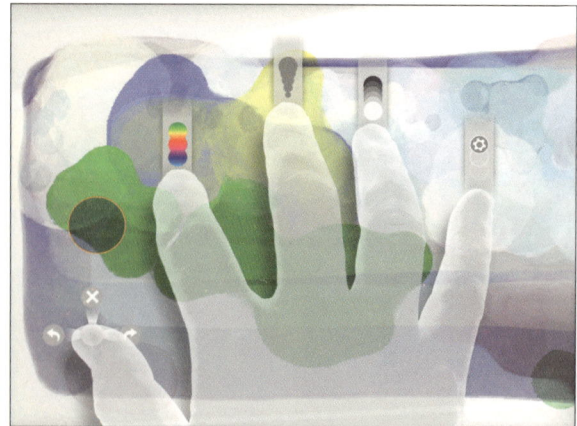
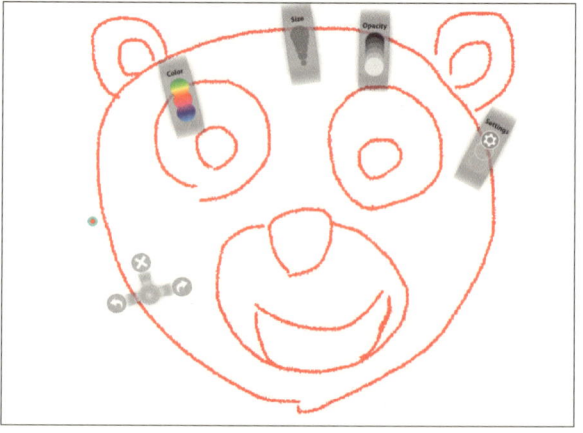

클래식 음악 학습 [Theme Classic Free] 아이폰/아이패드

[Theme Classic Free]는 클래식 음악과 정보를 제공해주는 앱으로 [App Store]에서 'Theme Classic Free'를 검색해서 무료로 설치할 수 있습니다. [앨범] 메뉴에서 듣고 싶은 음악 목록을 눌러 클래식 음악을 들을 수 있고 [작곡가], [음악사], [클래식용어] 메뉴를 클릭해서 음악 정보를 볼 수 있습니다.

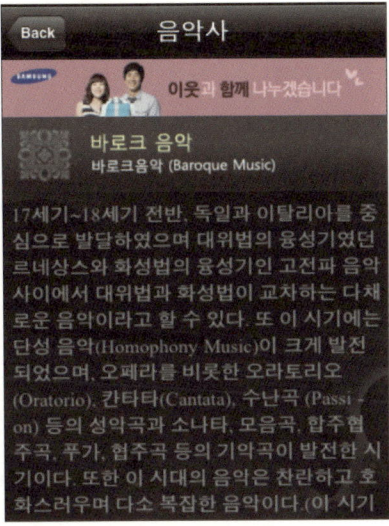

청음 학습 [Karajan Beginner – Music & Ear Trainer] 아이패드

[Karajan Beginner – Music & Ear Trainer]는 음악의 청음 능력을 향상시켜주는 앱으로 [App Store]에서 'Karajan Beginner'를 검색해서 무료로 설치할 수 있습니다. 앱을 실행하면 나타나는 메뉴에서 음정(Intervals), 코드(Chords), 음계(Scales), 음높이(Pitch), 박자(Tempo), 조표(Key Signatures) 중 연습할 항목을 선택해서 테스트할 수 있습니다.

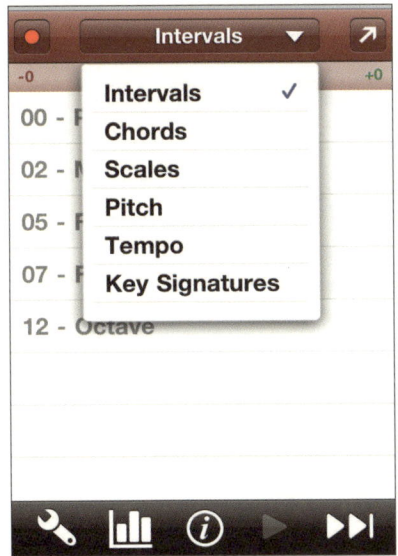
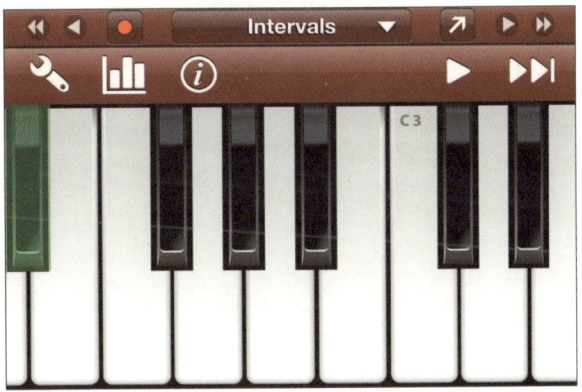

Section

14

수업 자료 만들고
TV로 미러링하기

아이패드 애플리케이션 중 한글, 엑셀, 파워포인트 문서를 만들 수 있도록 해주는 [Office2 HD]를 이용하여 수업 자료 만드는 방법과, 애플 TV를 이용하여 미러링을 통해 콘텐츠를 TV로 출력하여 수업 자료로 이용하는 방법에 대해서 알아보겠습니다.

[Office2 HD]를 이용하여 수업 자료 만들기

Step 01

이런 기능들이 사용됐어요. ➔ Office2 HD

01 ›› ◉ [App Store]를 실행한 후 'office2 hd'를 검색하여 ◉ [Office2 HD] 프로그램을 설치합니다.

> [Office2 HD]는 $7.99 비용의 유료 앱입니다.

02 ›› 홈 화면에서 ◉ [Office2 HD] 아이콘을 눌러 프로그램을 실행한 다음 문서를 작성하기 위해 [열기] 버튼을 누르고 [문서] 버튼을 누릅니다.

 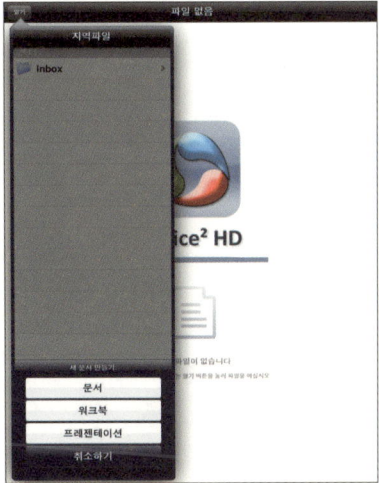

03 ≫ 새 문서의 이름을 입력하라는 메시지 창이 나타나면 문서 이름을 입력하고 [확인] 버튼을 누릅니다.

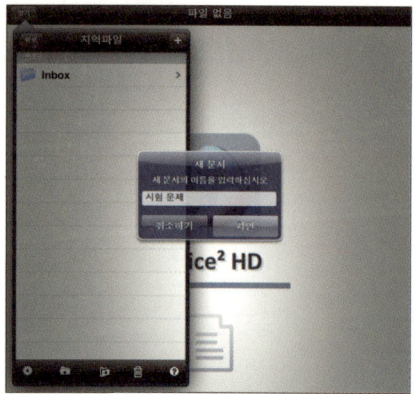

04 ≫ 새 문서가 열리면 키보드를 이용하여 문서를 작성합니다. 작업이 완료되었으면 ▣ 버튼을 눌러 문서를 저장합니다.

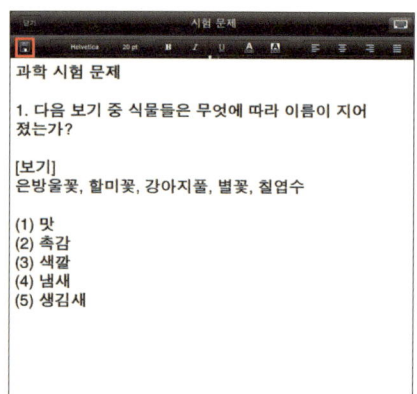

상단의 도구를 이용하여 글자 속성을 변경할 수 있습니다.

05 ≫ [엑셀] 프로그램과 같이 스프레드시트를 작성하려면 [열기] 버튼을 누른 다음 [워크북]을 누릅니다.

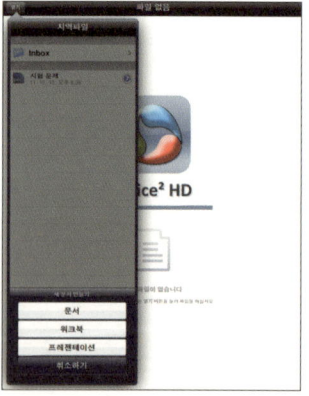

06 ›› 워크시트가 열리면 글을 입력할 셀을 두 번 누른 다음 글을 입력합니다. 같은 방법으로 각 셀에 내용을 입력해 문서를 작성합니다.

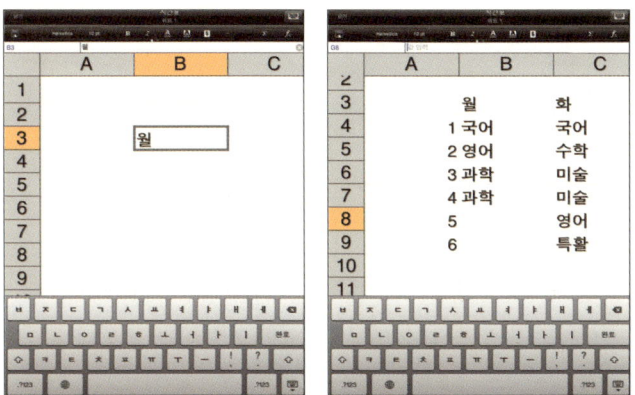

07 ›› 셀을 길게 누르면 나타나는 핸들을 드래그해서 영역을 선택한 다음 ▪▪▪ 버튼을 누르고 [크기] 탭에서 셀 간격을 조절한 후 [정렬] 탭에서 글자 정렬을 설정합니다.

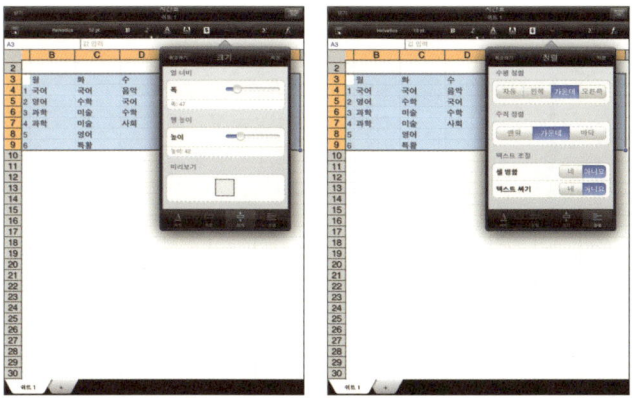

08 ›› 상단 도구를 좌우로 드래그해서 스크롤 한 다음 ⊞ 버튼을 찾아서 누르면 셀 테두리가 표시됩니다. 작업이 완료되었으면 🖫 버튼을 눌러 문서를 저장합니다.

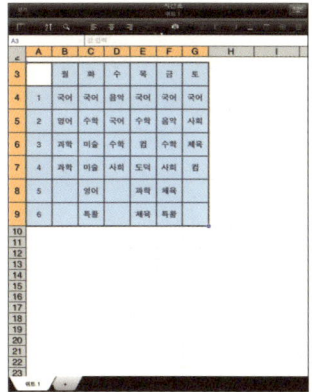

09 ›› [파워포인트] 프로그램과 같이 프레젠테이션 문서를 작성하려면 [열기] 버튼을 누른 다음 [프레젠테이션]을 누릅니다.

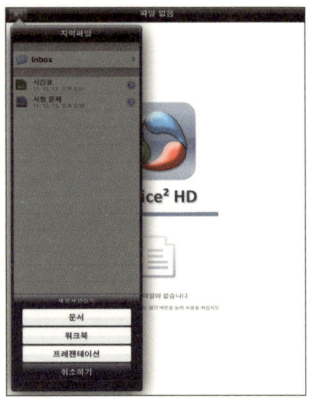

10 ›› 문서가 열리면 글상자를 눌러 글을 입력합니다. 새 슬라이드를 추가하려면 [+] 버튼을 누르면 나타나는 양식에서 작성할 레이아웃에 알맞은 목록을 선택합니다.

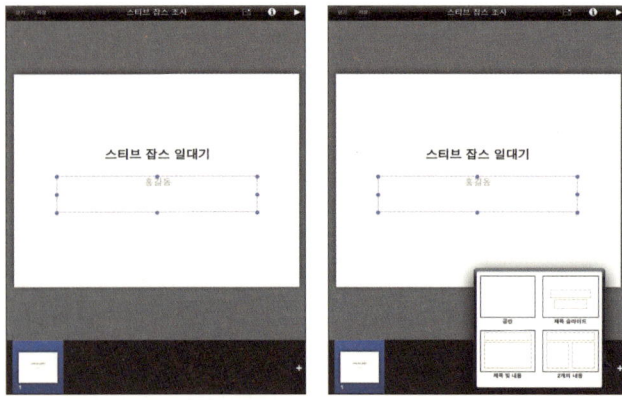

11 ›› 그림을 삽입하려면 상단 메뉴에서 ▣ 버튼을 누르고 [테마]-[사진 보관함]에서 삽입할 그림을 선택합니다. 작업이 완료되었으면 [저장] 버튼을 눌러 문서를 저장합니다.

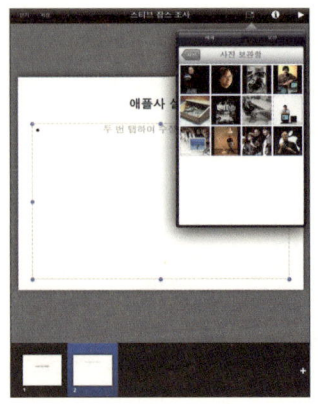 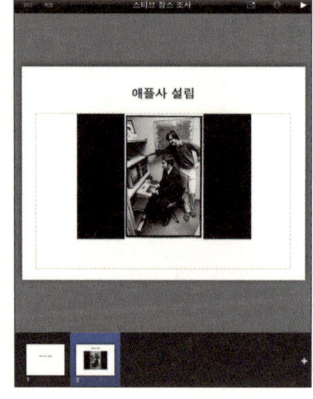

> ▶ 버튼을 눌러 슬라이드쇼를 실행할 수 있습니다.

[Office2 HD]로 작업한 문서 PC와 공유하기   Step 02

이런 기능들이 사용됐어요. ➔ Office2 HD, iTunes

01 ›› 아이패드를 PC와 연결한 다음 [iTunes]를 실행합니다. [장비]의 [응용 프로그램]에서 페이지 하단에 위치해 있는 [응용 프로그램] 목록의 [Office2 HD]를 클릭합니다. 이곳에는 [Office2 HD]로 작업한 문서 목록이 나타납니다. PC로 저장할 파일을 선택하고 [다음으로 저장] 버튼을 클릭합니다. 나타나는 [폴더 찾아보기] 대화 상자에서 저장할 폴더를 선택합니다.

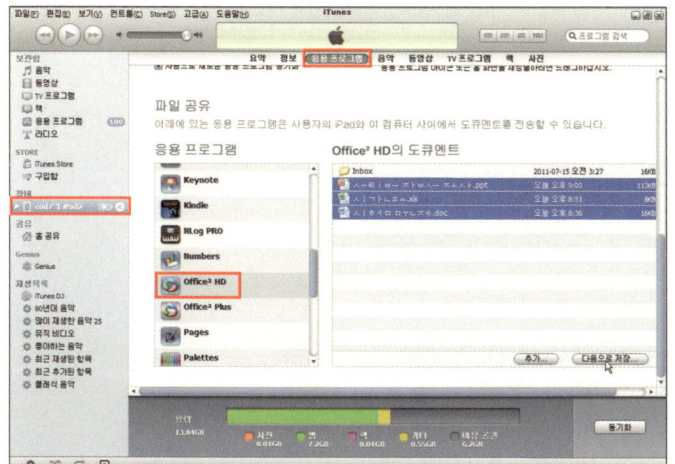

02 ›› 저장한 문서를 실행하면 워드, 엑셀, 파워포인트 프로그램을 이용하여 문서를 열어볼 수 있습니다.

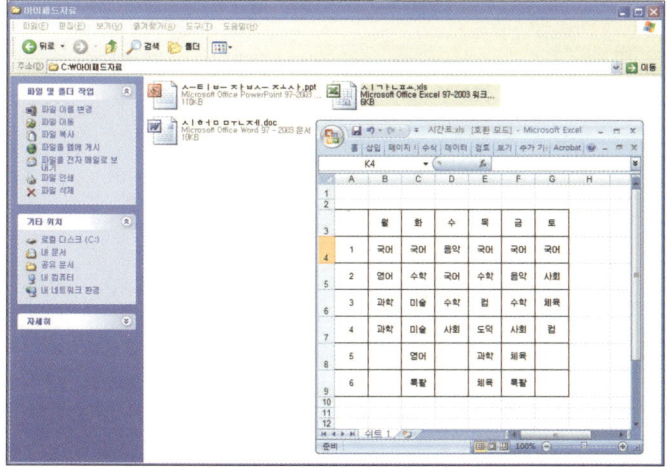

03 ›› [장비]의 [응용 프로그램]에서 [응용 프로그램] 목록의 [Office2 HD]를 클릭합니다. PC에 저장된 오피스 문서를 아이패드에 저장하려면 [추가] 버튼을 클릭하고 저장할 파일을 선택한 후 [열기] 버튼을 클릭합니다.

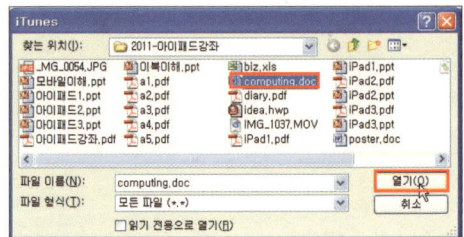

04 ›› 아이패드에서 [Office2 HD]를 실행한 후 [열기] 버튼을 누르면 저장한 파일 목록이 나타납니다. 해당 파일을 누르면 문서 내용을 확인할 수 있습니다.

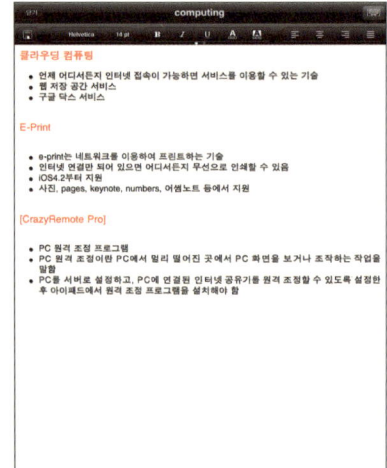

애플 TV로 동영상 콘텐츠 보기

Step 03

이런 기능들이 사용됐어요 ➔ Apple TV, 미러링

01 ›› 애플 TV를 TV와 연결하고 전원을 켭니다. 전원을 켜면 나타나는 지시 화면에 따라 환경설정을 해줍니다. 이때 와이파이 설정은 아이패드와 같은 와이파이로 설정해주어야 합니다.

애플 TV는 HDMI 케이블을 이용하여 TV와 연결할 수 있으며 영상뿐만 아니라 음성 전송도 가능합니다.

02 ›› 아이패드 홈 화면에서 🎵 [iTunes]를 실행합니다. [인기차트] 버튼을 누르고 보고 싶은 콘텐츠를 선택한 다음 [무료] 버튼을 누르고 [에피소드 받기] 버튼을 눌러 다운로드 받습니다.

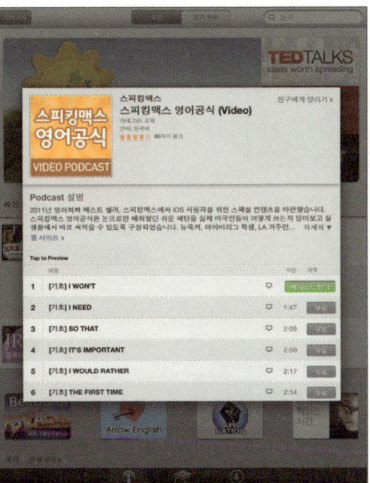

[Podcast]는 짧은 콘텐츠를 볼 수 있는 서비스입니다.

03 ≫ 다운로드가 완료되었으면 ▯ 버튼을 눌러 동영상을 재생합니다. 동영상을 탭하면 나타나는 메뉴에서
▱ 버튼을 누릅니다.

04 ≫ TV에 동영상이 재생됩니다.

> 와이파이를 이용하여 무선으로 아이패드 콘텐츠가 TV에 출력되면 영상뿐만 아니라 음성도 TV에서 재생됩니다.

애플 TV로 아이패드 화면 미러링하기 Step 04

이런 기능들이 사용됐어요 ➜ 마켓

01 ›› 아이패드의 홈 화면에서 ⬚ 홈 버튼을 두 번 누르면 나타나는 독 메뉴를 왼쪽에서 오른쪽으로 드래그 하면 나타나는 메뉴에서 ◉ 버튼을 누릅니다. [Apple TV] 버튼을 누른 다음 [미러링] 항목을 활성화합니다.

[미러링]이란 아이패드 화면 전체를 TV에 동일하게 나타나게 해주는 기능을 말합니다.

02 ›› 아이패드의 화면이 TV에 나타납니다.

정상적으로 연결되면 아이패드의 모든 화면이 TV에 동일하게 나타납니다.

03 ›› 아이패드에서 실행하는 모든 프로그램 화면이 TV에 나타납니다.

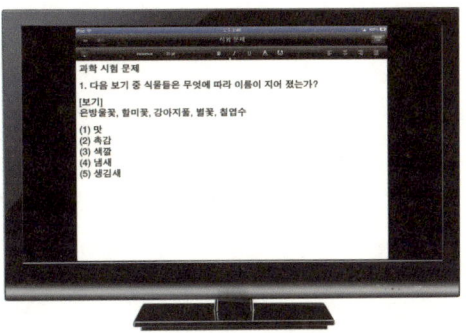

미러링을 종료하려면 홈 버튼을 두 번 눌러 독 메뉴를 연 후 ◉ 버튼을 누르고 [미러링] 항목을 비활성화합니다.

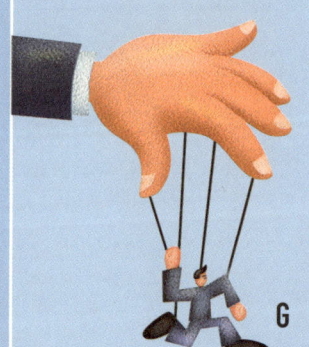

Chapter 02

G a l a x y T a b   E f f i c i e n c y

갤럭시탭
활용 가이드

갤럭시탭은 삼성에서 제작한 태블릿 PC입니다. 안드로이드 운영체제를 이용하므로 갤럭시S 등의 스마트폰과 사용 방법이 비슷합니다. 아이패드와는 다르게 화면 크기가 가로가 긴 편이어서 동영상 보기 등 멀티미디어 작업하기에 적합합니다. 여기서는 갤럭시탭이 무엇이고 어떻게 사용하는지 알아본 후 스마트러닝에 활용할 수 있는 방법들에 대해서 배워보겠습니다.

갤럭시탭 구조와 기본 동작 익히기

갤럭시탭은 아이패드와 같은 태블릿 PC로 큰 화면으로 안드로이드 OS를 이용하여 여러 가지 작업을 할 수 있습니다. 여기서는 갤럭시탭이 무엇인지 자세히 알아보고 갤럭시탭 구조와 환경 설정 및 기본 조작 방법에 대해서 알아보겠습니다.

갤럭시탭이란?

Step 01

이런 기능들이 사용됐어요. ➔ 갤럭시탭의 정의

갤럭시탭에 대해서

갤럭시탭은 삼성에서 출시한 태블릿 PC로 액정 크기에 따라 7인치와 8.9인치, 10.1 인치가 있습니다. 아이패드보다 가로 길이가 긴 와이드 액정을 사용하여 HD 영상 출력에 최적화되어 있습니다. 특히 지상파 DMB가 내장되어 있어 지상파 TV 또는 라디오 시청도 가능합니다. 운영체제는 안드로이드를 이용하며 구글 계정을 등록해두면 구글에서 제공하는 캘린더, 메일, 토크, 문서도구 등의 서비스와 자동으로 동기화가 설정되어 보다 편리한 작업을 할 수 있도록 해줍니다. 애플리케이션은 구글에서 제공하는 [마켓]과 삼성에서 제공하는 [삼성 Apps]을 이용할 수 있습니다.

안드로이드에 대해서

안드로이드(Android)는 구글에서 제작한 모바일 운영체제입니다. 2008년에 안드로이드 1.0이 처음 출시된 이후 현재까지 버전업 되고 있습니다. 컵케이크, 도넛, 에클레어, 프로요, 진저브레드, 허니콤, 아이스크림 샌드위치 등 버전 이름이 독특한 것으로도 유명합니다. 갤럭시탭은 태블릿 PC 전용 OS인 허니콤이 설치되어 있습니다.

애플의 iOS는 아이폰, 아이패드, 아이팟 터치 등 애플 기기에만 한정되는 것에 비해 안드로이드는 공개형으로 많은 모바일 기기에서 사용되고 있습니다. 개발자가 OS 변형도 가능하므로 사용 환경에 맞게 수정하여 사용할 수 있는 등 많은 장점을 가지고 있기 때문에 현재 전 세계에서 가장 많이 사용되고 있는 운영체제 중 하나입니다.

갤럭시탭 구조

Step 02

이런 기능들이 사용됐어요. ➡ 갤럭시탭 구조

갤럭시탭은 상단 부분에 두 개의 버튼이 있고 좌우에 스피커가 위치해 있으며, 가로 길이가 긴 액정을 가지고
있습니다. 왼쪽 모서리에는 DMB 안테나가 내장되어 있습니다.

❶ **전원/리셋 버튼** : 갤럭시탭 대기 모드를 설정 또는 해제하거나 버튼을 길게 눌러 전원을 끄거나 켭니다.
❷ **음량 버튼** : 버튼의 오른쪽을 눌러 볼륨을 올리거나 왼쪽을 눌러 볼륨을 내립니다.
❸ **이어폰 연결잭** : 이어폰 또는 헤드폰을 연결합니다.
❹ **지상파 DMB 안테나** : 이 부분을 당기면 지상파 DMB용 안테나가 나옵니다.
❺ **스피커** : 갤럭시탭 좌우에 스피커가 있습니다.
❻ **전면 카메라** : 셀프 카메라 또는 화상 통화에 사용되는 카메라입니다.

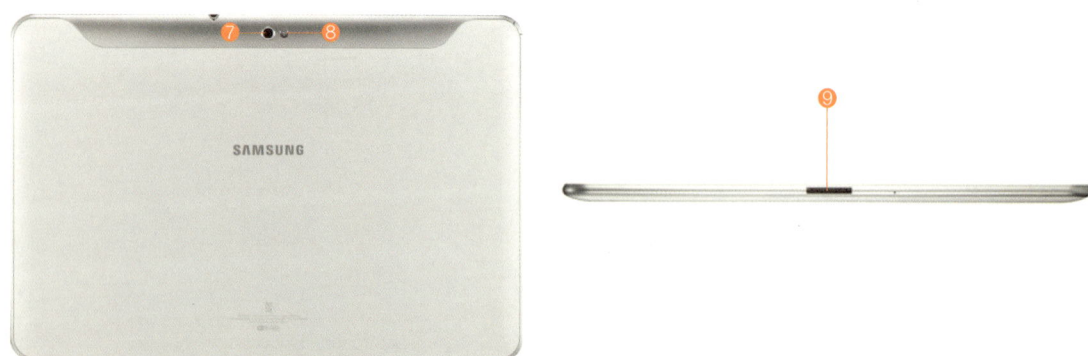

❼ **후면 카메라** : 사진 또는 동영상 촬영용 카메라입니다.
❽ **플래시** : 어두운 곳에서 사진을 촬영 시 발광하여 피사체를 밝게 만들어 줍니다.
❾ **외부 커넥터 연결잭** : USB 케이블을 이용하여 충전하거나 PC에 연결합니다.

갤럭시탭 환경설정하기

이런 기능들이 사용됐어요. ➡ 갤럭시탭 초기 설정

01 ›› 갤럭시탭을 처음 켜면 환경설정하는 화면이 나타납니다. 제일 먼저 언어를 선택합니다. '한국어'를 선택한 후 [시작] 버튼을 누릅니다.

02 ›› 사용할 무선 인터넷을 설정합니다. 와이파이가 잡히는 곳에서 주로 사용하는 목록을 선택합니다. 비밀번호가 있다면 비밀번호를 입력합니다. 와이파이 연결이 정상적으로 이루어지면 [다음] 버튼을 누릅니다. 만일 와이파이를 연결할 수 없을 경우에는 [건너뛰기] 버튼을 누릅니다.

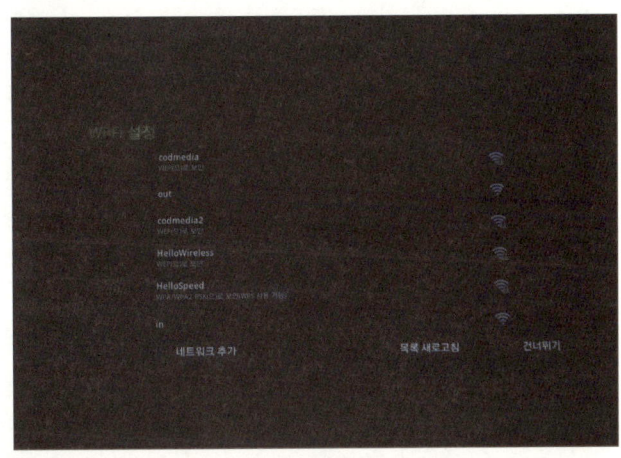

03 ›› 갤럭시탭은 구글의 서비스를 이용하여 기기의 위치를 찾을 수 있습니다. 이 기능을 사용할지 선택하는 과정입니다. 각 항목의 체크 상자를 눌러 선택한 후 [다음] 버튼을 누릅니다.

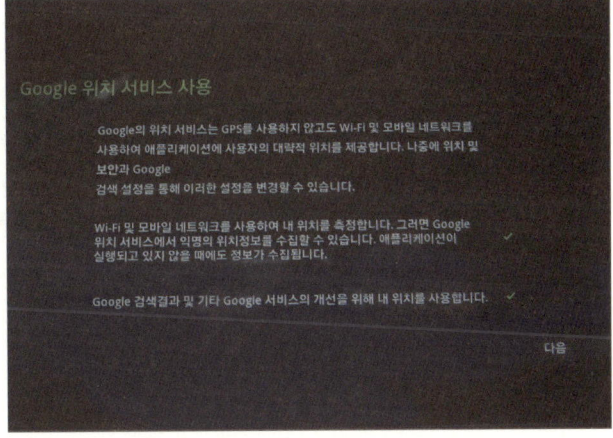

04 ›› 현재 날짜와 시간을 선택한 후 [다음] 버튼을 누릅니다.

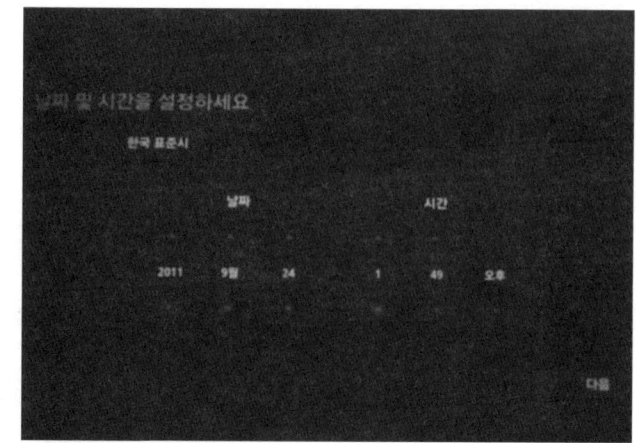

05 ›› 갤럭시탭에서 사용하는 운영체제인 안드로이드의 서비스를 이용하기 위해서 구글 계정을 등록해야 합니다. 미리 [구글] 홈페이지 (http://www.google.co.kr)에 접속해서 회원 가입을 하도록 합니다. [다음] 버튼을 누르고 구글 계정을 입력한 후 [로그인] 버튼을 누른 다음 현재 계정이 없는 경우에는 [계정만들기] 버튼을 눌러 계정을 신청합니다.

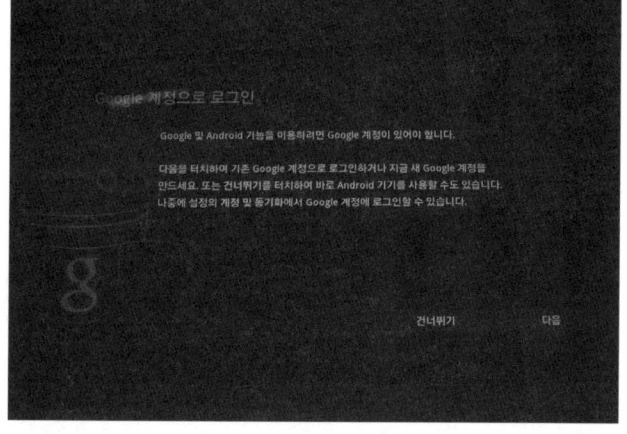

06 ›› 입력한 구글 계정으로 기록되어 있는 앱이나 자료가 있는지 확인하고 데이터가 존재하는 경우 복원할 수 있도록 해줍니다. 각 항목을 체크한 후 [완료] 버튼을 눌러 환경설정을 종료합니다.

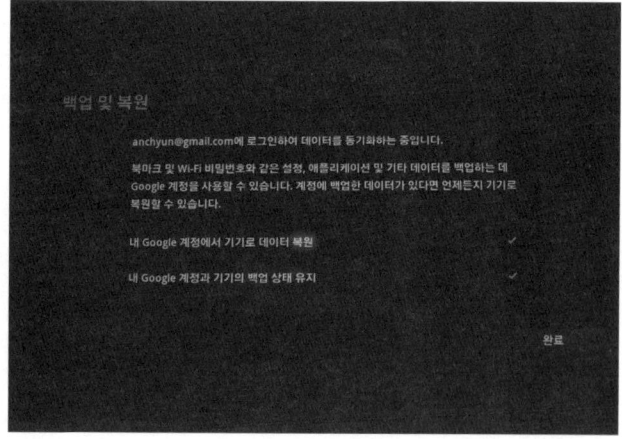

갤럭시탭 켜고 끄기

Step 04

이런 기능들이 사용됐어요 ➜ 갤럭시탭 켜기

01 ›› 갤럭시탭에서 대기는 시스템이 유지된 상태에서 액정이 꺼져 있는 상태를 말합니다. 대기 상태에서 [전원/리셋] 버튼을 눌러 갤럭시탭을 켭니다.

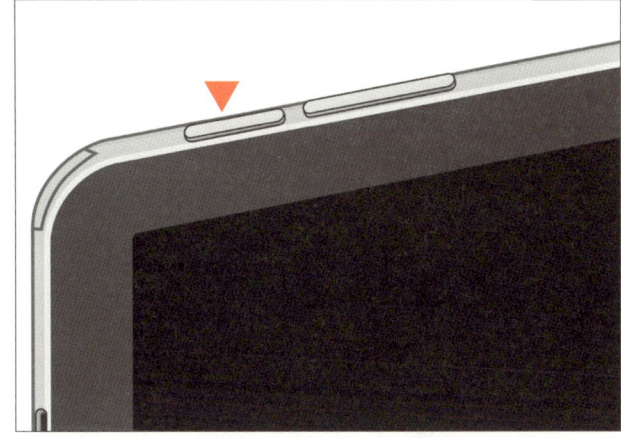

02 ›› 대기 화면이 나타납니다. 포인트를 가운데로 드래그해서 대기 상태를 해제합니다.

03 ›› 홈 화면이 나타납니다.

04 ›› [전원/리셋] 버튼을 눌러 대기 상태로
전환하거나 [전원/리셋] 버튼을 길게 눌러 갤럭
시탭 전원을 끌 수 있습니다.

05 ›› 갤럭시탭이 꺼진 상태에서 [전원/리셋] 버튼을 길게 눌러 갤럭시탭을 켤 수 있습니다.

특별한 경우가 아니라면 갤럭시탭의 전원을 끄지 않도록 합니다.

모션 UI 동작 조작하기 Step 05

이런 기능들이 사용됐어요 ➡ 갤럭시탭 조작

갤럭시탭은 손가락을 이용하는 기본 동작 외에 갤럭시탭을 움직여서 명령을 내리는 모션 UI도 지원합니다. 여
기서는 갤럭시탭에서 지원하는 멀티 터치 동작 방법에 대해서 알아보겠습니다.

갤럭시탭을 위아래로 움직여서 확대 및 축소하기

아이패드는 화면을 확대 및 축소할 때 두 손가락으로 터치한 상태에서 오므리거나 벌려서 동작하지만 갤럭시
탭은 두 손가락으로 액정 좌우를 누른 다음 갤럭시탭을 위로 올려 확대하거나 아래로 움직여 화면을 축소할
수 있습니다.

갤럭시탭을 좌우로 움직여서 아이콘 이동하기

보통 홈 화면에서 아이콘을 이동할 때 아이콘을 길게 누른 상태에서 드래그해서 다른 화면으로 이동하지만 아이콘을 누른 상태에서 갤럭시탭을 좌우로 움직여서 아이콘을 이동시킬 수도 있습니다.

키보드 입력 방식 선택하기   Step 06

이런 기능들이 사용됐어요 ➜ 키패드 조작

01 ›› 알림창을 누른 다음 [환경설정]을 누릅니다.

02 ›› [언어 및 입력]을 누른 다음 [입력 방식 설정]-[삼성 키패드]-[설정]을 누릅니다.

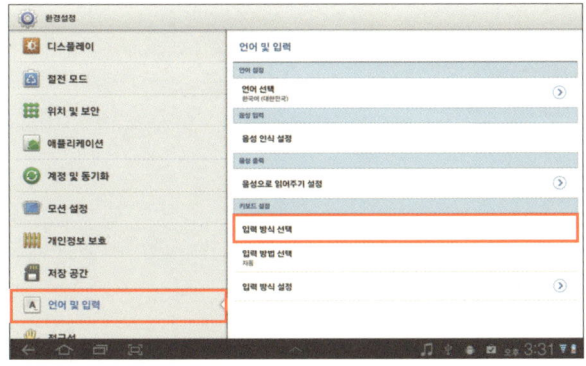 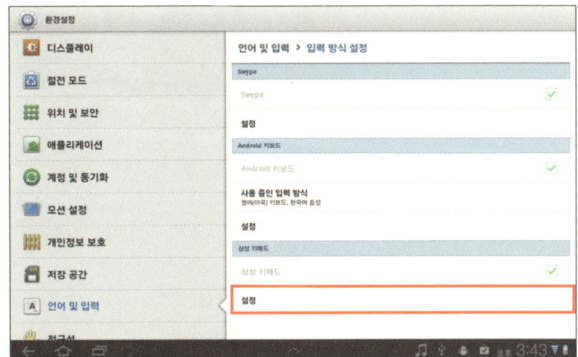

03 ›› [한글 입력 방식] 항목에서 [쿼티 키패드] 또는 [3×4 키패드] 중 편리한 방식을 선택합니다.

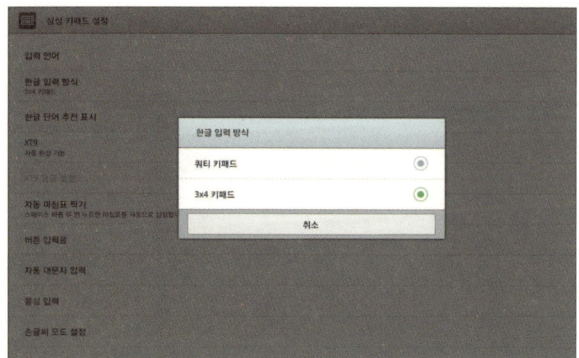

04 ›› 홈 화면에서 [애플리케이션]을 누른 다음 [메모]를 누릅니다.

05 ›› [메모]가 실행되면 새 문서를 열기 위해 버튼을 누릅니다.

06 ›› [쿼티 키패드]를 선택한 경우 화면을 탭할 때 일반 키보드와 유사한 형태의 키패드가 나타납니다. 🔲 버튼을 누르면 키패드가 조금 작은 형태로 바뀝니다.

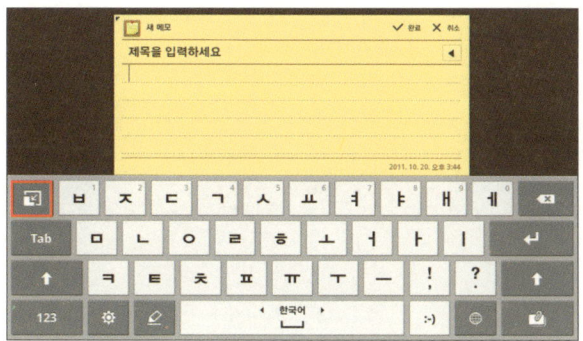
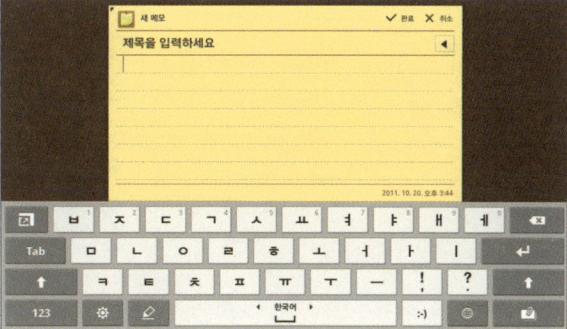

07 ›› 🌐 버튼을 눌러 언어를 변경할 수 있습니다.

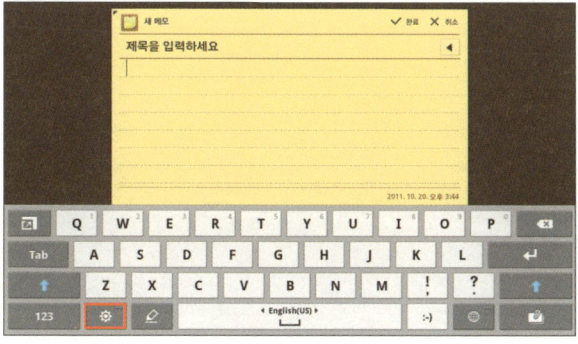

스페이스바를 손가락으로 좌우로 드래그해서 언어를 변경할 수 있습니다.

08 ›› [한글 입력 방식] 항목에서 [3×4 키패드]를 선택하면 휴대폰에서 자주 사용하는 입력 방식인 천지인 방식으로 글을 입력할 수 있습니다.

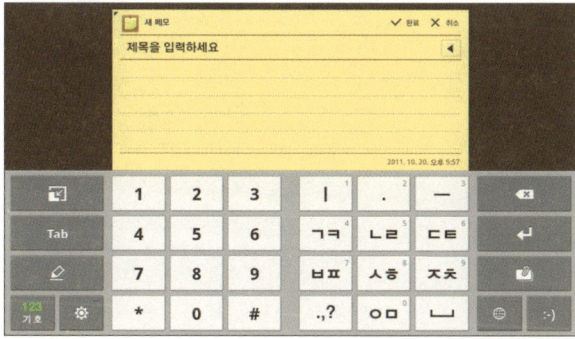

Section 16 갤럭시탭 홈 화면 살펴보기

갤럭시탭의 기본 사용법에 대해서 알아보겠습니다. 우선 홈 화면을 구성하는 각각의 구성 요소에 대해서 알아보고 화면 보기 방식 설정 및 데스크탑 꾸미는 방법과 메모리 관리 및 화면 캡처 방법에 대해서 알아보겠습니다.

갤럭시탭 화면 구조 살펴보기

Step 01

갤럭시탭을 열면 여러 개의 데스크탑을 가지고 있는 홈 화면이 나타나고 홈 화면에 아이콘과 기타 메뉴들이 나타납니다. 여기서는 화면을 구성하는 각 요소의 기능에 대해서 알아보겠습니다.

❶ Google 검색

버튼을 누르면 나타나는 검색창에 검색어를 입력하면 [Google] 홈페이지를 이용하여 웹 검색 결과를 보여줍니다.

❷ 음성 검색

버튼을 누르면 마이크 모양의 아이콘이 나타납니다. 이 상태에서 검색할 내용을 음성으로 말하면 음성을 분석하여 결과를 보여줍니다. 결과 목록에서 해당하는 목록을 누르면 [Google] 홈페이지를 이용하여 웹 검색 결과를 보여줍니다.

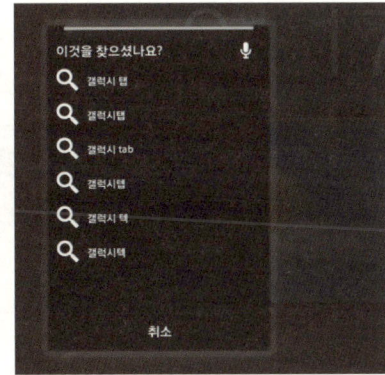

❸ 애플리케이션

구글 마켓, 삼성 Apps, 기본 프로그램 등 갤럭시탭에 설치된 애플리케이션 목록을 보여줍니다.

❹ 데스크탑 추가 ▣ | 데스크탑을 추가하거나 데스크탑을 편집합니다.

❺ 홈 화면

처음 열리는 화면입니다. 홈 화면은 여러 개의 데스크탑을 가지고 있으며 화면을 좌우로 드래그해서 다른 데스크탑으로 이동할 수 있습니다.

❻ 이전 상태로 되돌리기 ◀ | 이전 페이지로 이동합니다.

❼ 홈 화면 이동 ⌂ | 홈 화면으로 이동합니다.

❽ 작업 목록 열기 ▣ | 작업했던 내용을 목록으로 보여줍니다. 열고 싶은 목록을 눌러 해당 작업을 열 수 있습니다.

❾ 화면 캡처 ▣ | 현재 화면을 화면 캡처합니다.

❿ 빠른 실행 모음

∧ 버튼을 누르면 빠른 실행 모음이 열립니다. 빠른 실행 모음에는 작업 관리자, 일정, 세계시각, 펜 메모, 계산기, 뮤직 프로그램이 있습니다.

⑪ 알림판

우측 하단 부분은 현재 사용되는 환경 정보를 보여줍니다. 날짜 부분을 누르면 보다 자세한 환경 정보를 볼 수 있습니다.

가로 보기와 세로 보기   Step 02

이런 기능들이 사용됐어요 ➜ 화면 보기 변경

01 ›› 갤럭시탭을 가로로 돌리면 가로 화면에 맞게, 세로로 돌리면 세로에 맞게 화면이 나타납니다.

02 ›› 알림판을 누르면 나타나는 알림창에서 [자동 회전]을 눌러 선택을 해제하면 현재 보기 방식으로 고정됩니다.

홈 화면 꾸미기

Step 03

이런 기능들이 사용됐어요. ➜ 데스크탑 꾸미기

01 ›› 홈 화면에서 ➕ 버튼을 누릅니다. 다음
데스크탑으로 표시하고 싶은 아이콘을 길게 눌
러 이동하고 싶은 데스크탑으로 드래그합니다.

02 ›› 같은 방법으로 데스크탑에 아이콘을
이동합니다.

아이콘을 이동해도 원래의 아이콘의 위치는 변경되
지 않습니다.

03 ›› [배경화면] 탭을 누른 다음 [갤러리]를
누르고 홈 화면과 잠금화면 중 표시하고 싶은
목록을 선택합니다.

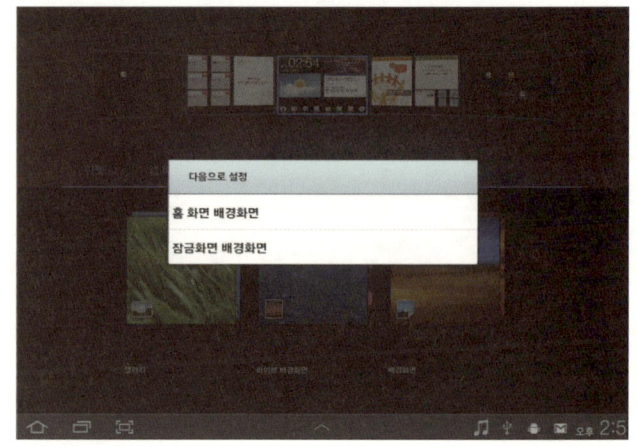

04 ›› 갤러리 목록 중 배경에 사용할 이미지를 선택합니다.

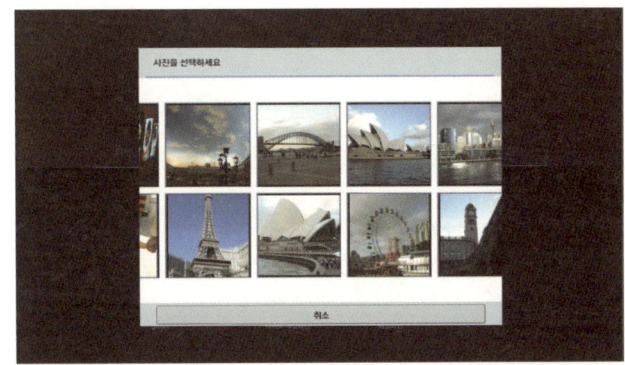

05 ›› 이미지를 배치하는 화면이 나타납니다. 밝은 색 영역이 이미지가 표시되는 영역입니다. 이 영역에 이미지가 보이도록 위치시킨 다음 [확인] 버튼을 누릅니다.

06 ›› 배경화면이 바뀐 것을 확인할 수 있습니다.

07 ›› 데스크탑 화면에서 삭제하고 싶은 아이콘을 길게 누르고 있으면 화면 왼쪽에 [제거] 아이콘이 표시됩니다. 이 상태에서 [제거] 아이콘으로 드래그해서 아이콘을 삭제할 수 있습니다.

173

갤럭시탭 속도 향상시키기

Step 04

이런 기능들이 사용됐어요. ➡ 메모리 관리

01 >> 🏠 버튼을 길게 누르면 [작업 관리자] 창이 열립니다. [실행 중인 애플리케이션]에는 실행되었던 프로그램 목록이 나타납니다. 사용하지 않은 프로그램의 × 버튼을 눌러 프로그램을 종료합니다.

> 갤럭시탭은 한 번 실행한 프로그램을 메모리에 기억해두고 있습니다. 이러한 프로그램이 많으면 갤럭시탭 속도가 느려지므로 수시로 사용하지 않는 프로그램을 종료해두는 것이 좋습니다.

02 >> [RAM 관리자] 탭을 클릭하면 현재 메모리 사용량이 표시됩니다. [메모리 정리] 버튼을 누르면 메모리 최적화를 통해 사용 가능한 메모리 공간을 늘려줍니다.

화면 캡처하기

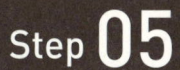
Step 05

이런 기능들이 사용됐어요 ➡ 화면 캡처

01 ›› 갤럭시탭에서 캡처할 화면을 연 다음
 버튼을 누르면 '찰칵' 소리가 나면서 화면
이 캡처됩니다.

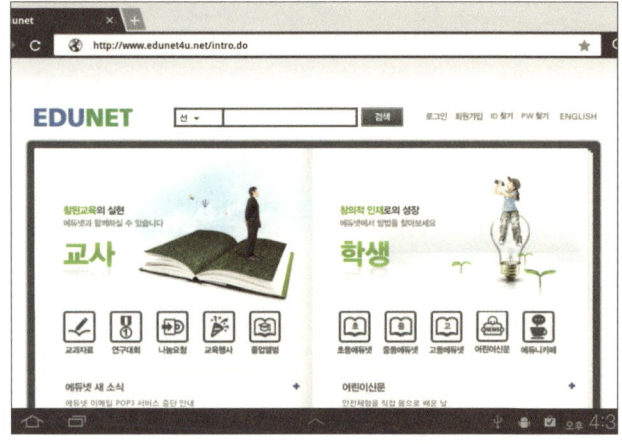

02 ›› 버튼을 눌러 홈 화면으로 이동합니
다. 버튼을 눌러 애플리케이션 페이
지를 연 후 실행중인 아이콘 중에서 [갤러
리] 아이콘을 누른 다음 [ScreenCapture] 폴더
를 누르면 캡처 이미지를 볼 수 있습니다.

03 ›› 갤럭시탭을 PC와 연결한 다음 [Wind
ows 탐색기]를 실행합니다. [SHW-M380W]
드라이브를 선택한 다음 [Table]-[ScreenCap
ture] 폴더에 접속하면 캡처된 이미지를 볼 수
있습니다. 파일을 복사해서 원하는 폴더에 복
사할 수 있습니다.

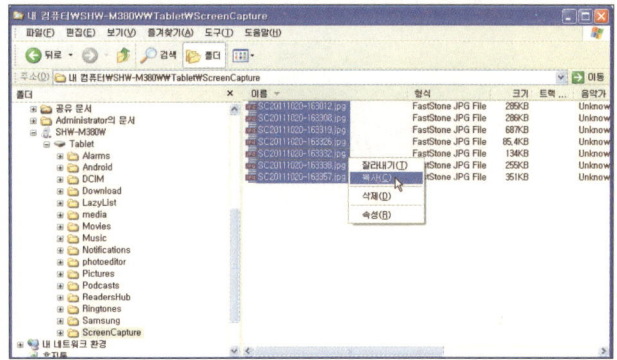

Section

17

[Kies]로 자료 동기화하고 수업에 활용하기

[Kies]는 갤럭시탭에서 자료를 전송하거나 관리할 때 사용하는 프로그램입니다. 여기서는 [Kies]를 이용하여 사진, 음악, 동영상 자료를 동기화하고 수업에 활용하는 방법에 대해서 알아 보겠습니다.

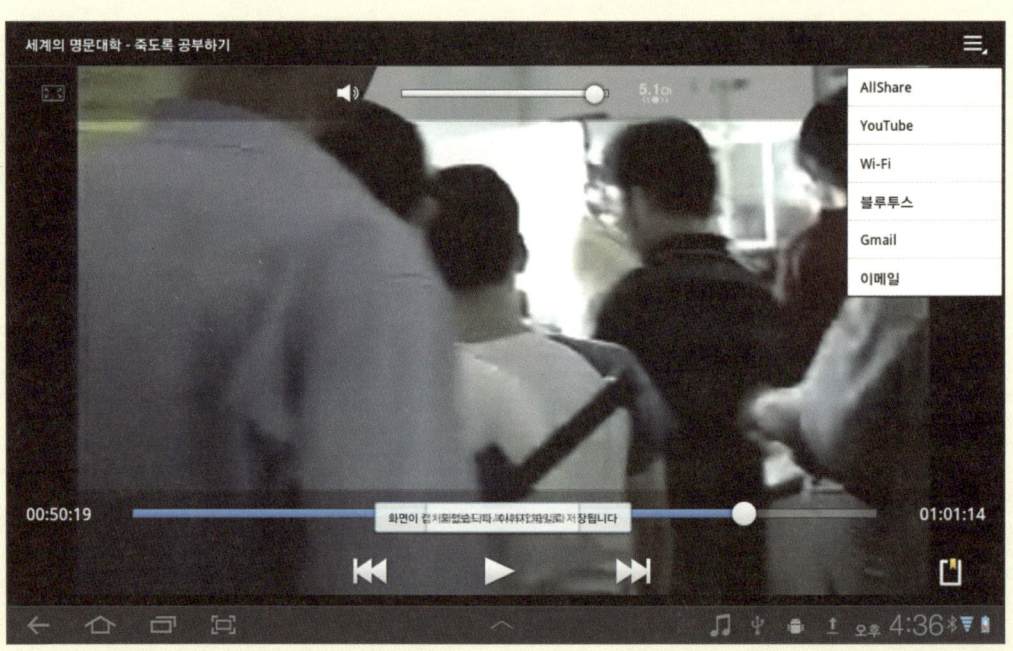

[Kies] 프로그램 설치하기

Step 01

이런 기능들이 사용됐어요. ➡ Kies

01 ›› PC에서 [삼성전자] 홈페이지(http://www.samsung.com/sec)에 접속한 후 [Kies] 항목의 [다운받기] 버튼을 클릭합니다. 프로그램을 다운로드 받아 설치합니다.

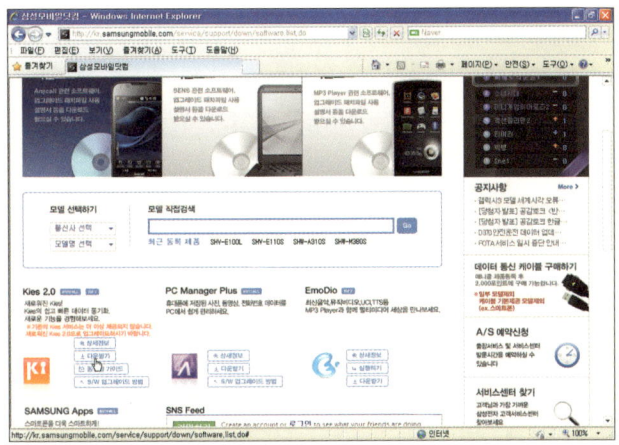

02 ›› [Kies]를 실행한 다음 USB 케이블을 이용하여 갤럭시탭과 PC를 연결하면 연결 기기에 기기 목록이 표시됩니다.

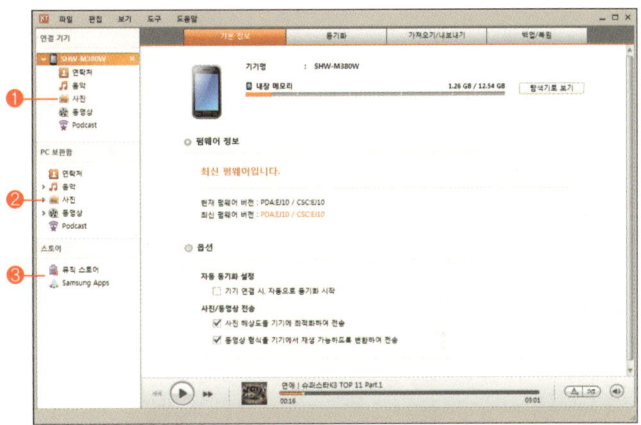

❶ **연결 기기** : PC에 연결된 모바일 기기를 표시합니다. 모바일 기기에 저장된 데이터를 보거나 전송합니다.

• **기본 정보** : 연결된 기기의 정보를 알려줍니다.

• **동기화** : 연락처, 캘린더, 메모와 PC 보관함에 있는 자료를 모바일 기기로 전송합니다.

• **가져오기/내보내기** : 모바일 기기에 있는 자료를 PC에 저장하거나 PC에 있는 자료를 모바일 기기로 전송합니다.

• **백업/복원** : 모바일 기기에 있는 자료를 PC로 백업합니다. 백업을 해두면 복원을 실행하여 언제든지 자료를 되돌릴 수 있습니다.

❷ **PC 보관함** : 연락처, 음악, 사진, 동영상 자료를 등록하여 정보를 볼 수 있으며 동기화를 실행하여 보관함에 있는 자료를 기기에 전송시킬 수 있습니다.

❸ **스토어** : 삼성 Apps 또는 뮤직 스토어를 이용하여 프로그램 또는 음악을 다운로드 받을 수 있습니다.

무선으로 [Kies]에 접속하기

Step 02

이런 기능들이 사용됐어요. ➜ Kies

01 ›› 갤럭시탭에서 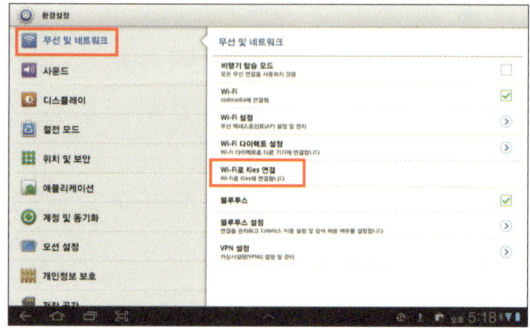 [애플리케이션]을 누른 다음 [환경설정]을 실행합니다. [무선 및 네트워크]에서 [Wi-Fi로 Kies 연결]을 누릅니다.

02 ›› [Wi-Fi로 Kies 연결] 창이 나타나면 연결할 PC 이름을 누릅니다. 선택한 PC 화면에 연결을 승인할지 묻는 메시지가 나타납니다. [예] 버튼을 클릭해서 연결을 실행합니다.

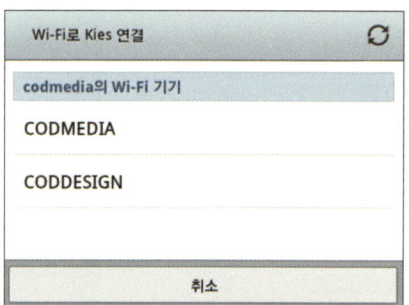

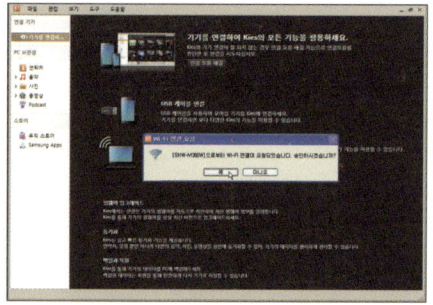

> 같은 와이파이를 사용하는 PC의 목록이 나타납니다.

03 ›› 정상적으로 연결되면 갤럭시탭에 연결되었다는 표시가 뜨고, PC의 [Kies]에는 연결 기기에 기기가 표시됩니다.

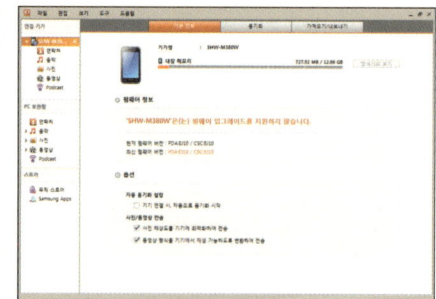

> 와이파이로 연결된 상태에서 갤럭시탭으로 다른 작업을 할 수 없으며 [취소] 버튼을 눌러 연결을 해제할 수 있습니다.

학생 사진을 갤럭시탭으로 보기   Step 03

이런 기능들이 사용됐어요 ➡ Kies, 갤러리

01 ≫ [Kies]를 실행한 다음 [연결 기기]-[사진]을 클릭하고 [사진 추가] 버튼을 클릭합니다. [열기] 대화 상자가 나타나면 동기화시킬 이미지를 선택한 후 [열기] 버튼을 클릭합니다.

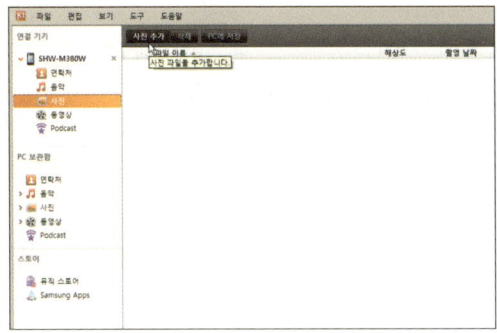 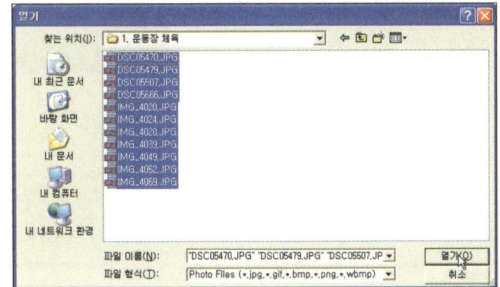

02 ≫ 사진들이 등록됩니다. ▦ 버튼을 클릭하면 사진들을 미리 볼 수 있습니다.

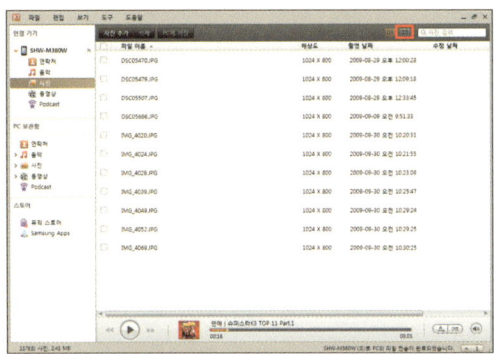 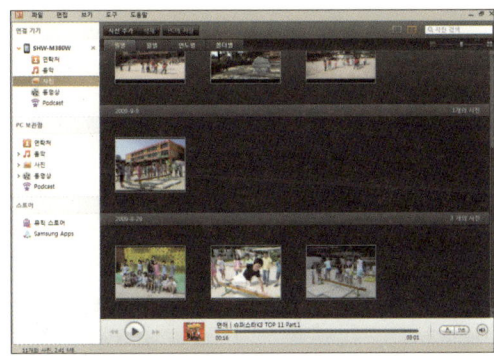

> 갤럭시탭에 저장되어 있는 사진 또는 화면 캡처한 사진들도 나타납니다.

03 ≫ 갤럭시탭을 연 후 [애플리케이션] 버튼을 누른 다음 [갤러리] 아이콘을 누릅니다. [카메라] 목록을 누르면 동기화된 이미지를 볼 수 있습니다.

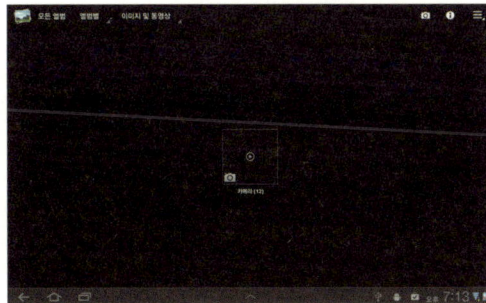 

179

04 ›› 이미지를 누르면 큰 화면으로 볼 수 있습니다. 화면을 터치하면 나타나는 이미지 목록을 누르거나 손가락으로 좌우로 드래그해서 사진을 넘겨볼 수 있습니다.

학생 사진 편집해서 인쇄하고 메일 보내기   Step 04

이런 기능들이 사용됐어요 ➡ 갤러리

01 ›› [갤러리] 아이콘을 누른 다음 공유할 사진을 선택하고 ≣ 버튼을 누른 다음 [잘라내기]를 누릅니다.

- **상세 정보** : 사진 제목, 크기, 너비와 높이 등의 정보를 보여줍니다.
- **왼쪽으로 회전/오른쪽으로 회전** : 사진을 왼쪽(오른쪽)으로 90° 회전합니다.
- **사진 설정** : 선택한 사진을 배경 화면, 잠금 화면, 연락처 사진으로 사용합니다.
- **잘라내기** : 사진의 일부를 잘라냅니다.
- **인쇄** : 삼성 모바일 프린터를 이용하여 인쇄합니다.
- **복사** : 선택한 사진을 클립보드에 저장합니다.
- **모션** : 사진 확대 및 축소 모션 설정 화면으로 이동합니다.

02 ›› 상자가 나타나면 조절점을 드래그하여 잘라낼 크기를 조절한 후 [확인] 버튼을 누릅니다.

03 ›› ☰ 버튼을 누른 다음 [인쇄]를 누릅니다.

04 ›› 삼성 모바일 프린터를 이용하여 인쇄를 할 수 있습니다.

삼성 프린터 모델 중 모바일 프린트를 지원하는 프린터로만 인쇄가 가능합니다.

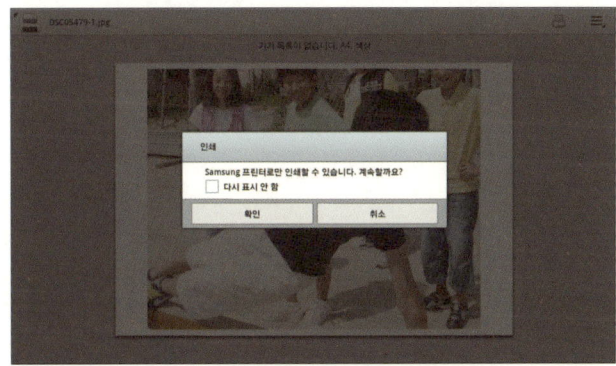

05 ›› ◀ 버튼을 누른 다음 [Gmail]을 누릅니다.

06 ›› [받는 사람]에 받는 사람의 이메일 주소를 입력하고 [전송] 버튼을 눌러 사진을 전송합니다.

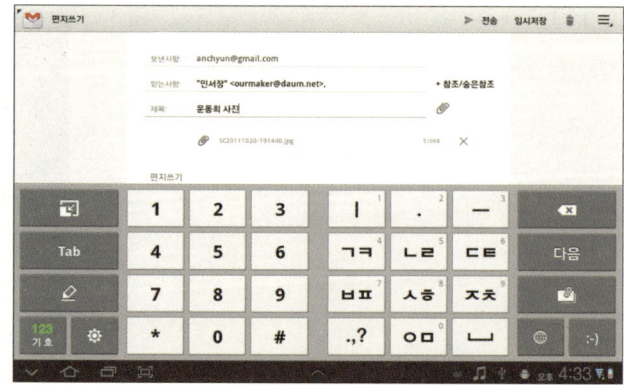

갤럭시탭으로 학습 참고 음악 들려주기 Step 05

이런 기능들이 사용됐어요 ➜ Kies, 음악

01 ›› [Kies]를 실행합니다. [연결 기기]–[음악]을 클릭한 다음 [음악 추가] 버튼을 클릭합니다. [열기] 대화상자가 나타나면 동기화시킬 음악 파일을 선택한 후 [열기] 버튼을 클릭합니다.

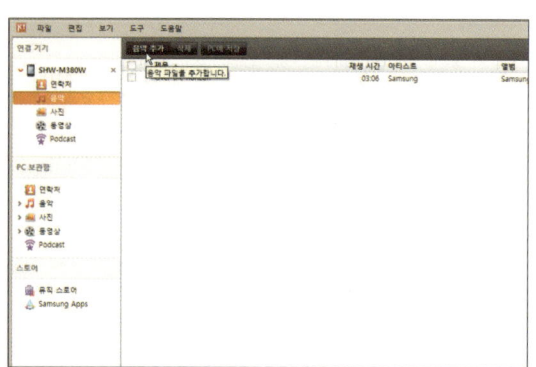
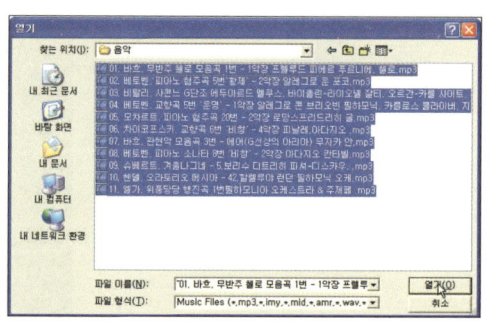

02 ›› 음악이 등록됩니다. 음악을 선택하고 ▶ 버튼을 클릭하면 음악을 들을 수 있습니다.

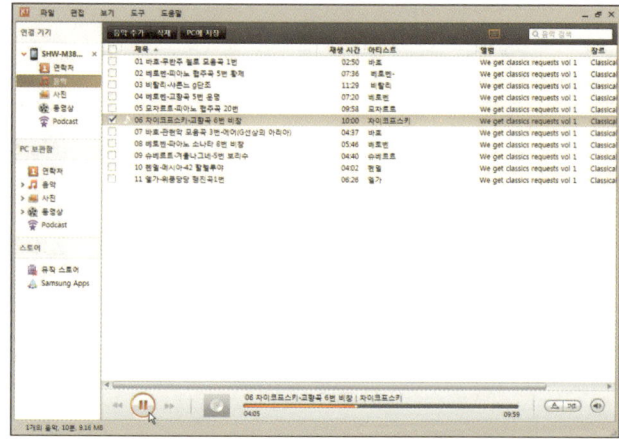

182

03 ›› 갤럭시탭을 연 후 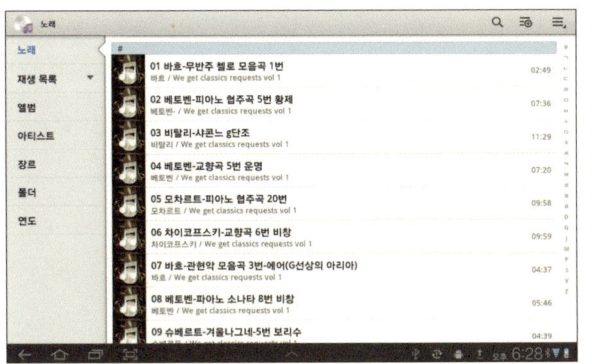 [애플리케이션] 버튼을 누른 다음 [뮤직] 아이콘을 누릅니다. 음악 목록이 나타납니다. 음악 목록을 누르면 음악이 재생됩니다.

04 ›› 이어폰 단자에 앰프 또는 스피커를 연결하면 큰 소리로 음악을 들을 수 있습니다.

갤럭시탭으로 교육용 영상 보기 Step 06

이런 기능들이 사용됐어요 ➡ Kies, 비디오 플레이어

01 ›› [Kies]를 실행한 후 [연결 기기]–[동영상]을 클릭하고 [동영상 추가] 버튼을 클릭합니다. [열기] 대화 상자에서 동영상 파일을 선택하면 코덱을 설치해야 한다는 메시지가 나타납니다. [예] 버튼을 눌러 코덱을 설 치합니다.

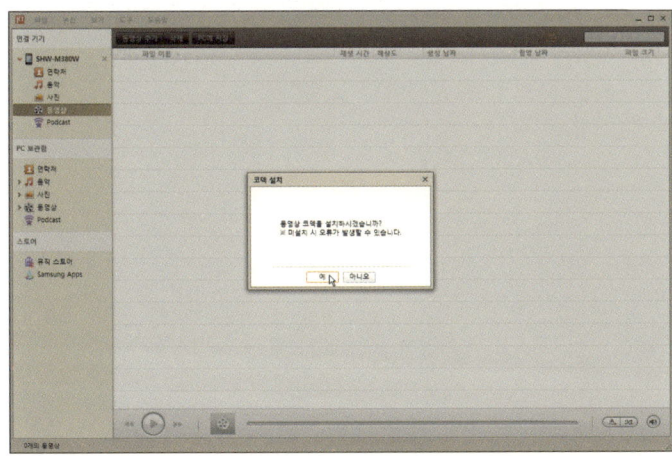

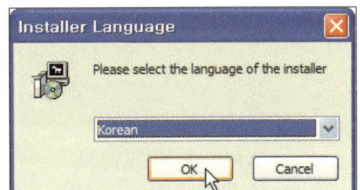

02 〉〉 코덱을 설치하면 동영상이 등록됩니다.  버튼을 클릭하면 동영상을 볼 수 있습니다.

03 〉〉 갤럭시탭을 연 후 [애플리케이션] 버튼을 누른 다음 [비디오 플레이어] 아이콘을 누릅니다. 동기화한 동영상 파일이 나타나면 목록을 눌러 동영상을 볼 수 있습니다.

04 〉〉 비디오 케이블을 이용하여 갤럭시탭을 TV 또는 모니터에 연결하면 동영상을 TV 또는 모니터로 볼 수 있습니다.

블루투스로 다른 갤럭시탭에 동영상 자료 전송하기   Step 07

이런 기능들이 사용됐어요 ➜ 비디오 플레이어

01 ›› ▶ [비디오 플레이어]를 실행한 다음 ☰ 버튼을 누르고 [공유]–[블루투스]를 선택합니다.

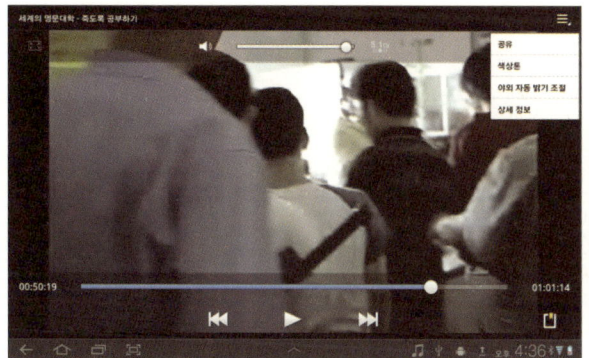 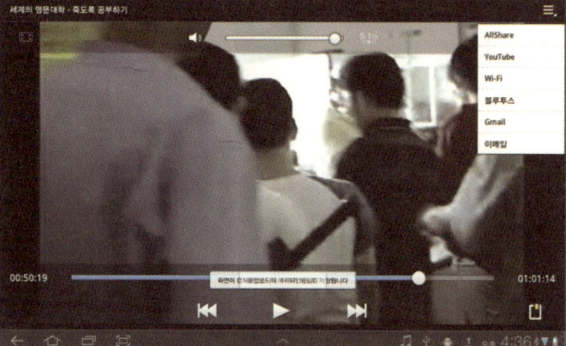

전송할 데이터의 크기가 클수록 전송 시간이 오래 걸리므로 우선 데이터 크기가 어느 정도 되는지 확인하도록 합니다.

02 ›› [블루투스 장치 선택기] 창이 열립니다. 검색된 기기 중 공유할 기기를 선택하면 연결 요청 메시지가 나타납니다. [연결] 버튼을 눌러 공유하면 해당 동영상이 연결할 기기로 전송됩니다.

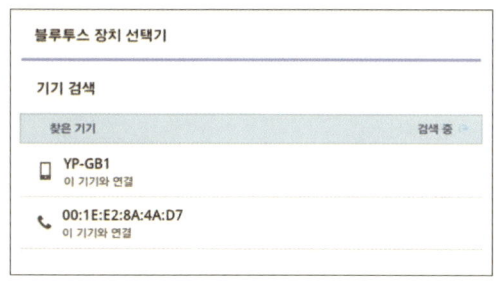 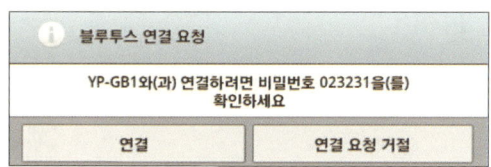

블루투스로 연결할 때 상대방이 허가를 해야만 자료를 공유할 수 있습니다.

연락처, 캘린더, 메일로 학생들 정보 관리하기

연락처는 친구의 주소, 이메일, 전화번호 등의 정보를 기록하고, 캘린더는 일정을 기록하며, 메일은 편지를 주고 받을 수 있도록 해줍니다. 여기서는 이러한 기능을 사용하여 학생과 일정을 관리하는 방법과 기록해두었던 자료를 백업하는 방법에 대해서 알아보겠습니다.

연락처로 학생 관리하기 　　Step 01

이런 기능들이 사용됐어요 ➡ Kies, 연락처

01 ›› 갤럭시탭을 PC와 연결한 후 [Kies]를 실행합니다. [연결 기기]-[연락처] 메뉴에서 [새 연락처] 버튼을 클릭합니다.

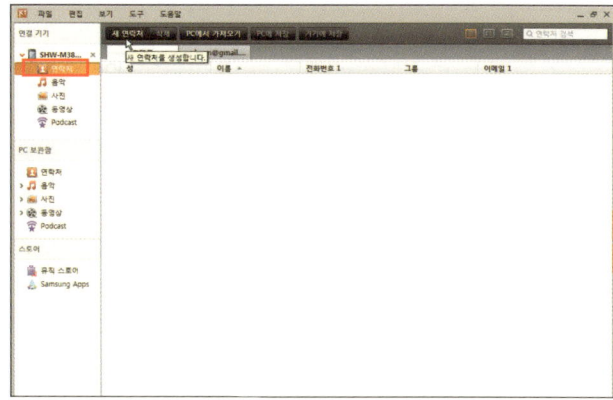

02 ›› 오른쪽에 연락처 기록 창이 열리면 각 항목에 내용을 입력합니다.

03 ›› [기기에 저장] 버튼을 클릭하면 작성한 연락처가 갤럭시탭에 저장됩니다. 같은 방법으로 연락처를 추가합니다.

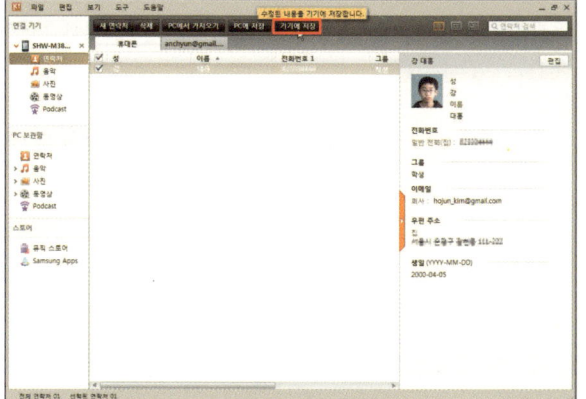 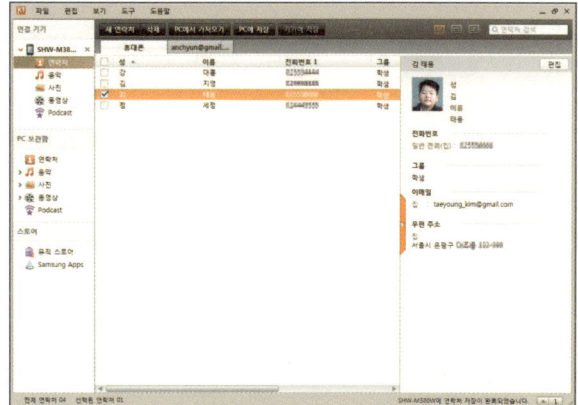

187

04 ≫ 연락처를 선택한 후 [편집] 버튼을 클릭하면 내용을 수정할 수 있습니다. [메모] 항목은 수시로 학생의 특징 사항을 적어 두기에 적합합니다.

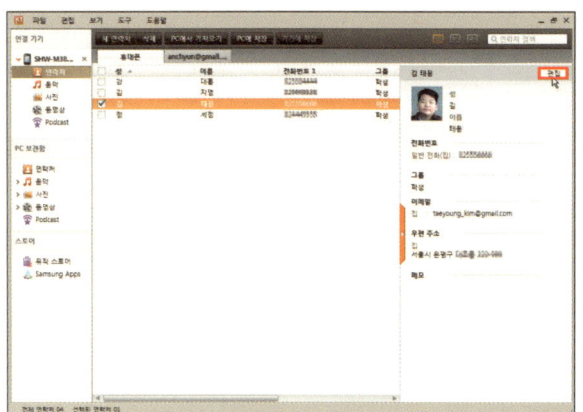 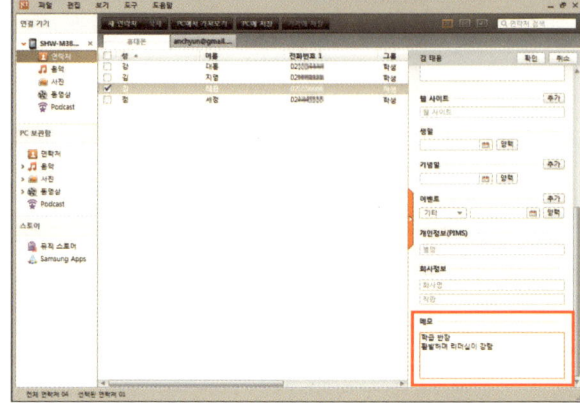

05 ≫ 갤럭시탭을 연 후 [애플리케이션]에서 [연락처]를 눌러 연락처를 실행합니다. [Kies]에서 기록한 연락처를 볼 수 있습니다.

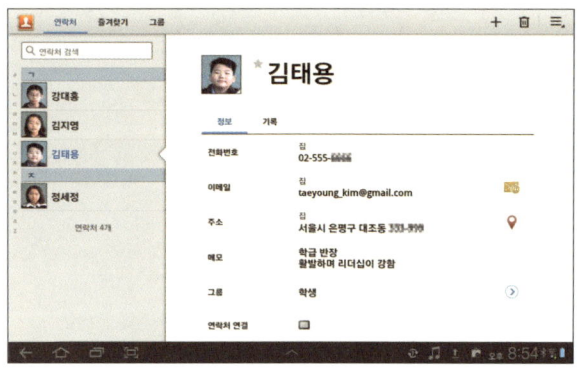

06 ≫ 학생 연락처에서 [주소] 항목의 버튼을 누르면 실제 주소 위치를 지도로 표시해줍니다. 두 손가락으로 누른 후 벌려서 지도를 확대해 볼 수 있습니다.

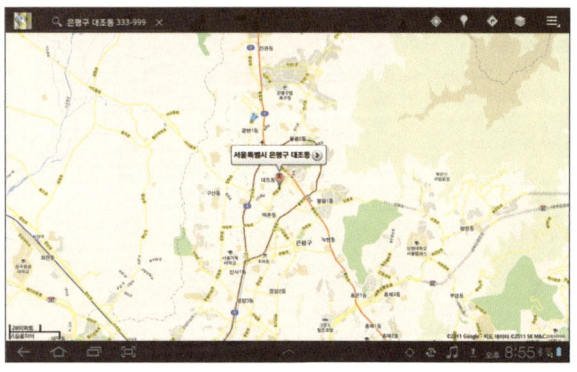 

07 ›› 관심 학생은 주소록의 ★ 아이콘을 눌러 체크합니다. [즐겨찾기] 탭을 누르면 ★ 아이콘을 체크한 학생들만 볼 수 있습니다.

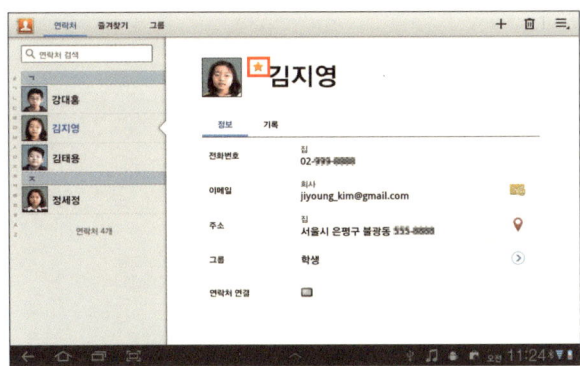 

08 ›› ⊞ 버튼을 누른 다음 [디바이스]를 선택하면 갤럭시탭으로도 연락처를 작성할 수 있습니다.

 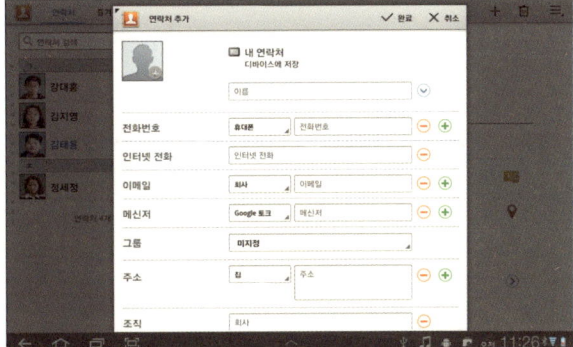

구글 캘린더와 연동하여 일정 관리하기 Step 02

이런 기능들이 사용됐어요. ➜ 일정

01 ›› 갤럭시탭을 열고 [애플리케이션]에서
[일정]을 실행합니다. 일정을 기록할 날짜
를 선택한 다음 ➕ 버튼을 누릅니다.

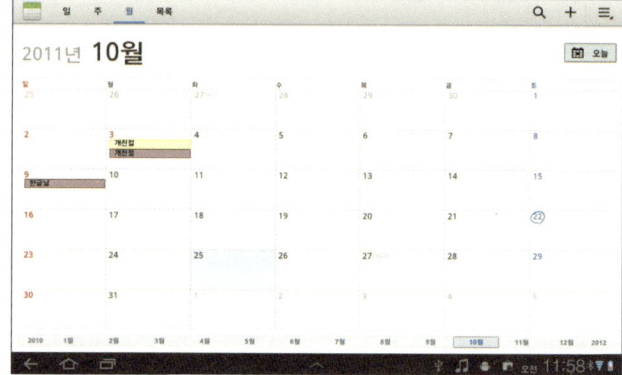

02 ›› [새 일정] 창이 열리면 항목에 맞게 일정을 기록합니다. 구글 캘린더와 연동하려면 [일정] 항목에서 구
글 계정을 선택합니다.

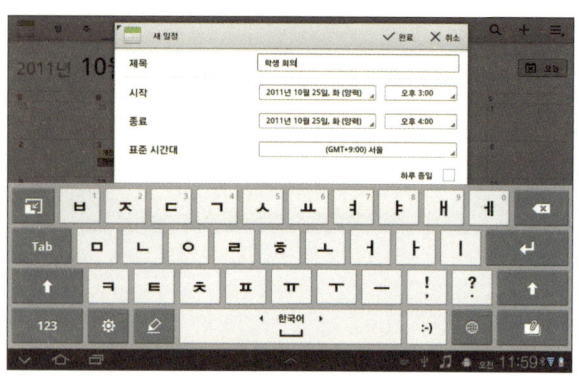 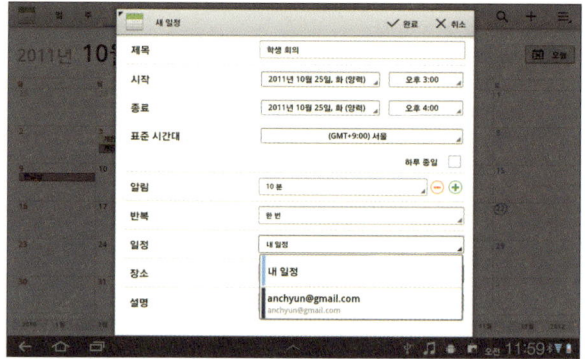

03 ›› PC에서 [구글] 홈페이지(http://www.
google.co.kr)에 접속한 다음 로그인한 후 [더
보기]–[캘린더]를 클릭합니다.

04 ›› 갤럭시탭에서 기록한 일정을 볼 수 있습니다. 일정을 누르면 자세한 일정 정보를 확인할 수 있습니다.

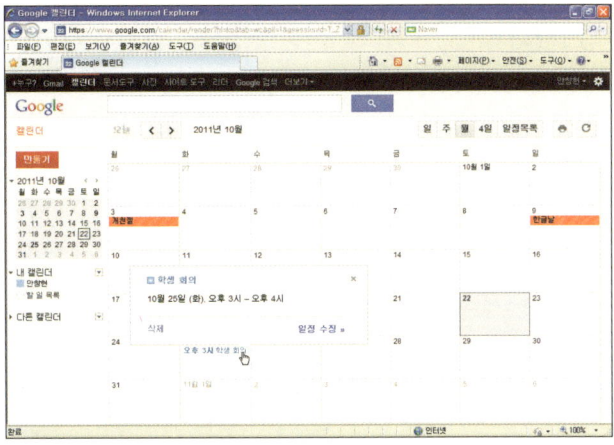

05 ›› 구글 캘린더에서 일정을 기록할 날짜를 클릭한 후 [내용]에 일정을 입력하고 [일정 만들기] 버튼을 클릭합니다.

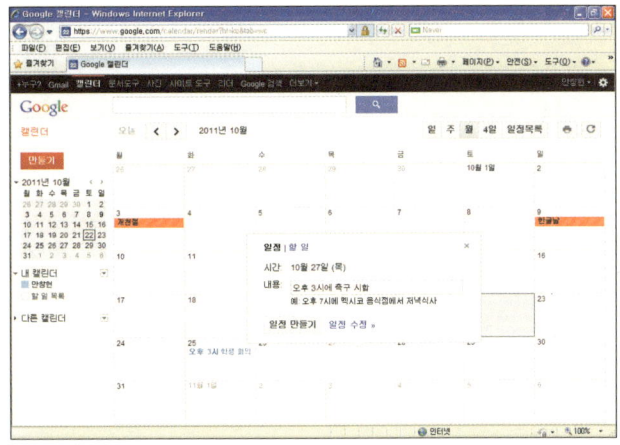

06 ›› 갤럭시탭을 연 후 █ [일정]을 실행하면 구글 캘린더에서 작성한 일정도 함께 볼 수 있습니다.

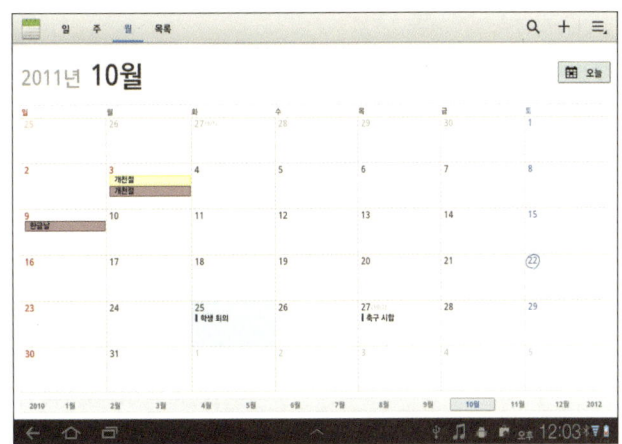

이메일 계정 등록하고 메일 확인 및 답변 보내기   Step 03

이런 기능들이 사용됐어요. ➡ 이메일

01 ›› 갤럭시탭의 [애플리케이션]에서 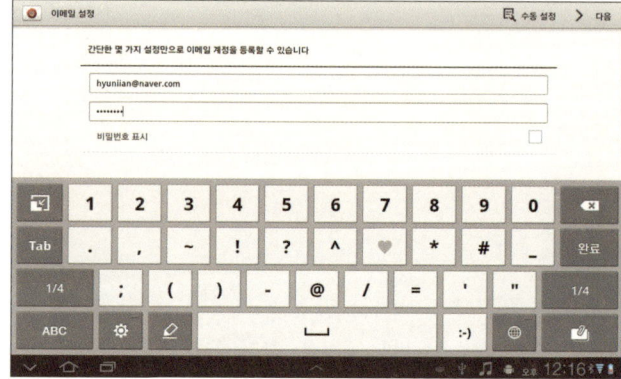 [이메일]을 실행하면 계정 설정 화면이 나타납니다. 사용중인 이메일 주소와 비밀번호를 입력하고 [다음] 버튼을 누릅니다.

02 ›› 이메일 확인 주기를 선택하고 [다음] 버튼을 누릅니다. 이메일 정보를 확인한 후 [완료] 버튼을 누릅니다.

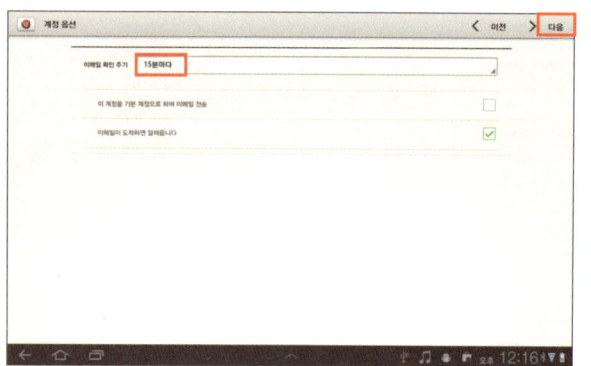
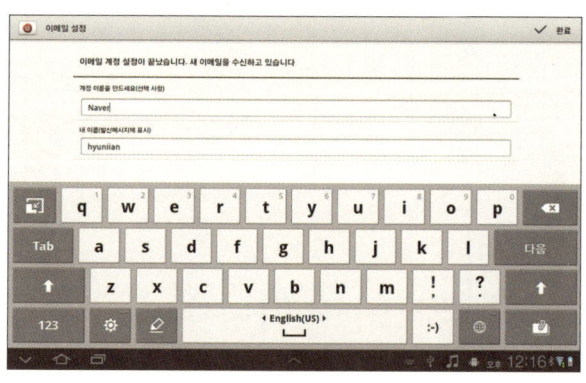

03 ›› 메일 계정이 정상적으로 설정되면 메일함이 나타납니다.

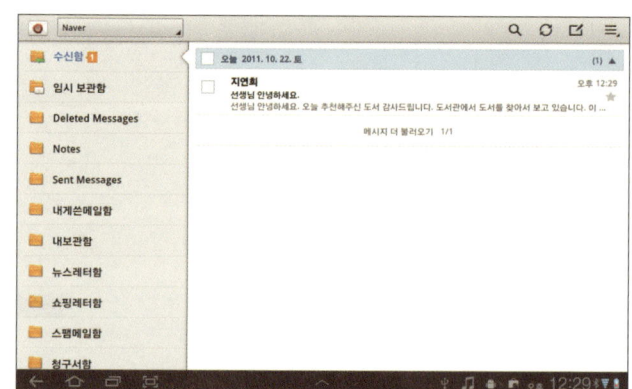

04 ›› 수신된 메일을 누르면 메일 내용을 확인할 수 있습니다.

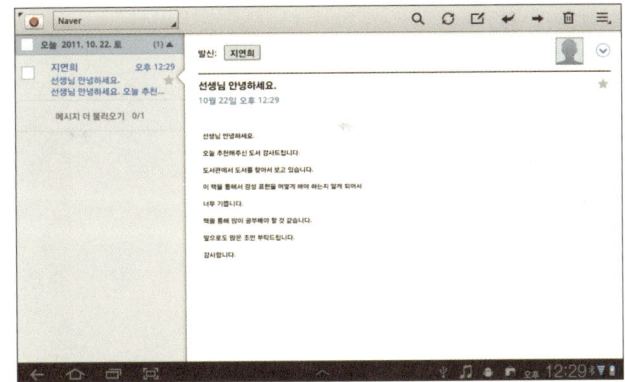

05 ›› ↵ 버튼을 눌러 답장을 작성한 후 [전송] 버튼을 눌러 메일을 보냅니다.

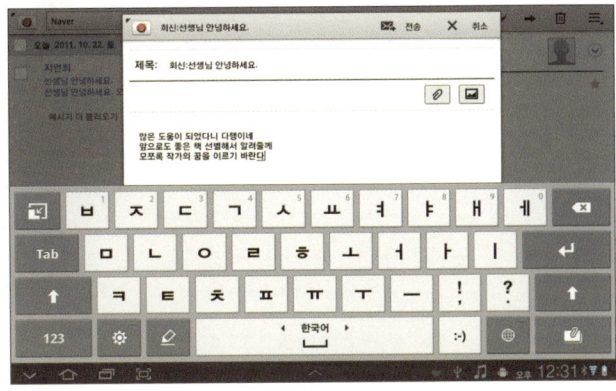

학생들에게 경복궁 약도 보내기   Step 04

이런 기능들이 사용됐어요 ➜ 이메일

01 ›› 갤럭시탭의 [애플리케이션]에서 🔘 [이메일]을 실행한 다음 📝 버튼을 눌러 새 이메일을 엽니다.

02 ›› 📇 버튼을 누르면 나타나는 연락처에서 이메일을 보낼 학생을 선택하고 [완료] 버튼을 누릅니다.

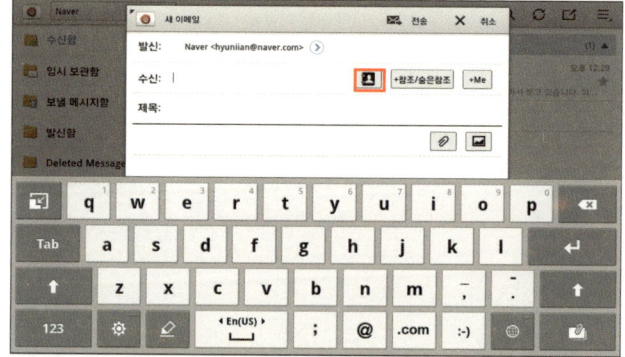

03 ›› 📎 버튼을 누르면 나타나는 창에서 [위치]를 선택합니다.

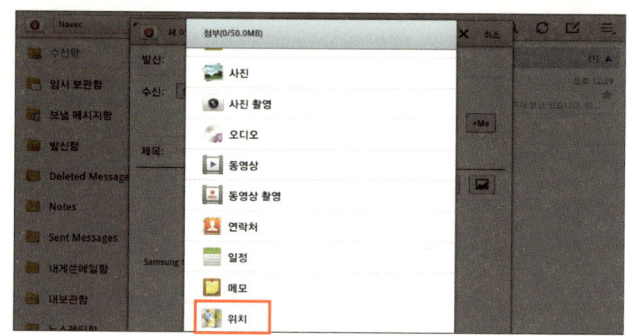

04 ›› 지도가 나타나면 검색창에 '경복궁' 이라고 입력해서 위치를 검색합니다. 위치가 검색되면 [완료] 버튼을 누릅니다.

05 ›› 이메일을 작성한 후 [전송] 버튼을 눌러 학생들에게 메일을 보냅니다.

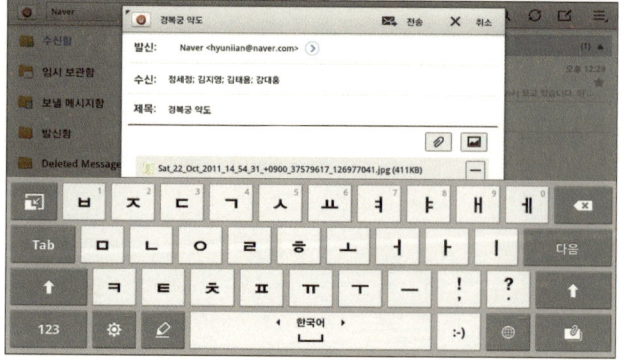

[Kies] 자료 백업하고 복원하기

Step 05

이런 기능들이 사용됐어요 ➜ Kies

01 》 갤럭시탭을 PC와 연결한 후 [Kies]를 실행합니다. [연결 기기]를 선택한 상태에서 [백업/복원] 버튼을 클릭합니다. [전체 항목 선택]의 체크 상자를 클릭해서 모든 항목을 선택한 후 [백업] 버튼을 클릭합니다.

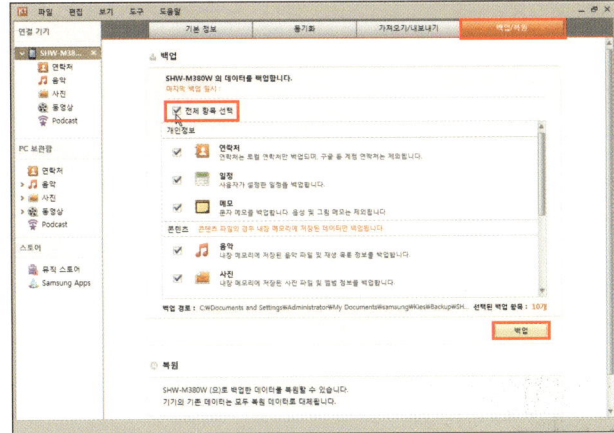

02 》 백업이 완료되면 [도구] 메뉴에서 [환경 설정]을 클릭해서 [환경 설정] 창을 연 다음 [기기] 탭을 클릭하면 백업 파일을 만든 날짜와 크기를 확인할 수 있습니다.

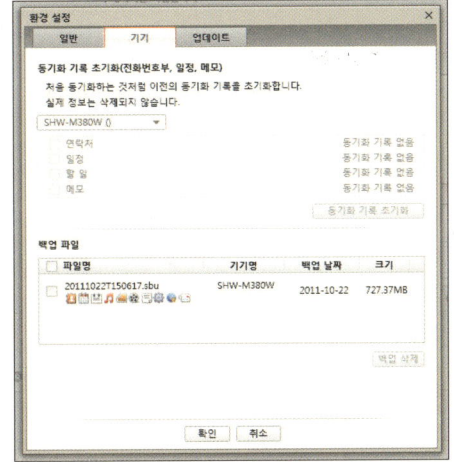

✎ 백업 목록의 체크 상자를 클릭한 후 [백업 삭제] 버튼을 클릭하면 백업 데이터를 지울 수 있습니다.

03 》 백업을 해두면 언제든지 [백업/복원] 메뉴에 있는 [복원] 버튼을 클릭해서 백업을 실행했던 때의 자료로 모두 복구할 수 있습니다.

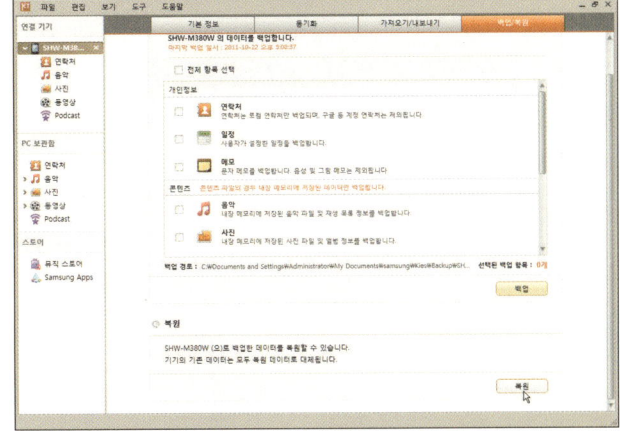

195

Section

19

인터넷을 이용하여 홈페이지 검색하고 보고서 작성하기

[인터넷] 프로그램을 이용하여 홈페이지를 검색할 수 있으며, 인터넷의 자료를 복사하여 갤럭시 탭에 저장할 수 있습니다. 문서 작성 프로그램인 [Polaris Office]를 사용하면 인터넷의 자료를 이용하여 보고서를 작성할 수도 있습니다.

섹션 15	섹션 16	섹션 17	섹션 18	**섹션 19**	섹션 20	섹션 21	섹션 22

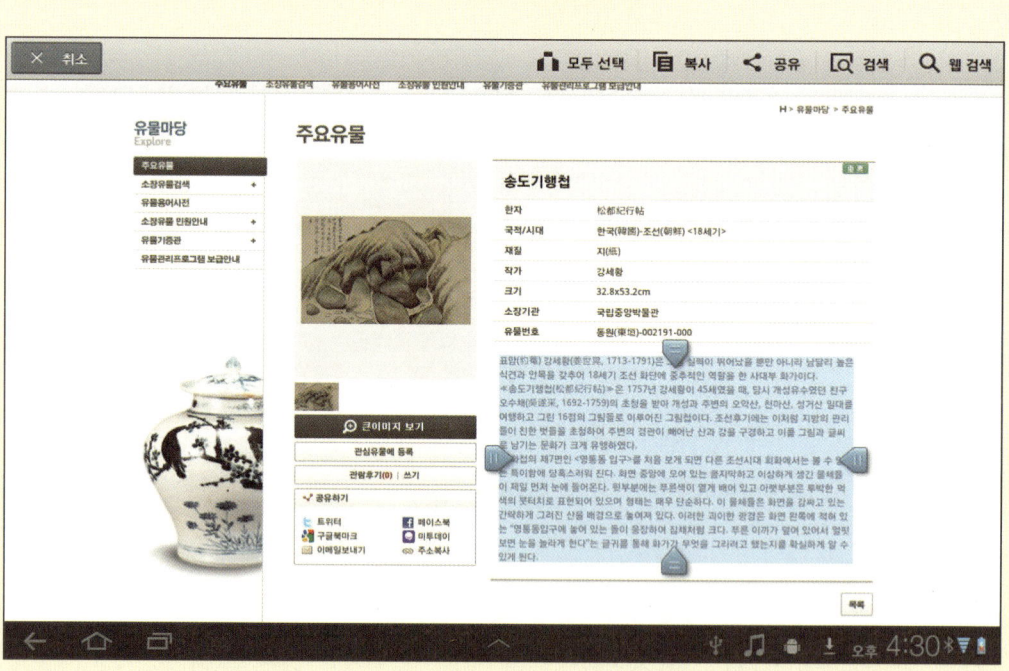

[에듀넷] 홈페이지에 접속해서 동영상 정보 보기   Step 01

이런 기능들이 사용됐어요 ➜ 인터넷

01 ›› 갤럭시탭에서 [인터넷] 아이콘을 눌러 실행합니다. 처음 실행할 경우 [자주 방문한 웹사이트] 목록이 나타납니다. 여기서는 [Naver]를 눌러 [네이버] 홈페이지에 접속합니다.

 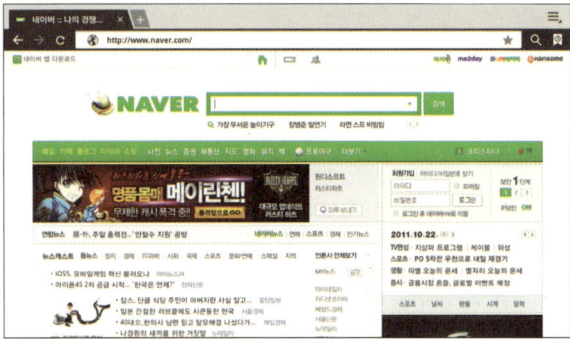

02 ›› 검색창을 누르면 키패드가 나타납니다. '에듀넷' 이라고 입력하고 [이동] 버튼을 누릅니다.

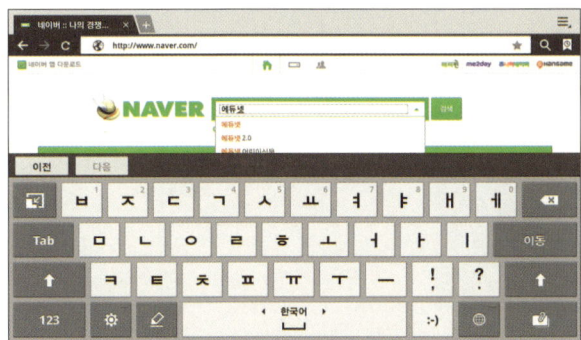

03 ›› '에듀넷' 검색 결과가 나타나면 바로가기의 '에듀넷'을 누릅니다.

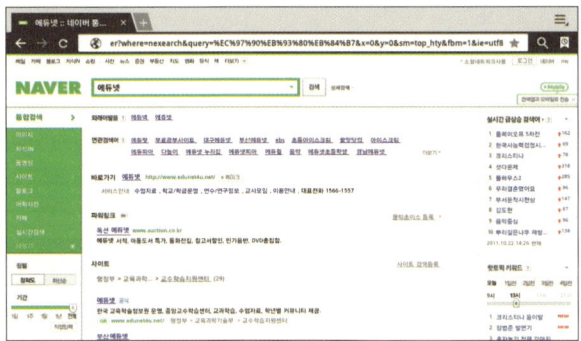

04 ›› [에듀넷] 홈페이지가 새 탭에 열립니다. 팝업창이 열려 있으면 [×] 버튼을 눌러 창을 닫습니다.

05 ›› 오른쪽 상단에 위치해 있는 [로그인]을 누른 후 에듀넷 계정을 입력해 로그인합니다.

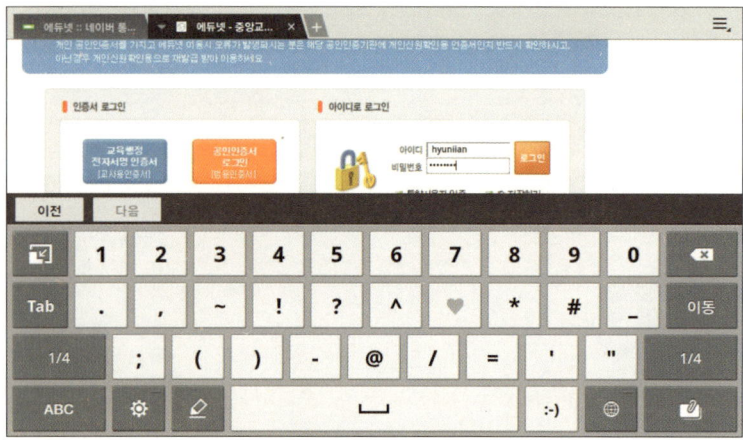

06 ›› 로그인한 후 [우수수업동영상] 메뉴를 누르면 나타나는 목록 중 보고 싶은 목록을 누릅니다.

07 ›› 동영상이 있는 경우 동영상이 재생될 영역에 ![down] 아이콘이 표시됩니다. 이 아이콘을 누르면 동영상이 재생됩니다.

08 ›› 동영상 하단에 위치해 있는 메뉴에서 ![full] 아이콘을 누르면 전체 화면으로 동영상을 볼 수 있습니다.

홈페이지 검색 요령 배우기

Step 02

이런 기능들이 사용됐어요. ➜ 인터넷

01 ›› 🌐 [인터넷]에서 자주 접속하는 사이트를 북마크로 등록하려면 주소 입력줄에 있는 ★ 아이콘을 누릅니다.

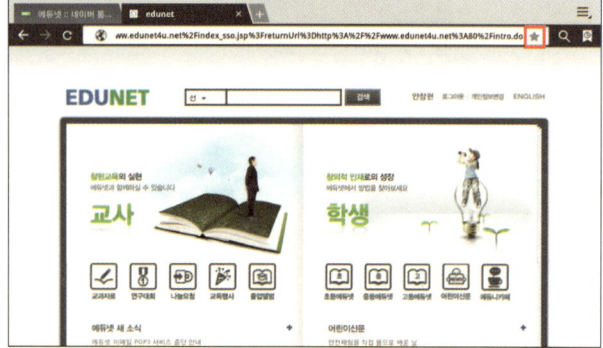

02 ›› [북마크 추가] 창이 열리면 북마크로 등록할 이름을 확인한 후 [확인] 버튼을 누릅니다.

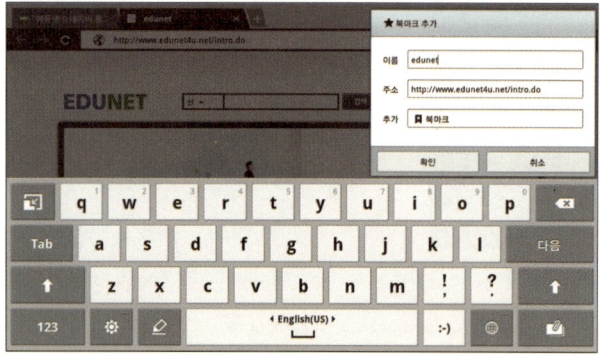

03 ›› 🔖 아이콘을 누르면 등록한 북마크를 열어볼 수 있습니다.

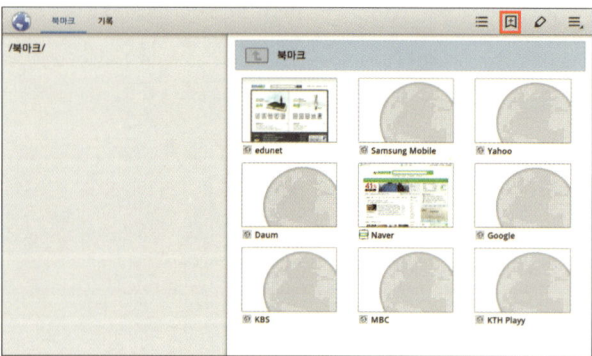

04 ›› 문서 탭 오른쪽에 위치해 있는 █ 버튼을 누르면 새 탭이 열립니다.

05 ›› 주소 입력줄에 접속할 사이트를 입력하고 [이동] 버튼을 누릅니다. 여기서는 [국립중앙박물관] 홈페이지(http://www.museum.go.kr)에 접속해 보겠습니다.

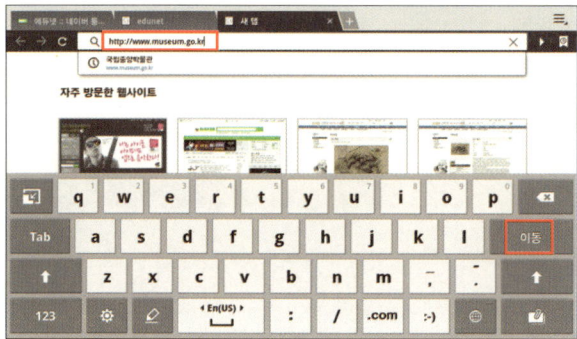

06 ›› [국립중앙박물관] 홈페이지(http://www.museum.go.kr)에 접속하면 모바일 형식의 페이지로 나타납니다. PC 형식으로 페이지를 보고 싶다면 [PC버전] 버튼을 누릅니다.

모바일 형식의 홈페이지를 지원하는 사이트일 경우 모바일 형식으로 페이지가 열립니다.

07 ›› 닫고 싶은 문서 탭을 누른 다음 ✖ 아이콘을 눌러 페이지를 닫을 수 있습니다.

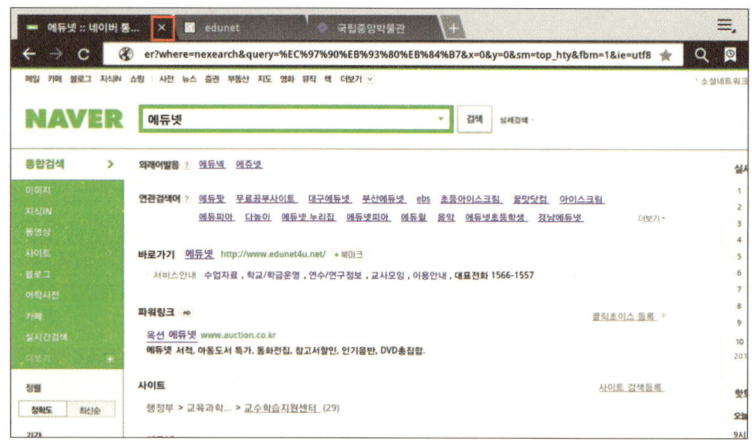

> 페이지가 너무 많이 열려 있으면 갤럭시탭 속도가 느려질 수 있으므로 사용하지 않는 페이지는 닫아 두는 것이 좋습니다.

인터넷 자료를 이용하여 보고서 만들기   Step 03

이런 기능들이 사용됐어요 ➡ 인터넷, Polaris Office

01 ›› 🌐 [인터넷]으로 [국립중앙박물관] 홈페이지(http://www.museum.go.kr)에 접속한 다음 [유물마당] 메뉴에서 갤럭시탭에 저장하고 싶은 이미지를 찾습니다. 저장할 이미지를 길게 누르면 나타나는 메뉴에서 [이미지 저장]을 누릅니다.

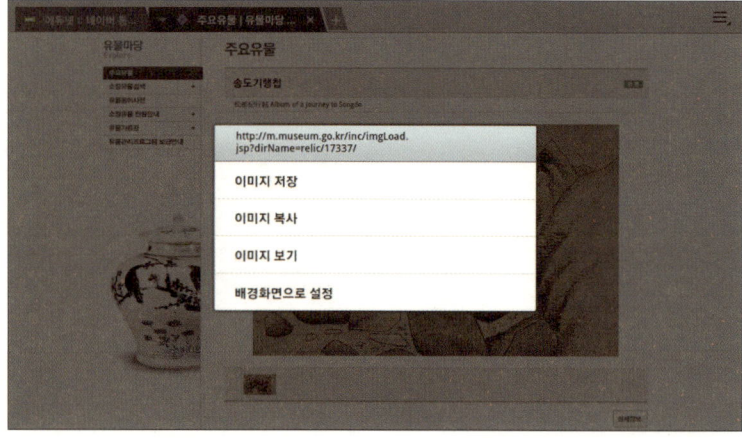

02 〉〉 하단의 🏠 버튼을 눌러 홈 화면으로 이동한 후 [애플리케이션]에서 🔵 [Polaris Office]을 실행합니다. 사용자 등록 페이지가 나타나면 계정으로 사용할 이메일 주소를 입력하고 [등록] 버튼을 누릅니다.

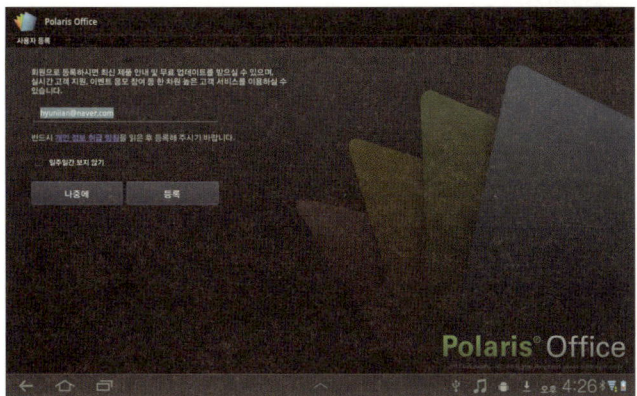

[Polaris Office]는 오피스 문서작성 프로그램입니다.

03 〉〉 [Polaris Office]가 열리면 [새 파일] 아이콘을 누른 다음 [워드 문서 97-2003]을 선택합니다.

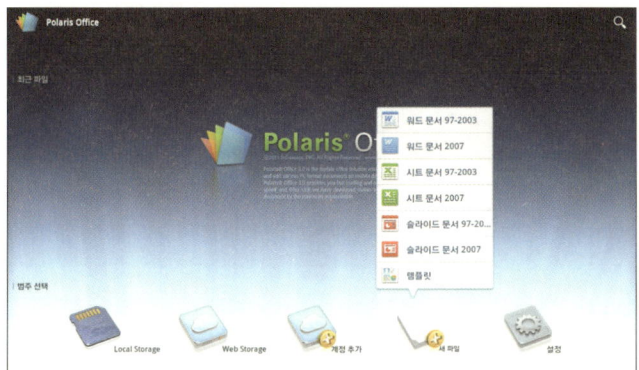

04 〉〉 빈문서가 나타납니다. 이미지를 넣을 곳을 누르면 나타나는 키패드에서 🖼 버튼을 누릅니다. 클립보드에 저장된 이미지 중 삽입할 이미지를 누르면 문서에 이미지가 삽입됩니다.

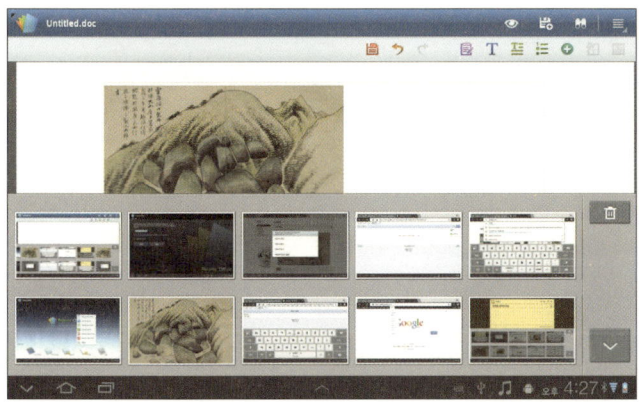

상단 메뉴에서 🖼 버튼을 눌러 저장한 목록을 불러올 수도 있습니다.

05 ›› 하단 메뉴에서 ▭ 버튼을 누른 다음 앞에서 실행했던 [인터넷] 목록을 누릅니다.

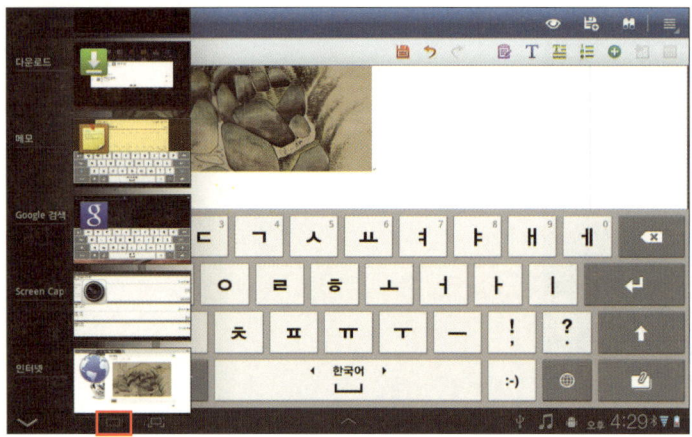

06 ›› 홈페이지에서 [상세정보] 버튼을 누르면 관련 정보가 나타납니다. 글을 저장하기 위해서 글을 길게 눌러 영역 선택 마크가 나타나도록 합니다.

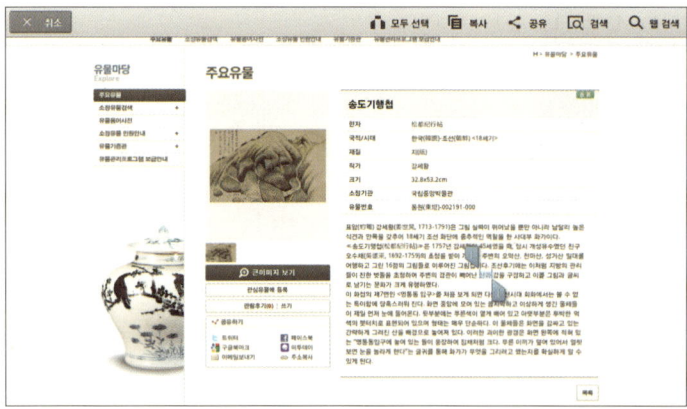

07 ›› 영역 선택 마크를 드래그하여 영역을 선택한 후 상단 메뉴에서 [복사] 버튼을 누릅니다.

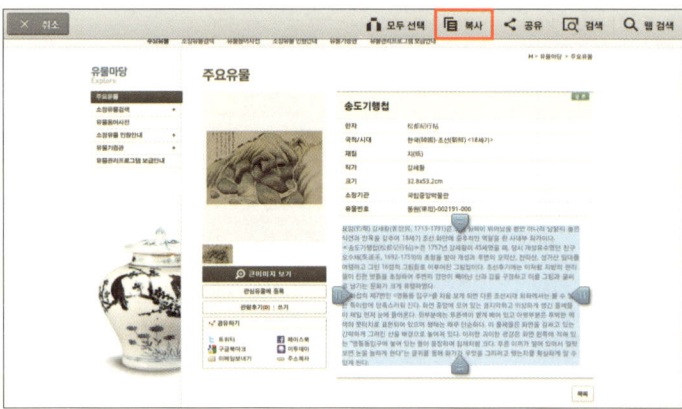

08 ›› [Polaris Office]로 되돌아가기 위해 하단 메뉴에서 ▣ 버튼을 누른 다음 [Polaris Office] 목록을 누릅니다.

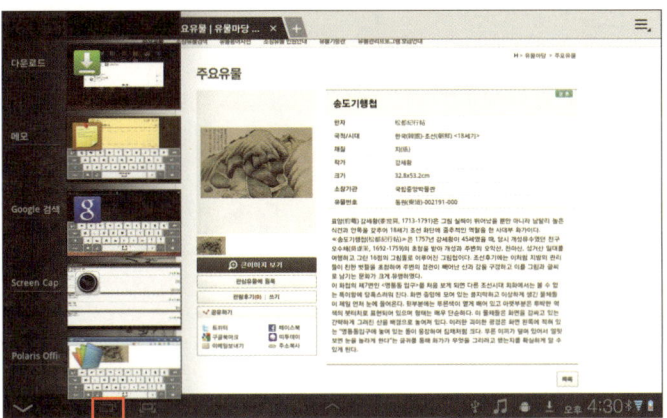

09 ›› 글을 삽입할 곳을 누른 다음 키패드에서 🖉 버튼을 누릅니다. 클립보드에 저장된 목록 중 복사한 글을 선택하면 문서에 글이 삽입됩니다.

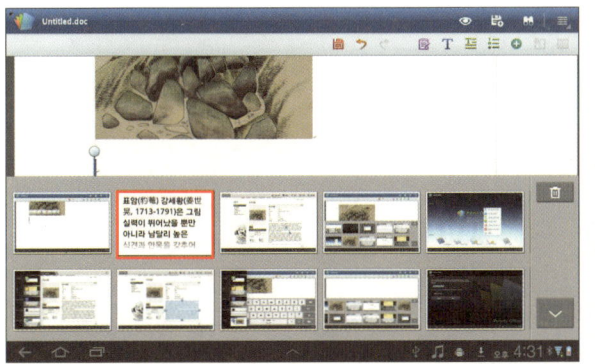
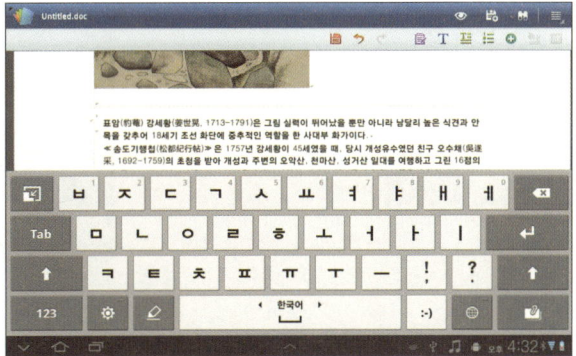

10 ›› 💾 버튼을 누르면 나타나는 [다른 이름으로 저장] 창에서 파일 이름을 입력하고 [저장] 버튼을 눌러 문서를 저장합니다. 갤럭시탭을 PC와 연결한 후 갤럭시탭이 있는 드라이브에 접속하면 [Polaris Office]로 저장한 문서를 볼 수 있습니다.

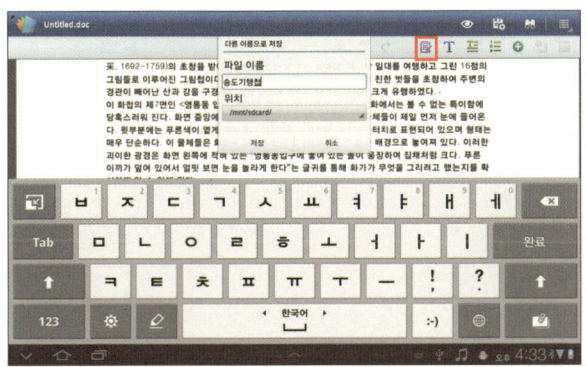
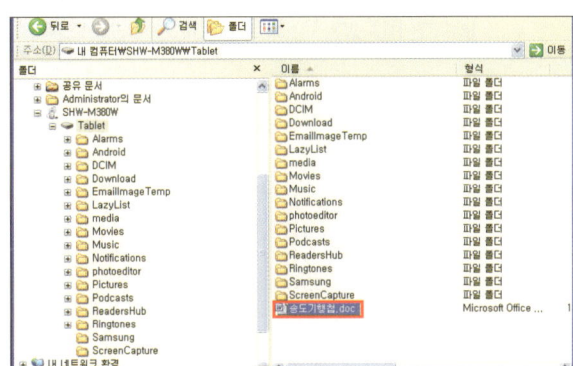

Section

20

갤럭시탭으로 멀티미디어 학습 기능 배우기

갤럭시탭은 펜 메모, 위치 찾기, 카메라, 포토 에디터를 이용하여 메모를 남기거나 위치를 찾고 사진 및 동영상을 촬영할 수 있습니다. 또한 [Allshare]를 이용하여 다른 기기에 저장되어 있는 자료를 열어볼 수 있습니다.

섹션 15 섹션 16 섹션 17 섹션 18 섹션 19 **섹션 20** 섹션 21 섹션 22

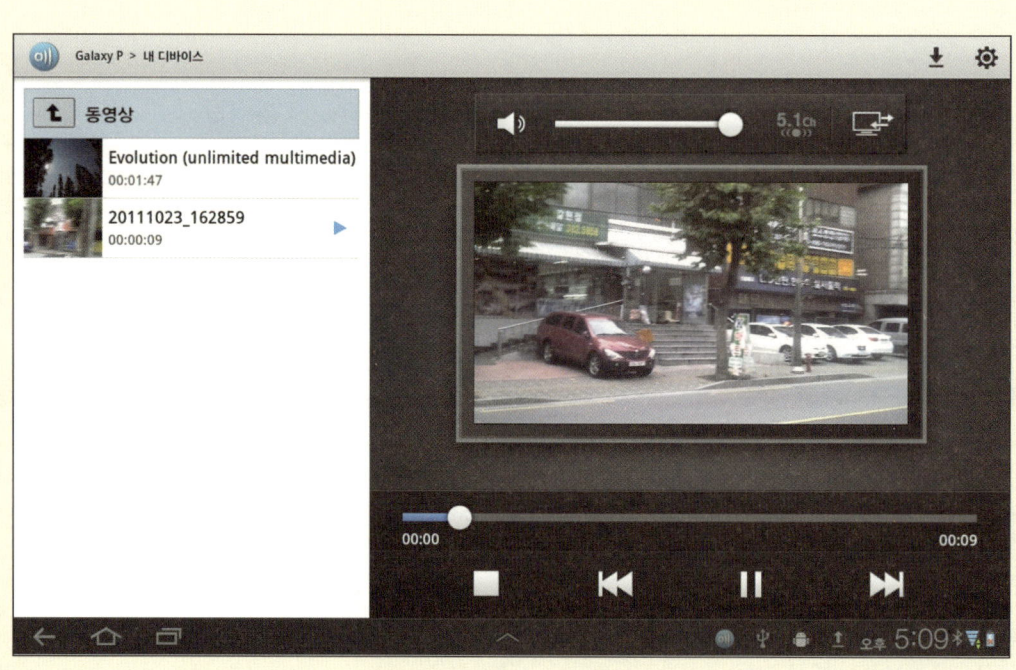

펜 메모로 메모 남기기 Step 01

이런 기능들이 사용됐어요 ➡ 펜 메모, 메모, 갤러리

01 ›› 갤럭시탭의 [애플리케이션]에서 🔲 [펜 메모]를 실행합니다. 새 메모를 작성하기 위해서 🔲 버튼을 누릅니다.

02 ›› 메모장이 열리면 T 버튼을 누르고 키패드를 이용하여 글을 작성합니다.

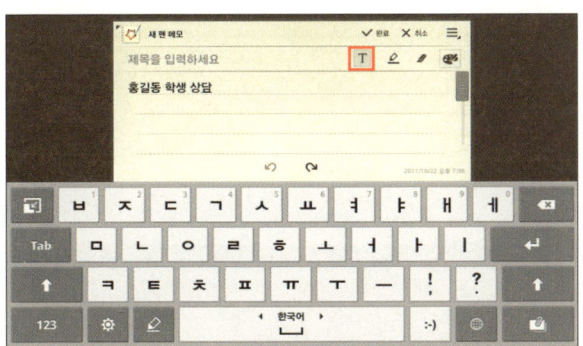

03 ›› 🔲 버튼을 누른 다음 [색상]을 눌러 펜의 색을 선택하고 다시 🔲 버튼을 누릅니다. 펜 속성을 설정했으면 🔲 버튼을 누르고 손가락으로 직접 드래그해서 메모를 합니다.

04 ›› [완료] 버튼을 누르면 메모가 저장됩니다.

05 ›› 같은 방법으로 여러 메모를 남길 수 있습니다. ▤ 버튼을 누른 후 [내보내기]를 선택합니다.

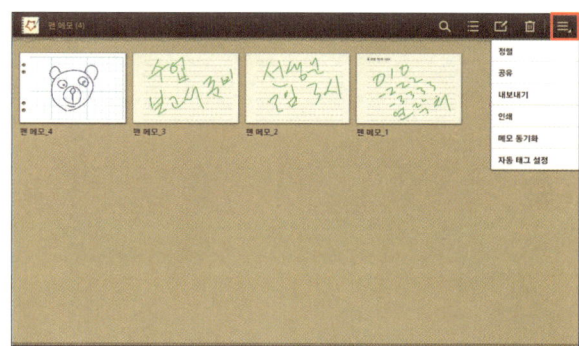

06 ›› [메모로]를 선택하고 메모로 보낼 메모를 선택한 후 [내보내기] 버튼을 누릅니다.

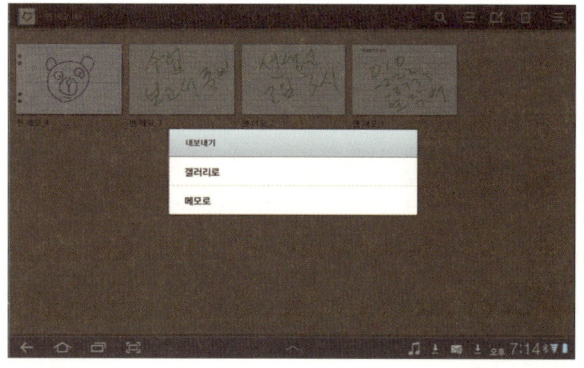
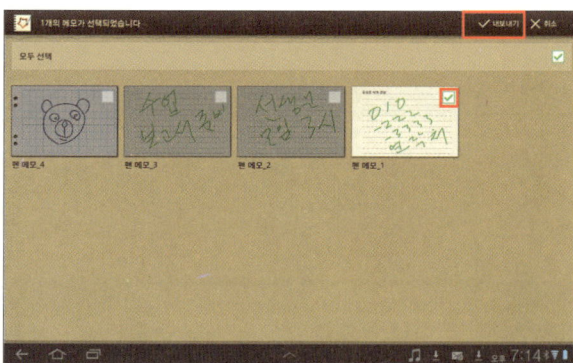

07 ›› [메모]를 실행하면 텍스트로 구성된 메모가 저장된 것을 볼 수 있습니다. [내보내기]에서 [갤러리로]를 선택하면 메모가 이미지로 저장되며, 📒 [갤러리]를 실행하여 메모 이미지를 열어볼 수 있습니다.

 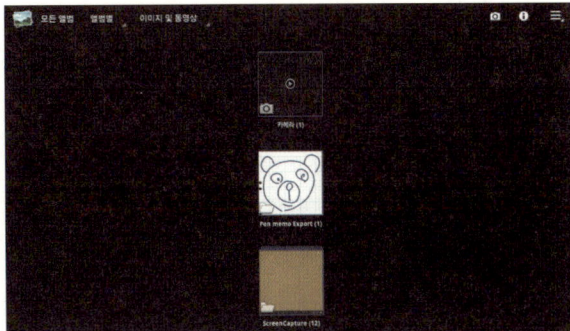

> [메모]는 텍스트를 이용하여 글을 기록하는 프로그램입니다.

다양한 계산을 할 수 있는 계산기 사용하기　Step 02

이런 기능들이 사용됐어요 ➜ 계산기

01 ›› [애플리케이션]에서 🖩 [계산기]를 실행합니다. 상단에 위치해 있는 입력창에 계산할 식을 입력하고 [=]을 누르면 결과가 나타납니다. [CLR] 버튼을 누르면 내용이 지워집니다.

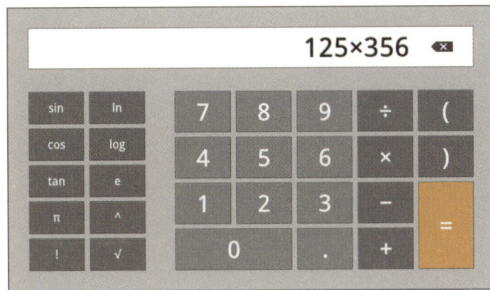

02 ›› 왼쪽에 위치해 있는 수학 기호를 이용하여 계산도 할 수 있습니다.

[위치찾기]를 이용하여 코엑스 약도 만들기   Step 03

이런 기능들이 사용됐어요. ➜ 위치찾기, 갤러리

01 ›› [애플리케이션]에서 🔍 [위치찾기]를 실행합니다. 검색창에 '코엑스'라고 입력하면 관련 위치 목록이 나타납니다. 여기서 찾을 곳의 주소를 누르면 지도가 해당 위치를 알려줍니다.

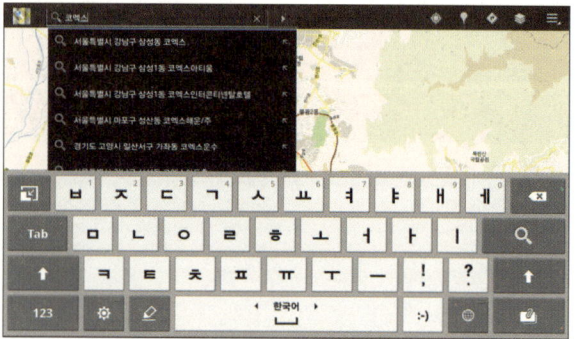 

02 ›› ◎ 버튼을 누르면 현재 위치를 알려줍니다. 다시 버튼을 누르면 정확한 방향에 맞춰 지도의 방향이 움직입니다.

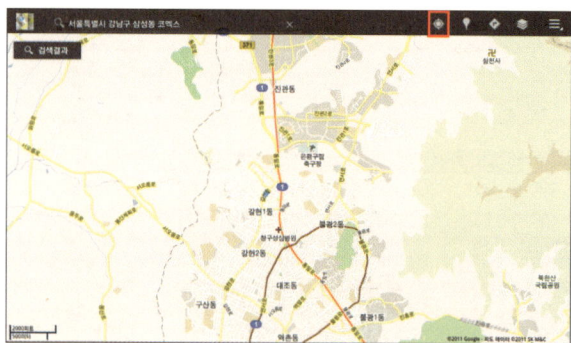 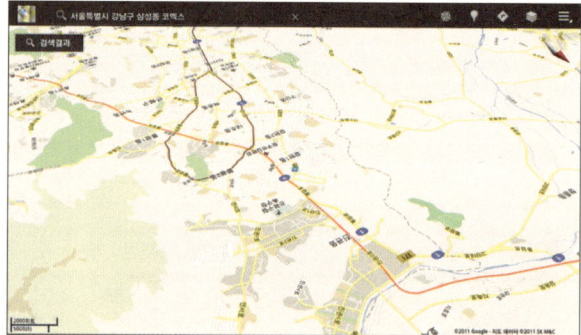

03 ›› ◆ 버튼을 누르면 [길찾기] 창이 열립니다. 현재 위치와 코엑스가 입력된 것을 확인한 후 [실행] 버튼을 누릅니다.

04 ›› 현재 위치에서 코엑스까지 길을 알려줍니다. [여정 선택]에서 항목을 누르면 보다 자세한 경로를 확인할 수 있습니다.

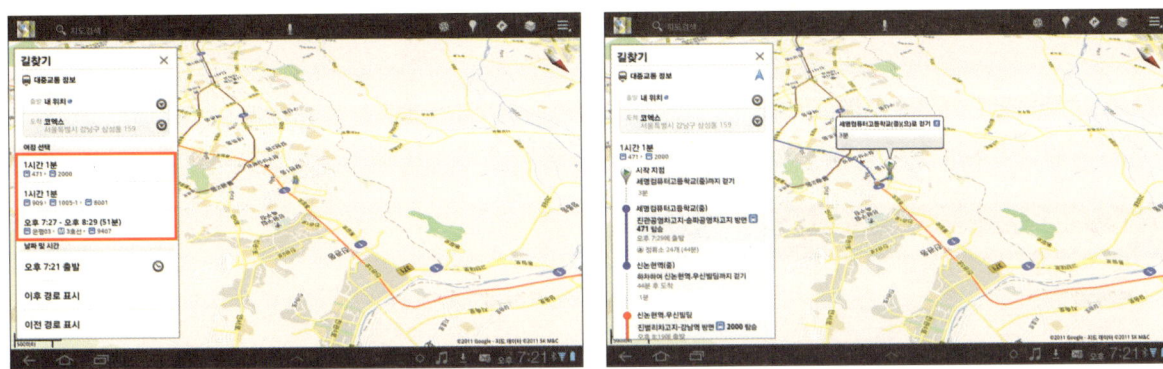

05 ›› 🗐 버튼을 누르면 나타나는 창에서 [위성]을 선택하면 위성 사진으로 지도를 확인할 수 있습니다.

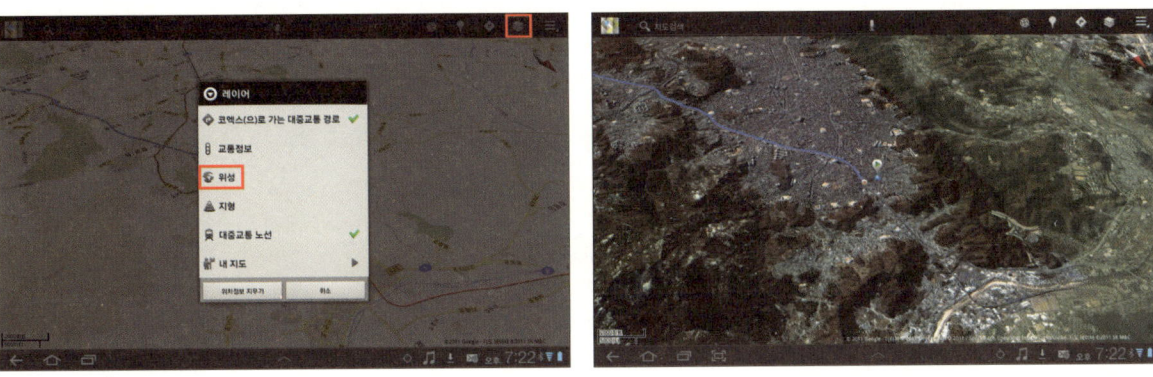

06 ›› ▣ 버튼을 눌러 필요한 부분을 캡처합니다. ▣ [갤러리]를 실행한 다음 캡쳐 이미지를 열고 ◀–[이메일]을 선택하여 약도를 학생들에게 메일로 전송합니다.

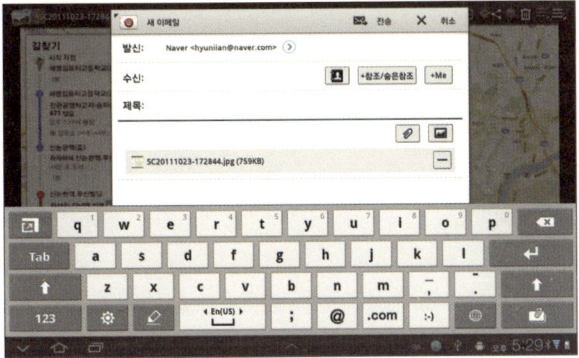

영한 사전으로 영어 단어 학습하기　Step 04

이런 기능들이 사용됐어요.　➜ YBM 사전

01 〉〉 [애플리케이션]에서 ⬛ [YBM 사전]을 실행합니다. 검색창에 🔵 아이콘이 표시되어 있는 상태에서 한글을 입력하면 해당 영문을 알려줍니다.

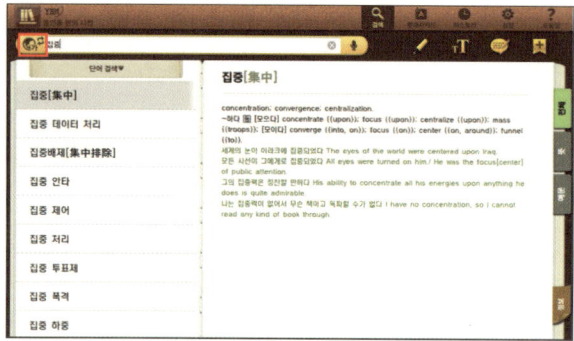

02 〉〉 🔵 아이콘을 눌러 🔵 아이콘으로 바꾸면 영문을 입력해서 해당 한글 정보를 알 수 있습니다.

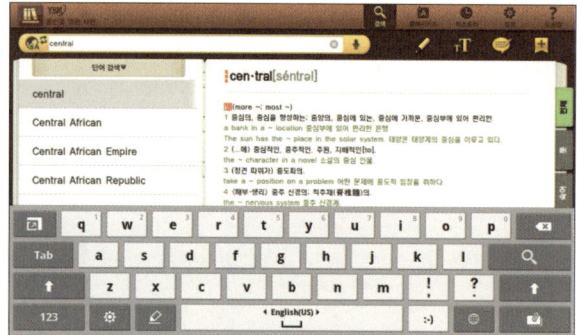

03 〉〉 ✏ 버튼을 누르면 나타나는 펜 목록에서 사용할 펜을 선택한 후 중요한 부분을 드래그해서 표시할 수 있습니다.

04 〉〉 ⬛ 버튼을 누르면 참고 정보를 직접 입력할 수 있습니다.

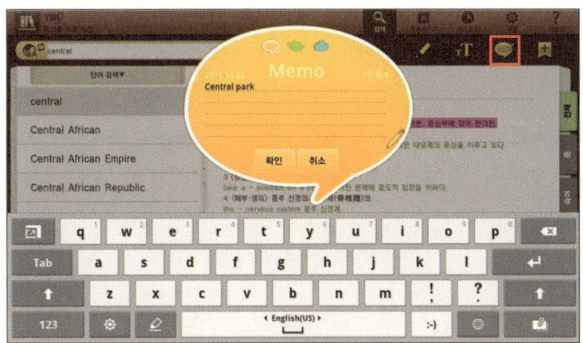

05 〉〉 ⬛ 버튼을 누르면 나타나는 플래시카드에서 저장할 카드를 선택해 해당 단어를 기록해 둘 수 있으며 [플래시카드] 메뉴를 눌러 저장한 카드를 다시 볼 수 있습니다.

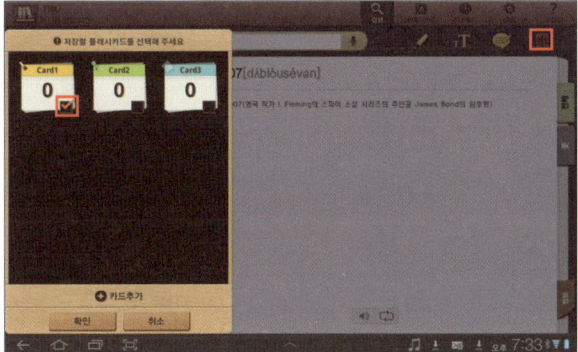 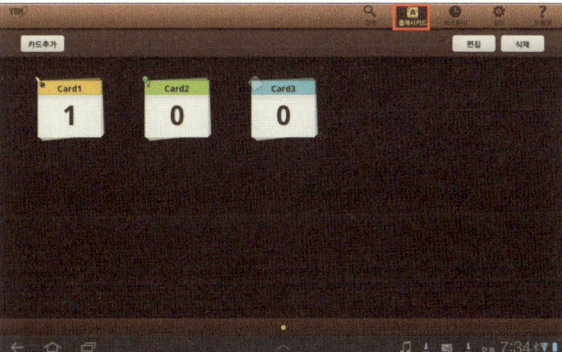

사진 촬영하고 보정하기 Step 05

이런 기능들이 사용됐어요. → 카메라

01 » [애플리케이션]에서 📷 [카메라]를 실행한 후 갤럭시탭을 피사체로 향합니다. 피사체를 터치하여 초점을 잡은 후 📷 버튼을 눌러 사진을 촬영합니다.

02 » [애플리케이션]에서 🖼 [포토 에디터]를 실행합니다. 최근에 촬영한 사진 목록이 나타나면 편집할 사진을 탭합니다.

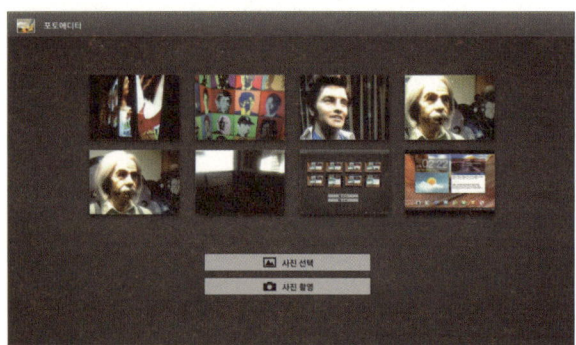

03 » 🎨 버튼을 누르면 사진의 화질을 조절하는 옵션들이 나타납니다. 여기서 편집할 목록을 눌러 사진을 보정합니다.

- **자동 조절** : 자동으로 사진을 보정합니다.
- **노출** : 사진에 적용된 빛의 양을 조절합니다.
- **채도** : 색의 진하고 연함을 조절합니다.
- **대비** : 색과 색의 차이의 대비를 조절합니다.
- **밝기** : 사진을 밝게 또는 어둡게 만듭니다.
- **색조** : 색을 화사하게 만듭니다.
- **회색 음영** : 사진을 회색으로 만듭니다.
- **온도** : 색온도를 조절합니다.

04 ›› 버튼을 누른 다음 [액자]를 선택한 후 적당한 액자 모양을 선택하고 [완료] 버튼을 누릅니다.

 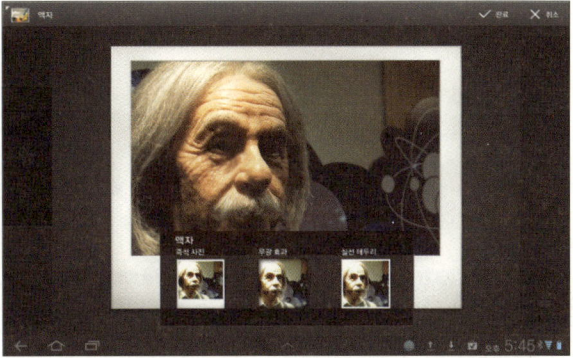

05 ›› 사진 보정이 완료되었다면 버튼을 눌러 파일 이름을 입력하고 [예] 버튼을 눌러 사진을 저장합니다.

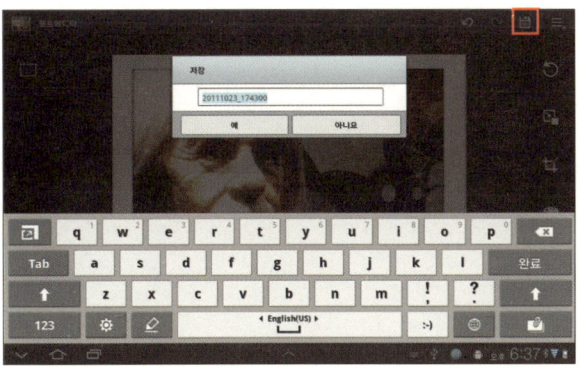

우리 동네 풍경 동영상 무선으로 열기   Step 06

이런 기능들이 사용됐어요. ➡ 카메라, Allshare

01 ›› [애플리케이션]에서 📷 [카메라]를 실행한 후 갤럭시탭을 피사체로 향합니다. 우측 상단에 위치해 있는 레버를 아래로 드래그하여 🎥 아이콘을 선택합니다. 준비가 되었으면 ⏺ 버튼을 눌러 동영상을 촬영합니다. 촬영이 끝나면 다시 ⏺ 버튼을 눌러 촬영을 종료합니다.

02 ›› [애플리케이션]에서 📶 [Allshare]를 실행합니다. 근방에 📶 [Allshare]를 지원하는 갤럭시, 갤럭시탭, 삼성 TV가 있다면 기기 목록이 나타납니다. 공유할 기기를 누릅니다.

03 ›› 선택한 기기에 저장되어 있는 [동영상], [오디오], [사진] 폴더가 나타납니다. 동영상을 열어 보기 위해 동영상을 누릅니다.

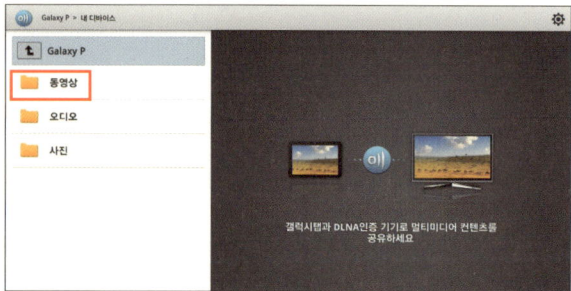

04 » 선택한 기기에 저장되어 있는 동영상 목록이 나타납니다. 재생 버튼을 눌러 동영상을 실행합니다. 동영상 화면을 탭하면 전체 화면으로 동영상을 볼 수 있습니다.

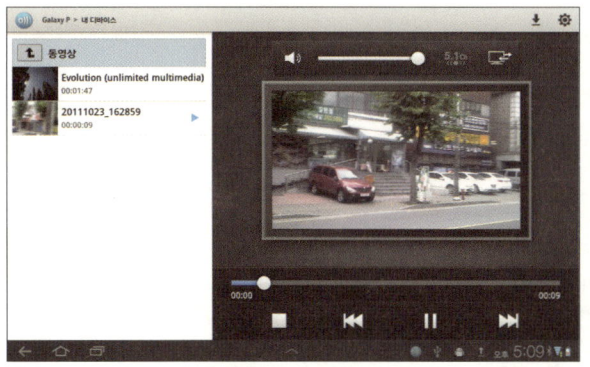

갤럭시탭의 자료를 PC에서 실시간으로 보기 Step 07

이런 기능들이 사용됐어요. → Kies, AllShare

01 » PC에서 [Kies]를 실행한 후 [도구]-[AllShare] 메뉴를 클릭해 프로그램을 설치합니다.

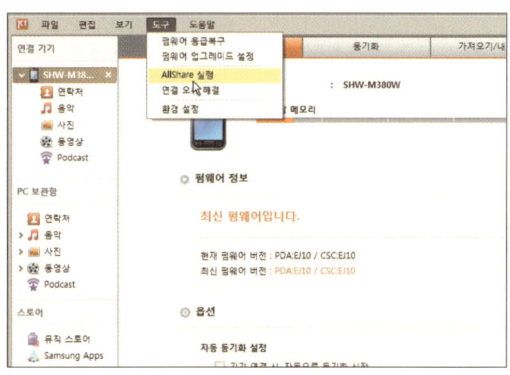

02 » [AllShare]를 실행합니다. 무선으로 연결된 기기가 있을 경우 기기를 연결하겠다는 메시지가 나타납니다. [예] 버튼을 클릭해 연결을 수락합니다.

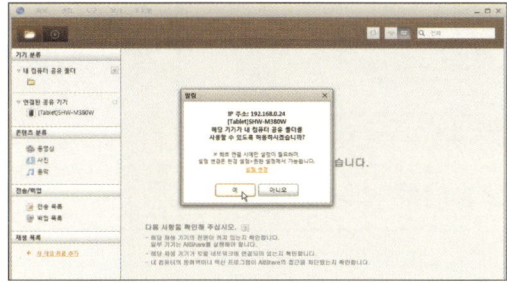

217

03 ›› [연결된 공유 기기]에서 [동영상] 폴더를 클릭하면 갤럭시탭에 저장되어 있는 동영상 목록이 나타납니다.

> 스마트 TV가 연결되어 있는 경우 [다른 기기에 재생] 버튼을 눌러 바로 TV로 동영상을 열어볼 수 있습니다.

04 ›› 동영상 목록을 클릭해서 PC에서 동영상을 열어볼 수 있습니다.

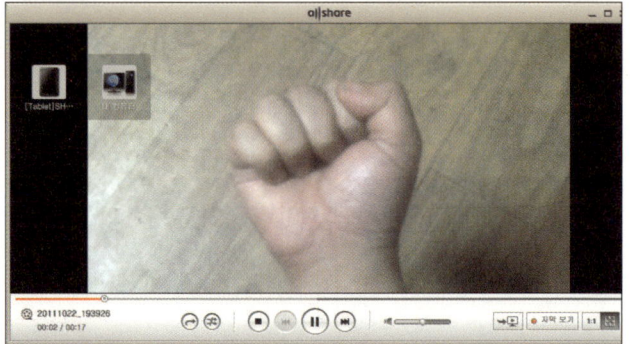

PC에 저장된 동영상을 갤럭시탭으로 열어보기   Step **08**

이런 기능들이 사용됐어요 ➔ Kies, AllShare

01 ›› PC의 [AllShare]에서 [내 컴퓨터 공유 폴더]의 [+] 버튼을 클릭한 다음 동영상이 저장되어 있는 폴더를 선택합니다.

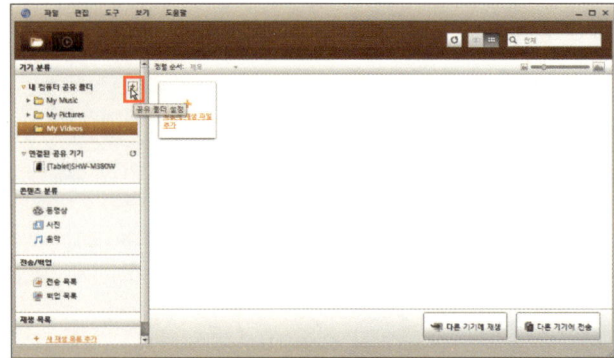
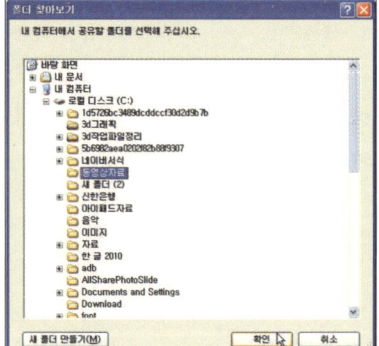

> 공유 폴더를 지정해두면 해당 폴더에 저장되어 있는 자료를 모바일 기기로 공유할 수 있습니다.

02 ›› 공유 폴더를 열면 폴더에 저장되어 있는 자료를 열어볼 수 있습니다.

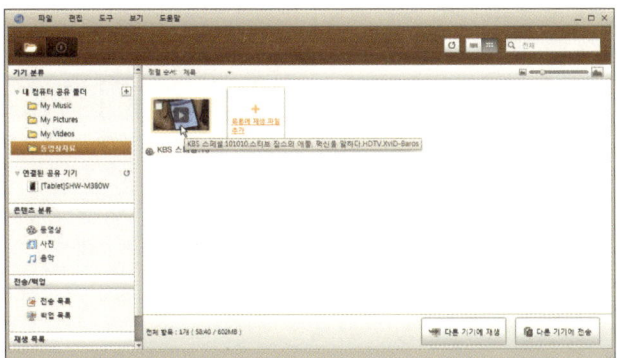

> 스마트 TV 등 바로 재생이 가능한 기기가 연결되어 있는 경우 [다른 기기에 재생] 버튼을 클릭해 자료를 재생시킬 수 있습니다.

03 ›› 갤럭시탭의 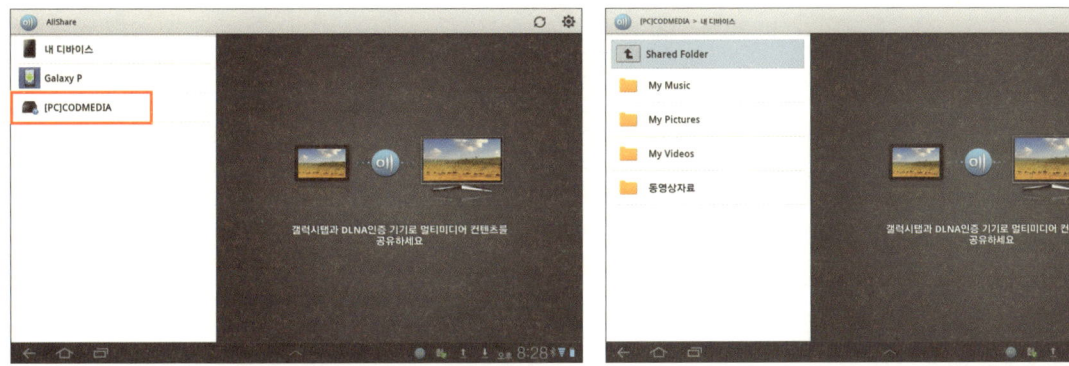 [AllShare]를 실행합니다. PC와 정상적으로 연결되었으면 목록에 [PC] 목록이 표시됩니다. 이 목록을 눌러 [Share Folder]에서 자료가 있는 폴더를 선택합니다.

04 ›› 동영상 목록을 누르면 동영상이 재생됩니다. 동영상 화면을 탭하여 전체 화면으로 볼 수 있습니다.

219

Section
21
전자도서와 영상 자료를 이용하여 보고서 만들기

갤럭시탭은 책을 볼 수 있는 전자 도서, 유용한 동영상을 찾아볼 수 있는 [YouTube], 온라인 강좌를 제공하는 [스마트 에듀] 프로그램을 제공합니다. 여기서는 이러한 프로그램을 사용하는 방법에 대해서 알아보고 필요한 자료를 캡처해둔 다음 [Polaris Offfice]를 이용하여 프레젠테이션을 만드는 방법에 대해서 배워보겠습니다.

섹션 15 | 섹션 16 | 섹션 17 | 섹션 18 | 섹션 19 | 섹션 20 | **섹션 21** | 섹션 22

Facebook Guideline 1

 페이스북이란?

facebook

페이스 북은 SNS 붐을 일으키고 폭발적인 성장을 이뤄온 서비스 중 단연 으뜸이다.

5억 명 이상의 가입자(2011년엔 10억 명을 돌파할 것이라는 예측도 나오고 있다.), 45조 이상의 기업가치(2010년 11월 기준 약 410억 달러), 하루에도 70만 명 이상이

새로 가입하고 있으며, 5억 명 이상의 가입자를 하나의 국가로 가정한다면 중국, 인도, 다음으로 가장 큰 국가 만들어질 만큼 많은 사람이 사용하고 있는 서비스가 바로 페이스북이다.

이런 엄청난 녀석을 만든 사람은 하버드 중퇴생 마크 주커버그이다.

Time 지 선정 2010년 올해의 인물인 그는 하버드 대학 재학시절 일종의 대학 연명부

27 / 88

페이스북이란?   28 / 88

오후 8:07

[리더스허브]로 무료 도서 구매하기   Step 01

이런 기능들이 사용됐어요 ➜ 리더스 허브

01 ›› [애플리케이션]에서 ▣ [리더스허브]를 실행합니다. 목록 중 보고 싶은 종류를 선택합니다.

02 ›› 등록된 자료가 있을 경우 책자 아이콘이 표시됩니다. 🛒 버튼을 누르면 도서 구매 업체가 표시됩니다. 여기서는 [텍스토어]를 선택해 보겠습니다.

03 ›› [텍스토어]가 열리면 하단 메뉴에서 검색 관련 아이콘을 누릅니다. 여기서는 [무료] 버튼을 눌러보겠습니다.

04 ›› 구매할 도서를 선택한 후 [바로 구매] 버튼을 누르면 로그인 창으로 이동합니다. 텍스토어 계정으로 로그인합니다.

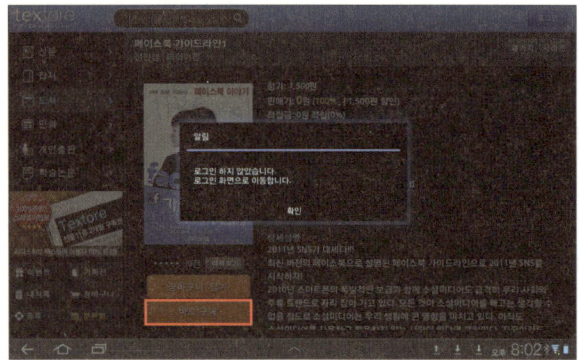 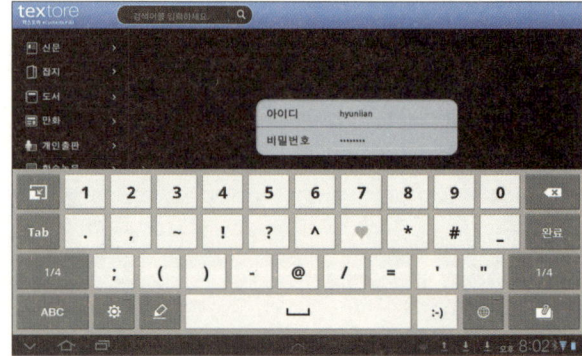

[텍스토어] 홈페이지(http://www.textore.com)에서 회원가입할 수 있습니다.

05 ›› 주문 결제하기 페이지가 나타나면 [결제하기] 버튼을 누른 후 [내 서재로 가기] 버튼을 누릅니다.

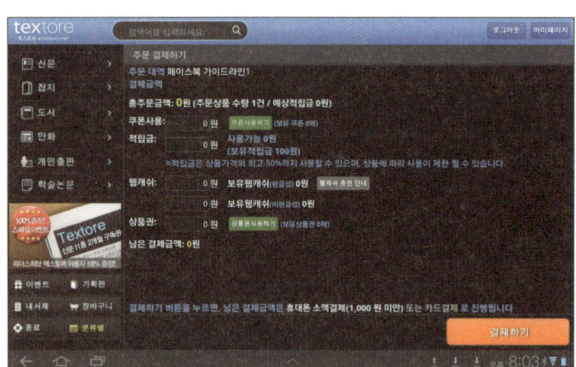 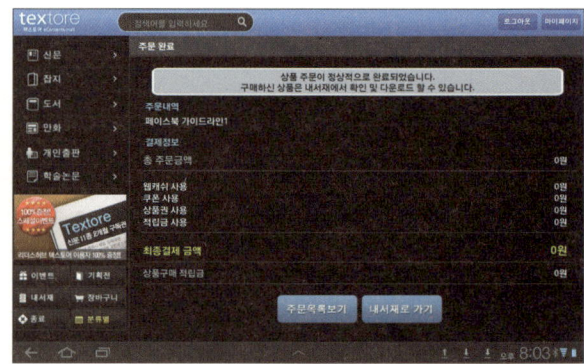

06 ›› [내 서재] 페이지에 구매한 도서 목록이 보입니다. [다운받기] 버튼을 눌러 도서를 갤럭시탭으로 다운로드 받습니다. 처음 실행하는 경우 기기를 등록하라는 메시지가 나타납니다. [확인] 버튼을 눌러 기기를 등록합니다.

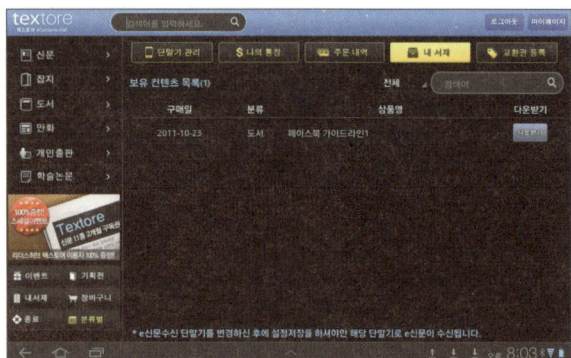 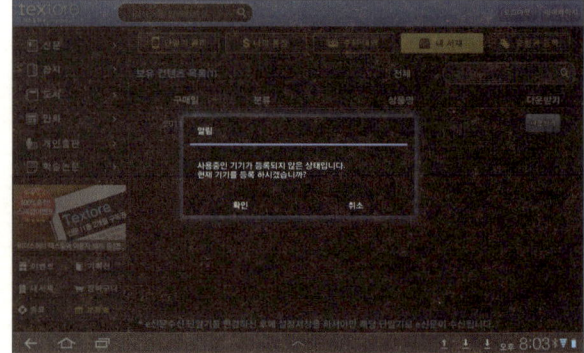

07 ›› 구매가 끝났으면 [애플리케이션]에서 📗 [리더스허브]를 실행합니다. 구매한 도서가 추가되어 있는 것을 볼 수 있습니다.

[리더스허브]로 도서 보기 　　Step 02

이런 기능들이 사용됐어요 ➡ 리더스허브

01 ›› [리더스허브]에서 구매한 도서를 눌러 실행합니다. 도서처럼 책이 열립니다. 손가락으로 좌우로 드래그해서 페이지를 넘길 수 있습니다.

02 ›› 갤럭시탭이 가로 방향이면 펼침 페이지로 나타나고, 세로로 뉘우면 한 페이지씩 나타납니다.

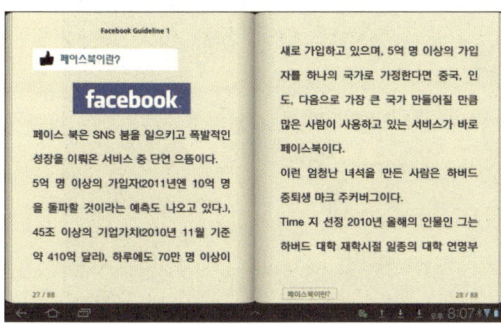

03 ›› [가] 아이콘을 누르면 나타나는 창에서 글자의 크기와 글꼴을 바꿀 수 있습니다.

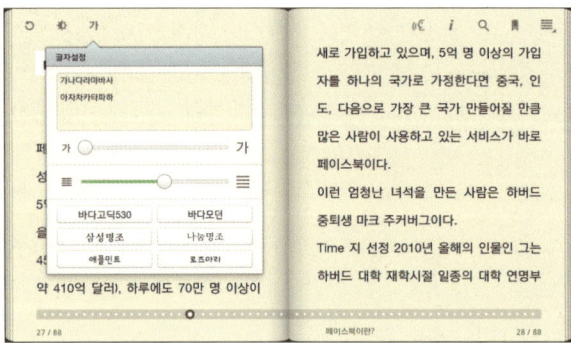 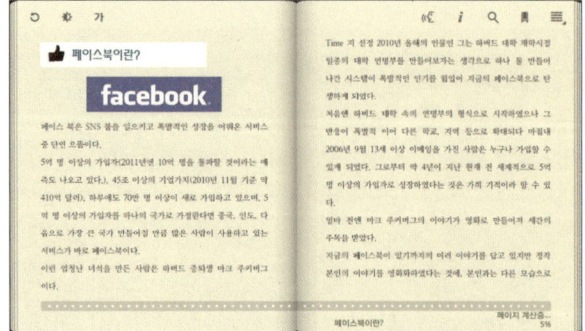

지상파 DMB 보기

Step 03

이런 기능들이 사용됐어요 ➜ DMB

01 ›› [애플리케이션]에서 🔲 [DMB]를 실행합니다. [채널 검색]을 눌러 채널 검색 지역을 선택하면 채널이 등록됩니다. 보고 싶은 채널을 누르면 방송이 나타납니다.

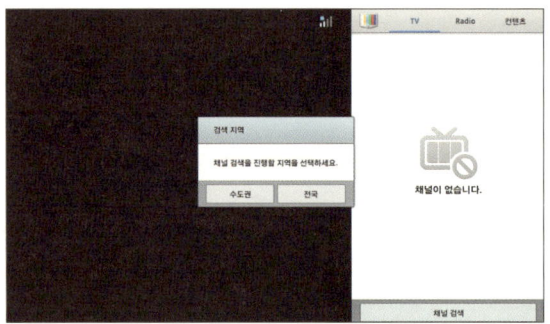 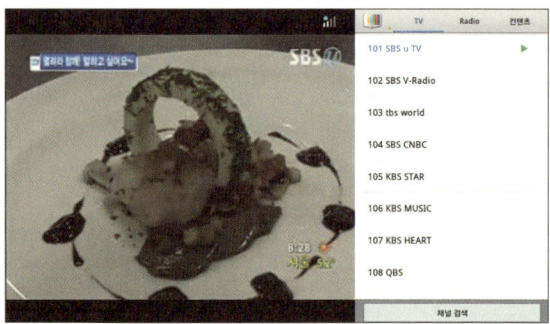

02 ›› 영상을 탭하면 전체 화면으로 나타나고, 영상을 두 손가락으로 오므리면 작은 화면으로 나타납니다.

갤럭시탭으로 동영상 강의 보기   Step 04

이런 기능들이 사용됐어요 ➡ 스마트 에듀

01 ›› [애플리케이션]에서 📷 [스마트 에듀]를 실행합니다. 목록 중 보고 싶은 목록을 선택합니다.

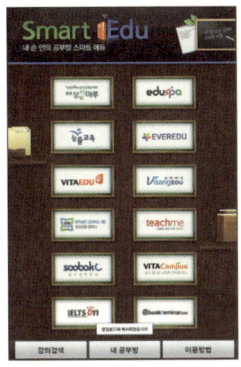

02 ›› 상단 메뉴에서 종류를 선택하면 관련 수업 목록이 나타납니다. 목록을 누른 후 보고 싶은 수업을 누릅니다.

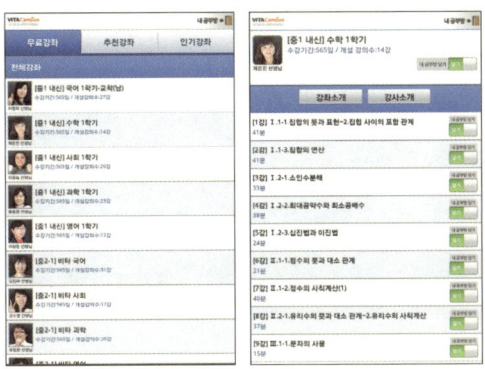

03 ›› 강의가 열립니다. 하단의 스크롤을 이용하여 보고 싶은 위치를 검색할 수 있습니다.

[유튜브]로 석굴암 동영상 찾아 보기   Step 05

이런 기능들이 사용됐어요. ➡ YouTube

01 ›› [애플리케이션]에서 📺 [YouTube]를 실행합니다.

02 ›› 검색창에 '석굴암'을 입력해 검색합니다. 검색 목록이 나타나면 보고 싶은 목록을 누릅니다.

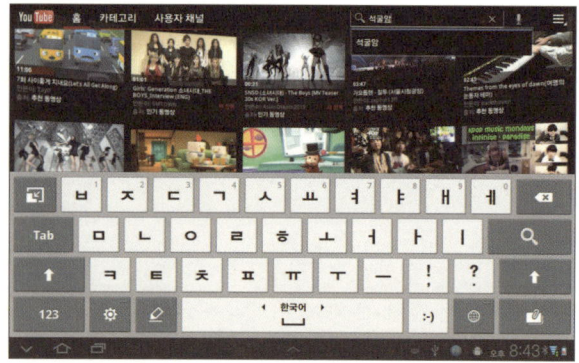

03 ›› 동영상 정보가 열리면 동영상이 실행됩니다.

04 ›› 동영상 화면 아래의 ⊠ 버튼을 누르면 전체 화면
으로 동영상을 볼 수 있습니다. 동영상을 보면서 자료에 사
용할 장면을 캡처해 두도록 합니다.

캡처 이미지를 이용하여 프레젠테이션 만들기   Step 06

이런 기능들이 사용됐어요 ➡ Polaris Office

01 ›› 🌐 [인터넷]을 실행한 다음 [box] 홈페이지(http://www.box.net)에 접속합니다. [Sign Up]을 눌러
회원가입을 신청합니다.

 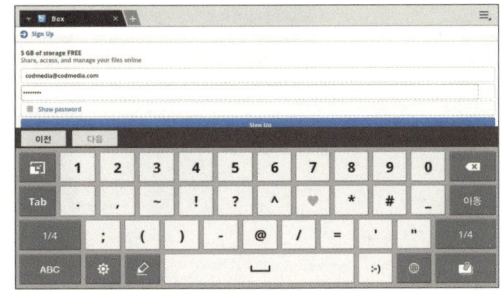

[box] 홈페이지는 [Polaris Office]에서 제공하는 웹 공간 저장 서비스 사이트입니다.

02 ›› 🖐 [Polaris Office]를 실행한 다음 [Web Storage] 아이콘을 누릅니다. [계정 추가]를 눌러 box 계정
을 입력해 계정을 등록합니다.

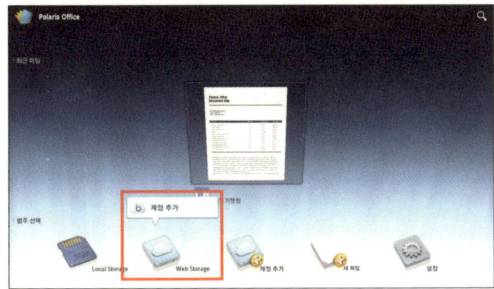 

[Web Storage]를 이용하여 제작한 문서를 웹에 전송하거나 웹에 전송된 자료를 다운로드 받아서 불러올 수 있습니다.

03 ›› 프레젠테이션 문서를 만들기 위해 [새 파일] 아이콘을 누른 다음 [슬라이드 문서 97-2003]을 선택합니다.

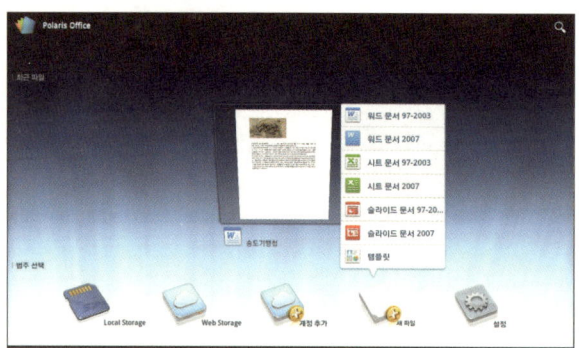

04 ›› [슬라이드 추가] 창이 나타나면 새로 만들 슬라이드 레이아웃을 선택합니다. 슬라이드가 열리면 글상자를 눌러 각각의 글상자에 글을 입력합니다.

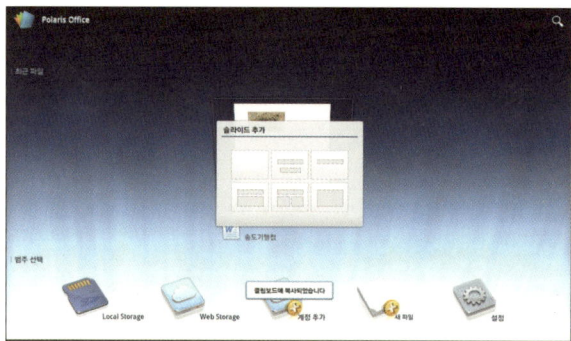 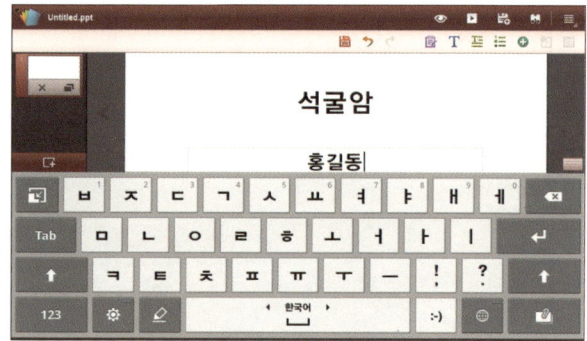

05 ›› 버튼을 누르고 레이아웃을 선택해서 슬라이드를 추가합니다. 슬라이드에 이미지를 추가하기 위해 버튼을 누른 다음 [그림 파일]을 선택합니다.

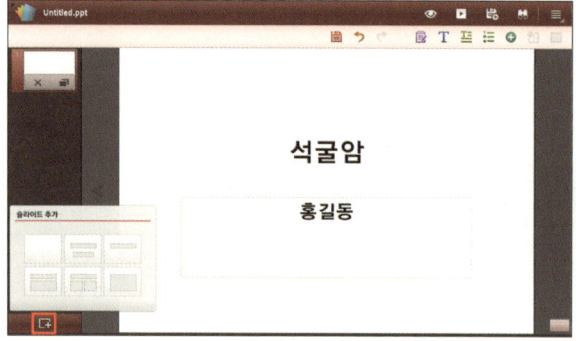 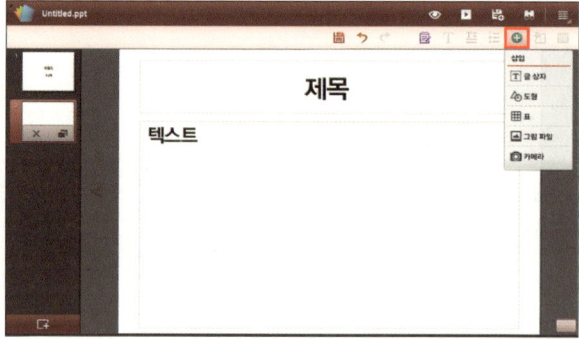

06 ›› 갤러리가 열리면 앞에서 캡처했던 이미지를 선택하여 슬라이드에 이미지를 추가합니다. 이미지의 조절점을 드래그하여 크기를 조절합니다.

 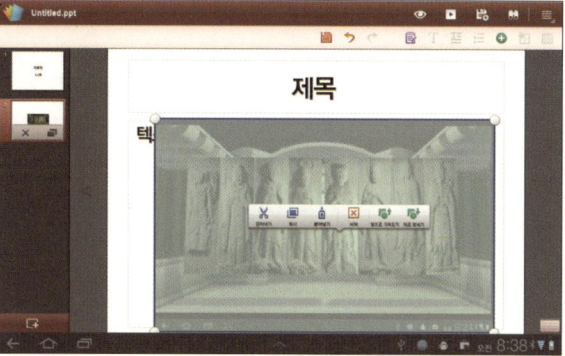

07 ›› 문서 작업이 완료되었으면 🖫 버튼을 눌러 슬라이드를 저장합니다. 🖐 버튼을 눌러 메인화면으로 이동한 다음 [Web Storage] 아이콘을 누르고 등록한 계정을 누릅니다.

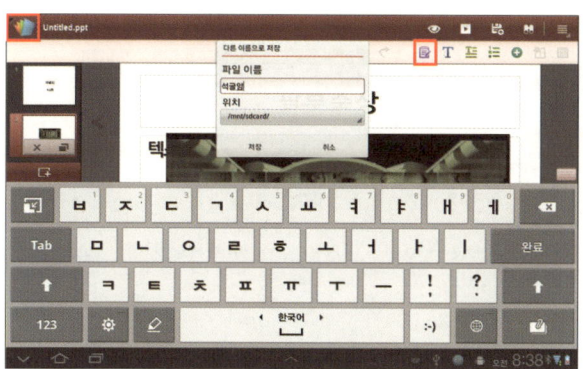 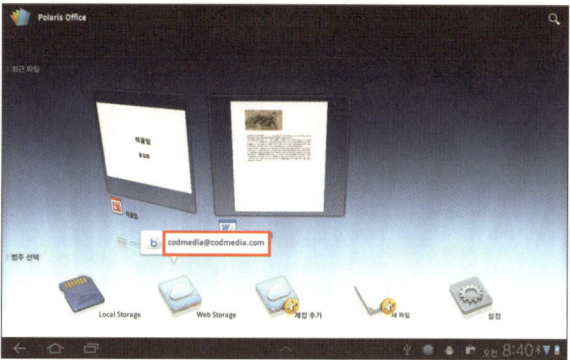

08 ›› 자료를 업로드하기 위해서 ☰ 버튼을 누른 다음 [업로드/다운로드]를 선택합니다. 왼쪽 목록에서 전송할 파일을 선택한 다음 ▷ 버튼을 눌러 웹 공간에 데이터를 전송합니다.

 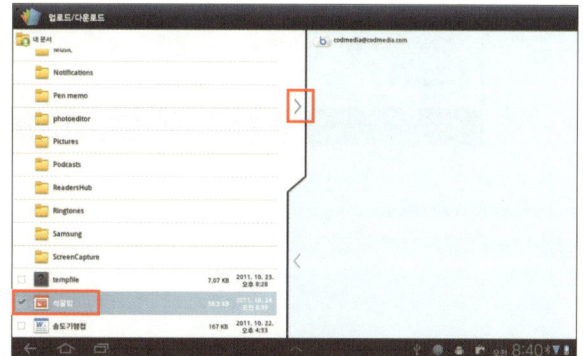

PC에서 [box] 홈페이지(http://www.box.net)에 접속하면 전송한 데이터를 확인할 수 있습니다.

섹션 15 섹션 16 섹션 17 섹션 18 섹션 19 섹션 20 섹션 21 **섹션 22**

Section 22

학습에 도움이 되는 애플리케이션 학습하기

갤럭시탭은 [구글 마켓]과 [삼성 Apps]를 이용하여 다양한 애플리케이션을 설치해서 사용할 수 있습니다. 여기서는 각 마켓을 사용하는 방법과 학습에 도움되는 앱에 대해서 배워보겠습니다.

[구글 마켓]으로 [한컴 뷰어] 설치하기

Step 01

이런 기능들이 사용됐어요. ➜ 마켓, 한컴 뷰어

01 ›› [마켓]을 실행한 다음 검색창에 'hwp'를 입력해 'hwp'에 관련된 앱들을 검색합니다.

02 ›› [한컴오피스 한글 뷰어 안드로이드 에디션] 목록을 눌러 앱 정보를 확인합니다. [다운로드] 버튼을 눌러 프로그램을 설치합니다.

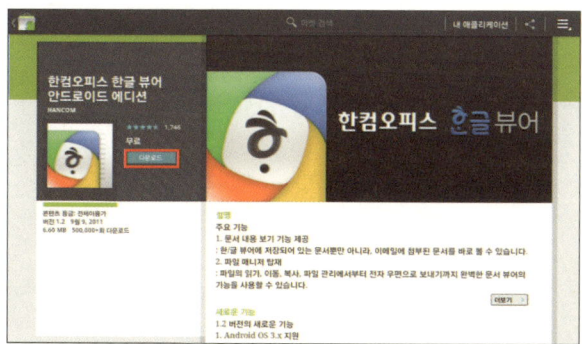

> 유료 앱은 신용카드로 결재하여 구매합니다.

03 ›› [다운로드 및 액세스 허용] 창에서 [확인] 버튼을 눌러 프로그램을 설치합니다.

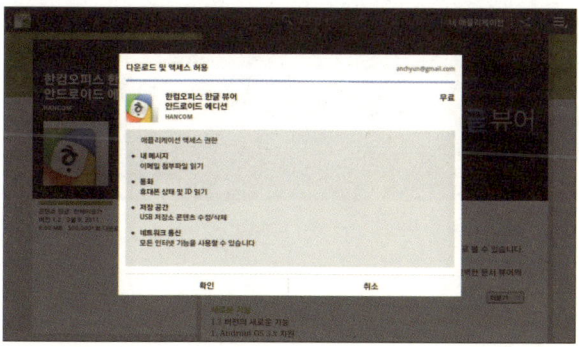

04 ›› 프로그램 설치가 정상적으로 이루어지면 [열기] 버튼이 표시됩니다. [열기] 버튼을 누르거나 [애플리케이션]에서 [한컴뷰어] 아이콘을 눌러 프로그램을 실행할 수 있습니다.

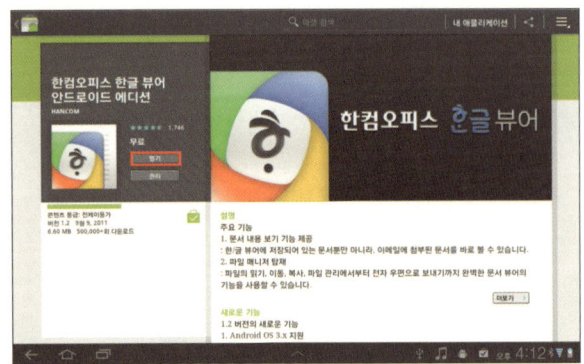

05 ›› 갤럭시탭을 PC와 연결한 다음 [Windows 탐색기]에서 갤럭시탭 폴더에 접속한 후 적당한 폴더에 한글 문서를 복사해 둡니다.

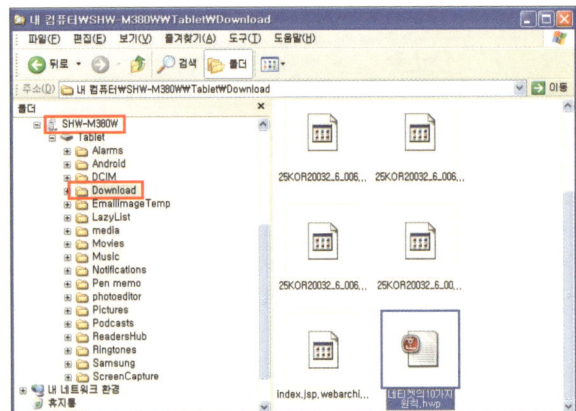

06 ›› [한컴 뷰어]를 실행합니다. 한글 문서를 저장해둔 폴더로 이동한 후 열고 싶은 한글 문서를 누릅니다.

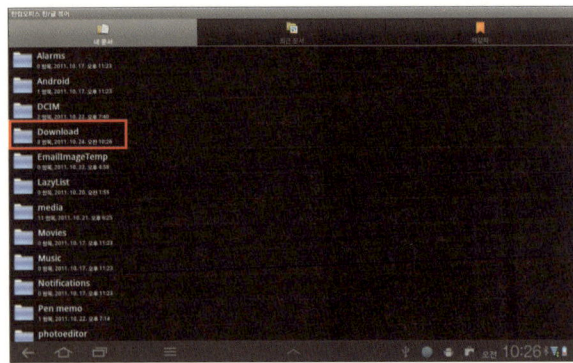 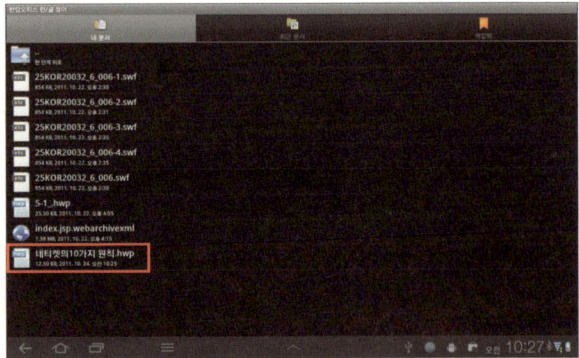

07 ›› 한글 문서가 열리면 손가락으로 드래그해서 페이지를 이동하며 내용을 확인합니다.

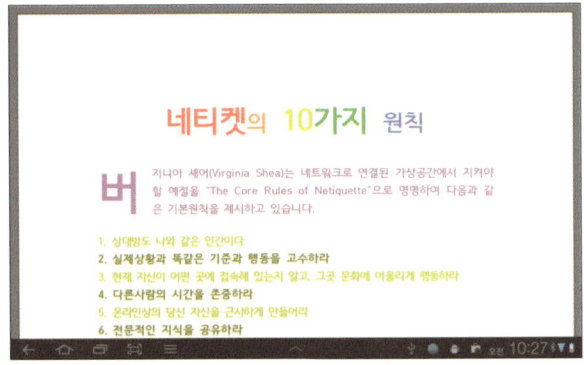

[삼성 Apps]로 애플리케이션 설치하기 Step 02

이런 기능들이 사용됐어요 ➔ 삼성 Apps, 국립중앙박물관

01 ›› [애플리케이션]에서 ⚙ [환경설정]을 실행한 다음 [애플리케이션]의 [알 수 없는 소스] 항목을 눌러 체크합니다.

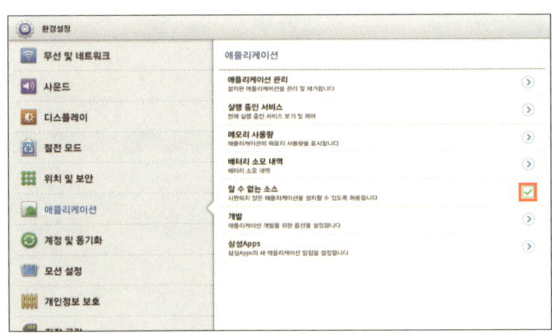

[알 수 없는 소스] 항목을 체크해야만 [삼성 Apps]의 프로그램을 설치할 수 있습니다.

02 ›› [삼성 Apps]를 실행한 다음 ☰ 버튼을 눌러 [로그인]을 선택합니다.

03 ≫ [로그인] 창이 열리면 [회원 가입] 버튼을 눌러 회원에 가입한 후 이메일과 비밀번호를 입력해 로그인합니다.

04 ≫ [추천] 탭을 누르면 [삼성 Apps]에서 추천하는 앱들을 볼 수 있고 [Top] 탭을 누르면 다운로드 횟수가 높은 인기 앱을 유료와 무료로 구분하여 볼 수 있습니다.

05 ≫ [카테고리] 탭을 누르면 장르별로 앱들을 검색할 수 있습니다. 여기서는 [교육/E-Book]을 누른 다음 [국립중앙박물관 코어] 앱을 선택해 보겠습니다.

06 ›› 앱에 대한 소개 페이지가 나타납니다. [내려받기] 버튼을 눌러 설치를 진행합니다.

07 ›› 패키지 설치를 시작하겠다는 메시지가 나타나면 [설치] 버튼을 눌러 설치를 진행합니다. 설치가 완료되면 [열기] 버튼을 누르거나, [애플리케이션]에서 ▦ [국립중앙박물관] 아이콘을 눌러 실행합니다.

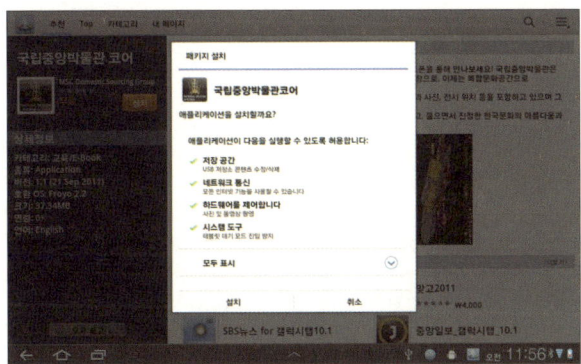 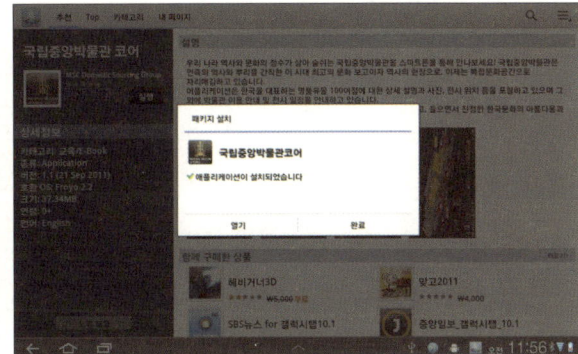

08 ›› 프로그램을 실행하면 안내 페이지가 나타납니다. [명품유물] 아이콘을 누르면 유물 목록을 볼 수 있습니다. 이미지를 좌우로 드래그해서 보고 싶은 유물을 검색합니다.

09 ›› 유물을 선택하면 자세한 설명을 볼 수 있습니다.

설치한 앱 확인하고 삭제하기

Step 03

이런 기능들이 사용됐어요 ➜ 애플리케이션

01 ›› 홈 화면에서 [애플리케이션]을 누르면 [마켓] 또는 [삼성 Apps]에서 설치했던 앱들을 볼 수 있습니다. [내 애플리케이션] 탭을 누르면 개인이 직접 설치한 앱만 따로 볼 수 있습니다.

02 ›› 앱을 삭제하려면 삭제할 앱을 길게 눌러 편집 모드로 변경합니다. 이 상태에서 앱을 우측 상단에 위치해 있는 [제거]로 드래그하면 앱이 삭제됩니다.

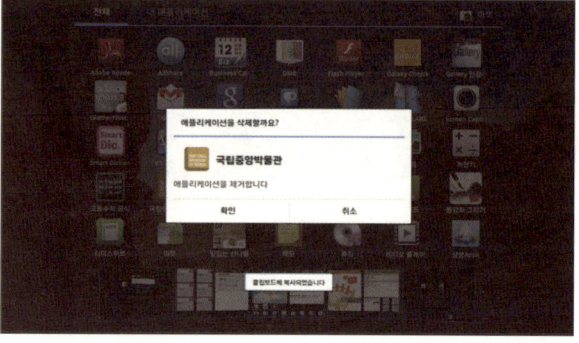

상식 및 예절 관련 앱

Step 04

이런 기능들이 사용됐어요 ➜ 마켓

[식사 매너 배우기]

식사 매너를 알려주는 앱으로 [구글 마켓]에서 '식사 매너 배우기'라고 검색해서 무료로 설치할 수 있습니다. 서양식, 한식, 일식, 중식 별로 식사를 할 때 지켜야 할 에티켓을 소개합니다.

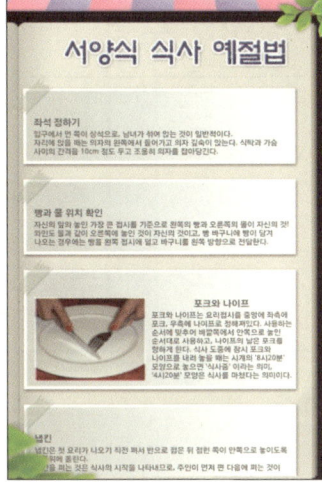
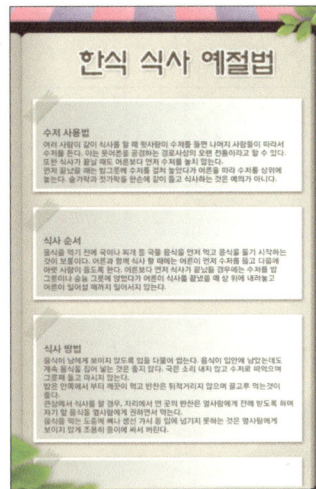

글로벌 에티켓의 달인

인사, 여행, 교통 수단, 식사, 공연 등의 상황에 따라 지켜야 할 예절을 알려주는 앱으로 [구글 마켓]에서 '글로벌 에티켓의 달인'라고 검색해서 무료로 설치할 수 있습니다. 특히 나라별 차이점 코너를 마련하여 나라별 예절의 차이도 알 수 있습니다.

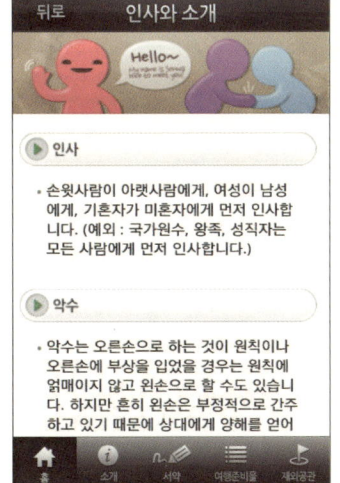

알쏭달쏭 초성 퀴즈

초성을 알려주고 두 가지 팁을 이용하여 단어를 맞추는 앱으로 [구글 마켓]에서 '초성 퀴즈'라고 검색해서 무료로 설치할 수 있습니다. 퀴즈는 6가지 테마로 분류되어 있으며, 각 테마별로 퀴즈를 풀면서 학습 효과를 얻을 수 있는 유익한 앱입니다.

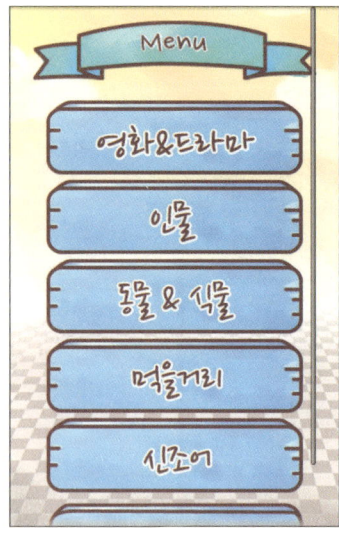

응급상황 대처방법

응급상황에 대한 정보를 알려주는 앱으로 [구글 마켓]에서 '응급상황 대처방법'이라고 검색해서 무료로 설치할 수 있습니다. 심폐소생법, 여러 가지 상황에 따른 안전 정보 및 AED 기기 사용법까지 자세히 알려줍니다.

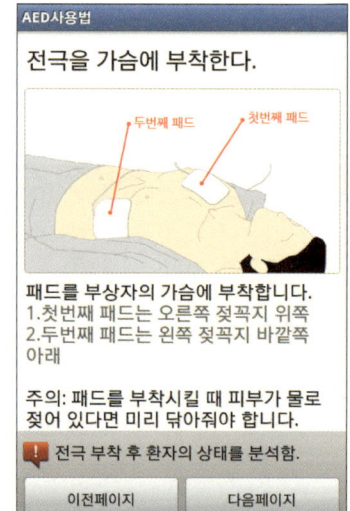
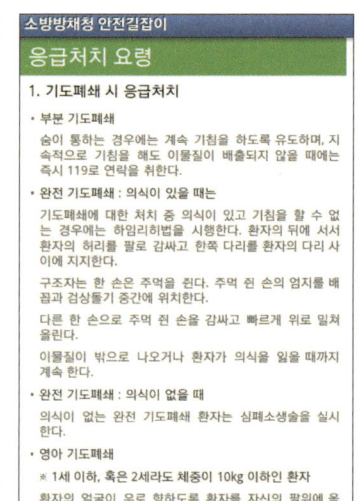

🖼 신라 역사 여행

신라 역사에 대한 정보를 알려주는 앱으로 [구글 마켓]에서 '신라 역사 여행'라고 검색해서 무료로 설치할 수 있습니다. 앱을 실행하면 신라 유적지 목록을 보여 주는데 이곳에서 보고 싶은 유적을 누르면 동영상, 사진, 지도 등을 이용하여 자세한 정보를 배울 수 있습니다.

영어 학습 관련 앱

Step 05

이런 기능들이 사용됐어요 ➜ 마켓, 삼성 Apps

🖼 Benny The Cat

영어로 배우는 애니메이션 앱으로 [삼성 Apps]에서 'Benny The Cat'으로 검색해서 무료로 설치할 수 있습니다. 각 장면마다 터치하여 재미있는 애니메이션을 볼 수 있으며 영어를 직접 녹음하고 들어볼 수 있습니다.

 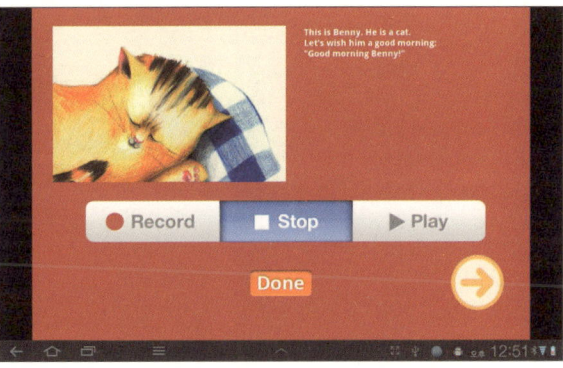

영어단어장

영어 단어 학습 앱으로 [삼성 Apps]에서 '영어단어장' 이라고 검색해서 무료로 설치할 수 있습니다. 난이도별로 총 6단계의 단어로 구분되며 나타난 영어 단어를 암기하며 학습합니다. 아는 단어의 [암기완료] 버튼을 누르면 해당 단어들이 [외운단어] 메뉴에 정리되어 있는 것을 확인할 수 있습니다.

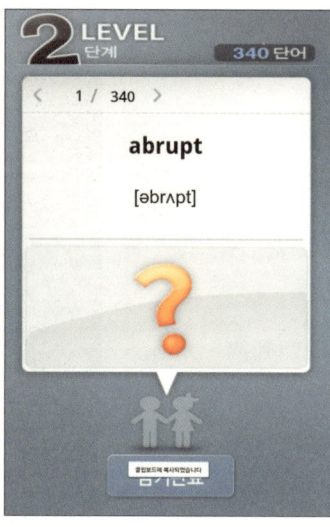
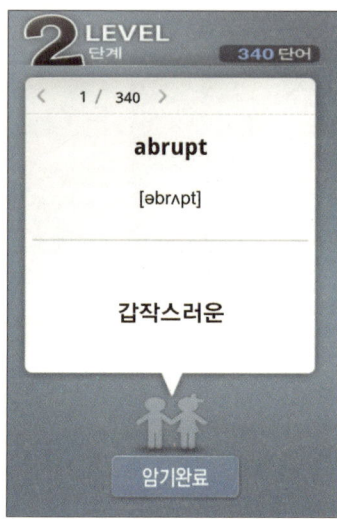

영어 명언

영어로 명언을 배우는 앱으로 [삼성 Apps]에서 '영어 명언' 이라고 검색해서 무료로 설치할 수 있습니다. 하루에 하나의 명언만 볼 수 있지만 [테마보기] 버튼을 눌러 테마별로 보고 싶은 명언을 선택해서 볼 수 있으며 [전송하기] 버튼을 눌러 친구에게 명언을 메일로 보낼 수도 있습니다.

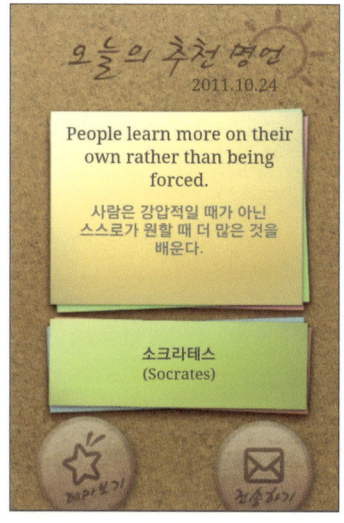
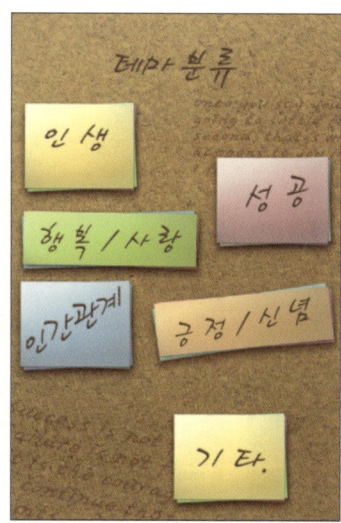
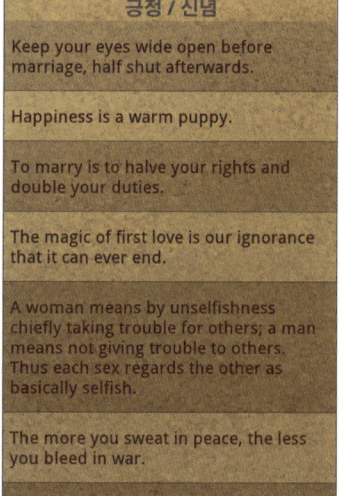

iWord

영어 단어 학습 앱으로 [구글 마켓]에서 'iword' 라고 검색해서 무료로 설치할 수 있습니다. 먼저 영어 단어를 보여주는데 이 단어를 보고 뜻을 생각한 후 재생 버튼을 누르면 뜻과 음성을 들려줍니다.

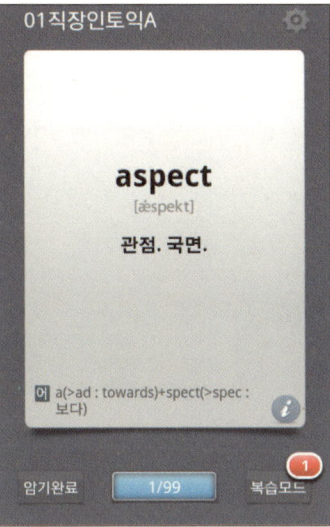

수학 학습 관련 앱

Step 06

이런 기능들이 사용됐어요 ➜ 마켓, 삼성 Apps

수학 천재 트레이너

게임을 통해 산술을 학습할 수 있는 앱으로 [구글 마켓]에서 '수학 천재 트레이너' 라고 검색해서 무료로 설치할 수 있습니다. 앱을 실행하면 왼쪽 하단에 숫자가 나타납니다. 지정된 시간 안에 제시된 숫자가 나오도록 위의 숫자 버튼을 조합해서 맞추는 게임입니다.

🧸 어린이를 위한 수학 교육

게임을 통해 산술 능력을 키울 수 있는 앱으로 [구글 마켓]에서 '어린이를 위한 수학 교육' 이라고 검색해서 무료로 설치할 수 있습니다. 앱을 실행하면 다양한 형태의 문제가 제시되며 보기에서 알맞은 답을 눌러서 맞추는 게임입니다.

📋 고등수학 공식

수학 공식을 알려주는 앱으로 [삼성 Apps]에서 '고등수학 공식' 이라고 검색해서 무료로 설치할 수 있습니다. 수학 공식이 간략하게 요약되어 있어 복습하기에 적합합니다.

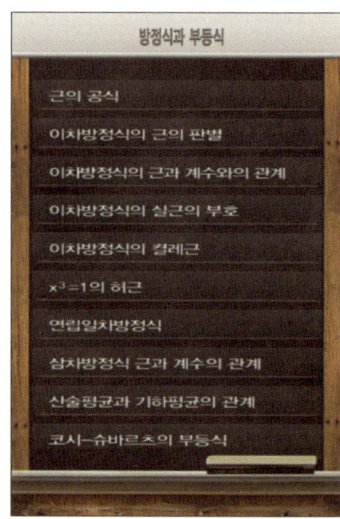
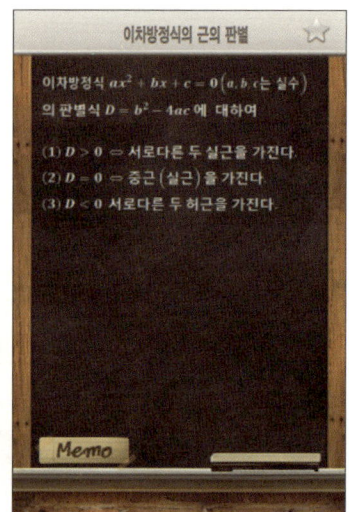

과학 학습 관련 앱

Step 07

이런 기능들이 사용됐어요 ➔ 삼성 Apps

야생 식물도감

식물 정보를 알려주는 앱으로 [삼성 Apps]에서 '야생식물도감' 이라고 검색해서 무료로 설치할 수 있습니다. 야생 식물에 대한 다양한 정보를 볼 수 있으며 자신의 생일에 해당하는 탄생화도 알아볼 수 있습니다.

Star Chart Solar

별자리 정보를 알려주는 앱으로 [삼성 Apps]에서 'Star Chart Solar' 라고 검색해서 무료로 설치할 수 있습니다. 위치 추적 기능을 이용하여 갤럭시탭이 향해 있는 곳의 별자리 정보를 볼 수 있고, 해당 행성을 눌러 행성 정보도 볼 수 있습니다.

 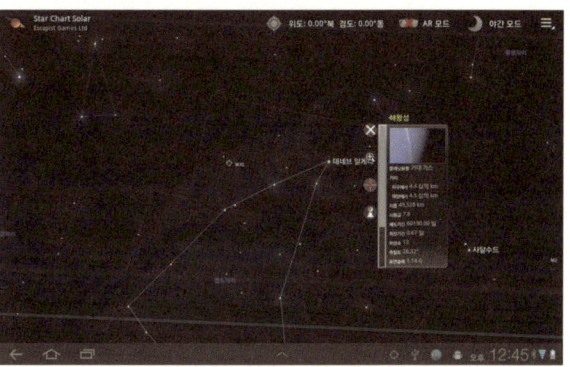

2011 Hi Dino

공룡 정보를 알려주는 앱으로 [삼성 Apps]에서 '2011 hi dino' 라고 검색해서 무료로 설치할 수 있습니다. 다양한 공룡 사진을 볼 수 있으며 공룡 시대별 정보도 볼 수 있습니다.

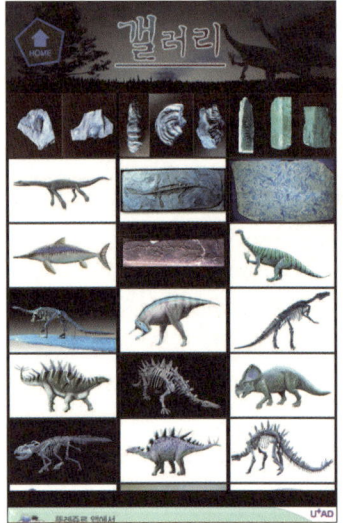 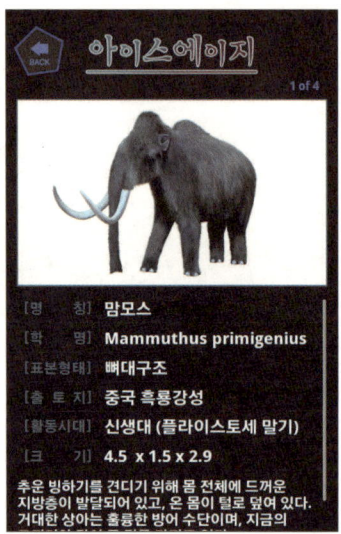

미술, 음악, 건강 관련 앱

Step 08

이런 기능들이 사용됐어요 ➜ 삼성 Apps

Hello Crayon

크래용 그림을 그릴 수 있는 앱으로 [삼성 Apps]에서 'HelloCrayon' 이라고 검색해서 무료로 설치할 수 있습니다. 오른쪽 상단의 아이콘을 누르면 나타나는 메뉴를 이용하여 크래용 종류를 선택해서 그림을 그릴 수 있고 [SAVE] 버튼을 눌러 작업한 그림을 이미지로 저장할 수 있습니다.

Gallery 인상주의

인상주의 화가의 정보를 볼 수 있는 앱으로 [삼성 Apps]에서 'gallery 인상주의'라고 검색해서 무료로 설치할 수 있습니다. 고흐, 모네, 르느와르의 작품 및 인상주의 미술에 대한 설명도 볼 수 있습니다.

Glamor Fitness

건강을 위해 트레이닝을 할 수 있는 앱으로 [삼성 Apps]에서 'glamor fitness'라고 검색해서 무료로 설치할 수 있습니다. 부위별로 학습이 분류되어 있으며 각 학습은 동영상과 음성을 자세한 설명을 들으면서 직접 따라하며 배울 수 있습니다.

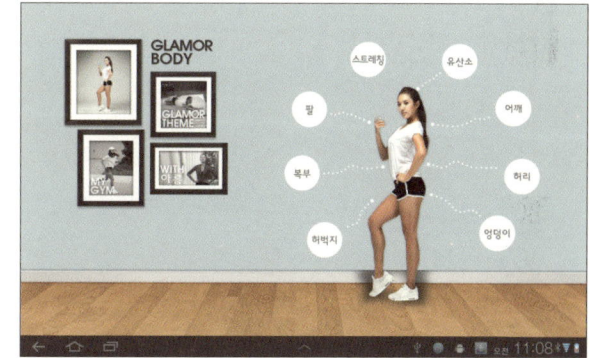

My Piano

피아노 연주 앱으로 [구글 마켓]에서 'my piano'라고 검색해서 무료로 설치할 수 있습니다. 기본 건반 연주뿐만 아니라 샘플러 녹음도 가능합니다. 샘플러 녹음을 하면 녹음된 소리를 이용한 연주도 할 수 있습니다.

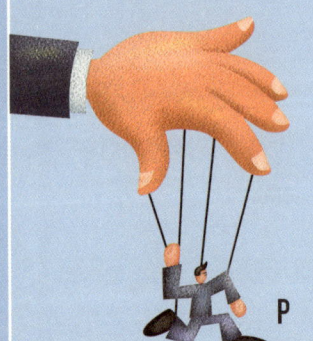

P C   E f f i c i e n c y

Chapter 03

업무에 필요한
PC 활용 가이드

휴대성을 이용하여 보다 능동적인 수업을 할 수 있도록 도와주는 태블릿 PC에 PC를 함께 이용하면 보다 효과적인 수업 관리를 할 수 있습니다. 여기서는 PC를 이용하여 태블릿 PC와 자료를 연동하여 수업에 이용하는 방법과 다양한 응용 프로그램을 이용하여 홈페이지 제작, 애니메이션 제작, 클라우드 활용하는 방법에 대해서 알아보겠습니다.

학생들과 정보 공유하기

상대방과 대화를 나눌 수 있는 소셜 네트워크 서비스를 이용하면 멀리 떨어져 있는 곳에서도 대화를 나눌 수 있고 실시간으로 정보를 주고받을 수 있습니다. 여기서는 대표적인 SNS 서비스인 페이스북과 대화를 나눌 수 있도록 해주는 구글 토크를 이용하여 정보를 공유하는 방법에 대해서 알아보겠습니다.

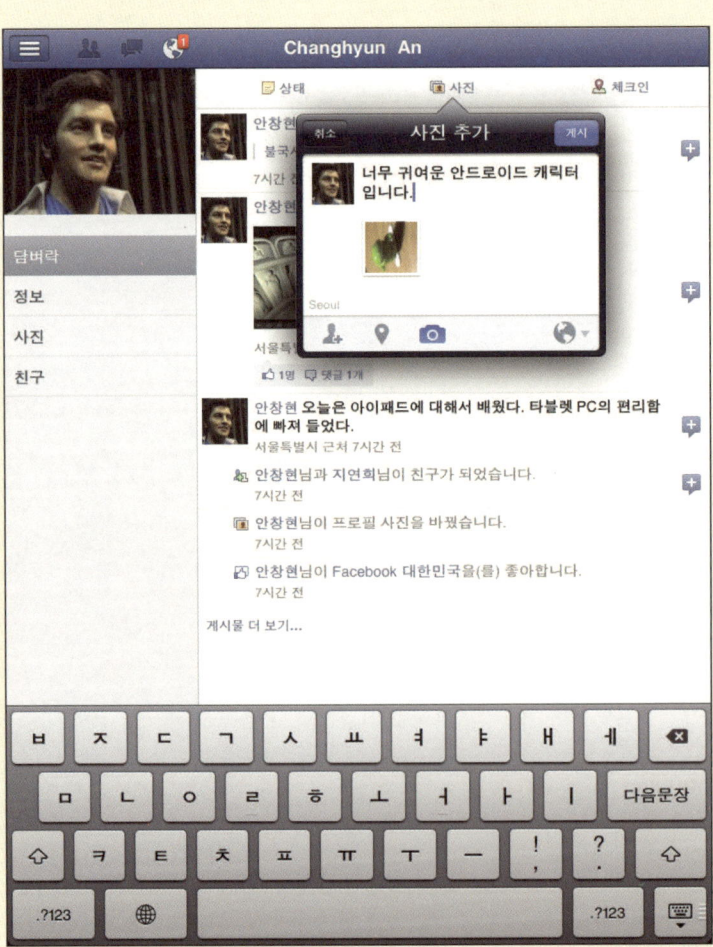

페이스북으로 자료 공유하기

Step 01

이런 기능들이 사용됐어요. ➡ facebook

01 ›› [페이스북] 홈페이지(http://www.facebook.com)에 접속한 다음 가입하기의 안내에 맞게 내용을 입력해서 회원가입을 합니다. 회원가입 후 이메일과 비밀번호를 입력해서 로그인합니다.

02 ›› 상단의 검색창에 친구로 등록할 학생의 이메일 주소를 입력해서 검색할 수 있습니다.

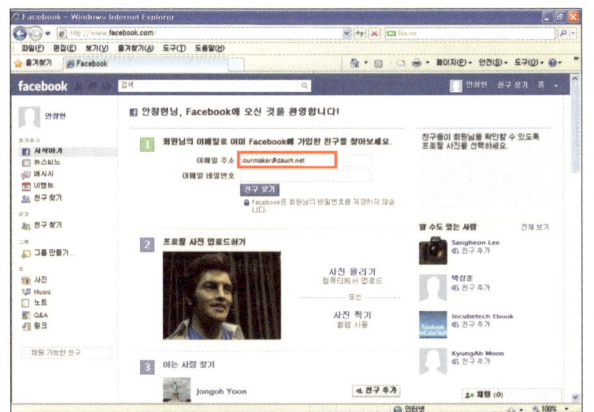 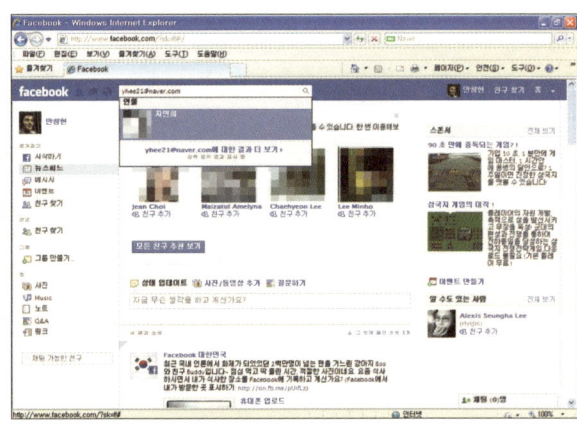

페이스북은 아이디로 신청한 이메일의 주소록 정보를 이용하여 자동으로 친구를 검색해 줍니다.

03 ›› 학생 목록을 누르면 학생 페이스북에 접속할 수 있습니다. 가입하려는 학생이 맞는지 확인한 후 [친구 추가] 버튼을 눌러 친구로 등록합니다.

04 ›› [홈] 메뉴를 눌러 자신의 페이스북으로 이동합니다. [담벼락] 메뉴를 클릭한 다음 글상자에 글을 입력하고 [게시] 버튼을 클릭하여 글을 올릴 수 있습니다.

05 ›› 사진이 있는 게시물을 올리려면 [사진/동영상 추가]를 클릭한 다음 [찾아보기] 버튼을 클릭해서 이미지 또는 동영상을 선택하고 글상자에 글을 입력한 후 [게시] 버튼을 클릭합니다.

06 ›› 게시물이 등록됩니다. 친구의 페이스북에도 게시물이 동일하게 나타나며 댓글을 남기면 게시물 밑에 댓글이 표시됩니다.

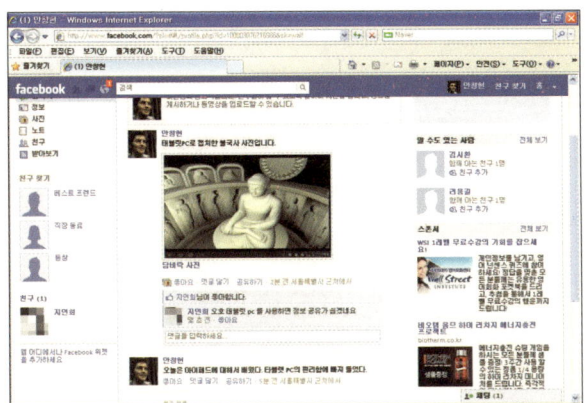

07 ›› 왼쪽 메뉴에서 [노트] 메뉴를 클릭한 다음 장문의 글을 입력해서 등록할 수 있습니다.

> 수업 자료를 등록할 때 편리합니다.

08 ›› 게시물에 표시되는 버튼을 클릭해서 게시물이 보이게 할 대상을 지정할 수 있습니다.

> 사용자 지정을 이용하여 학생들을 별도의 그룹으로 만들어두면 학생들에게만 게시물이 보이도록 설정할 수 있습니다.

251

태블릿 PC로 페이스북 사용하기

Step 02

이런 기능들이 사용됐어요. ➔ 아이패드, facebook

01 ››   아이패드의 🟦 [App Store]에서 'facebook'이라고 검색해서 프로그램을 무료로 설치할 수 있습니다. 프로그램을 실행한 후 로그인을 하면 페이스북이 열립니다.

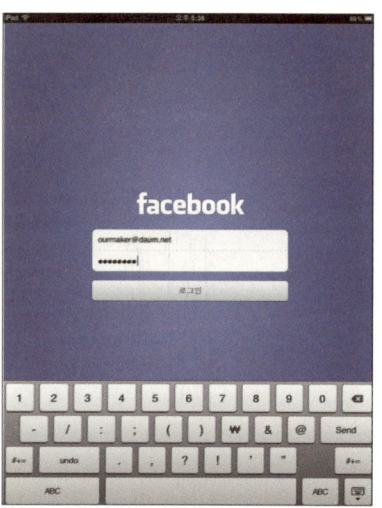 

02 ››   화면 상단에 위치해 있는 ☰ 버튼을 누르면 왼쪽에 메뉴가 나타납니다. 이곳에서 [담벼락]을 누르면 등록한 게시물을 볼 수 있고 [노트]를 누르면 작성한 노트를 볼 수 있습니다.

 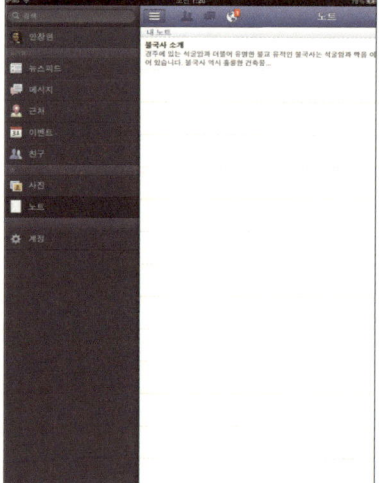

03 ›› [담벼락]에서 [사진]을 누른 다음 [사진 또는 동영상 촬영]을 누르고 아이패드의 카메라를 이용하여 사진 또는 동영상을 촬영할 수 있습니다.

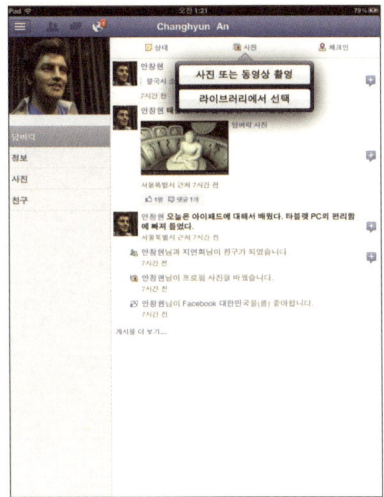 

04 ›› 사진을 촬영한 후 글을 입력하고 [게시] 버튼을 누르면 게시물이 등록됩니다.

 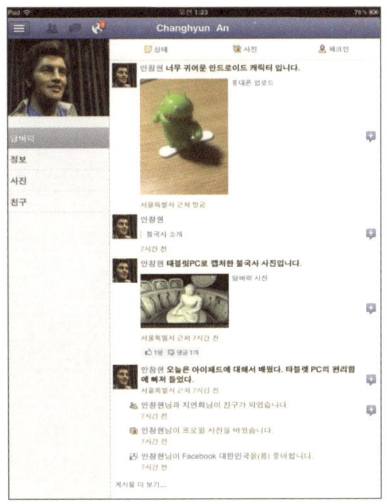

구글 토크로 학생과 일대일 상담하기

Step 03

이런 기능들이 사용됐어요. ➔ 구글 토크, 갤럭시탭

01 ›› 구글 토크 홈페이지(http://www.google.co.kr/talk)에 접속한 다음 [Google 토크 다운로드]와 [영상 채팅 플러그인 설치] 버튼을 차례대로 클릭해 프로그램을 설치합니다. 설치가 완료되면 [Google 토크]를 실행한 후 구글 계정으로 로그인합니다.

02 ›› [추가] 버튼을 누릅니다. 친구로 등록할 사람의 이메일 주소를 입력한 후 [다음] 버튼을 클릭합니다. 상대방이 친구 등록을 수락하면 친구로 등록됩니다.

03 ›› 친구로 등록되었으면 친구 목록을 클릭하면 나타나는 창을 이용하여 대화를 나눌 수 있습니다.

👉 [호출] 버튼을 누르면 마이크를 이용하여 음성 통화를 할 수 있습니다. 이때 PC에 마이크와 사운드 설정이 정상적으로 설정되어 있어야만 사용이 가능합니다.

04 ›› 갤럭시탭에는 🔘 [Talk] 프로그램이 내장되어 있습니다. 구글 계정으로 로그인한 후 대화할 친구를 누르고 글상자에 글을 입력하여 대화를 나눌 수 있습니다.

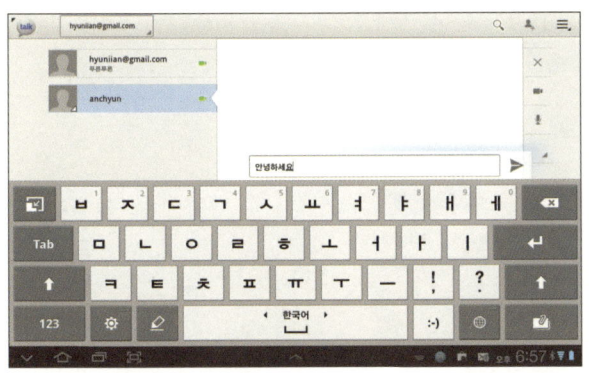

👉 아이패드는 정식 [Talk] 앱이 없으므로 [App Store]의 검색창에서 'google talk'라고 검색해서 [Vtok]과 같이 [Talk] 기능을 제공하는 앱을 다운받아 이용합니다.

05 ›› 학생 이름 목록에 있는 🎥 버튼을 누르면 상대방과 화상 통화를 할 수 있습니다. 학생들과 일대일 상담할 때 효과적인 기능입니다.

👉 🎤 버튼을 누르면 음성 통화를 할 수 있습니다.

Section

24

구글 문서도구로
수업 자료 작성하기

구글의 문서도구를 이용하면 별도의 프로그램을 이용하지 않아도 워드, 프리젠테이션, 스프레드
시트 문서를 작성할 수 있으며 학생들과 바로 공유도 할 수 있습니다. 구글의 문서도구를 수업
자료로 활용하는 방법에 대해서 알아보겠습니다.

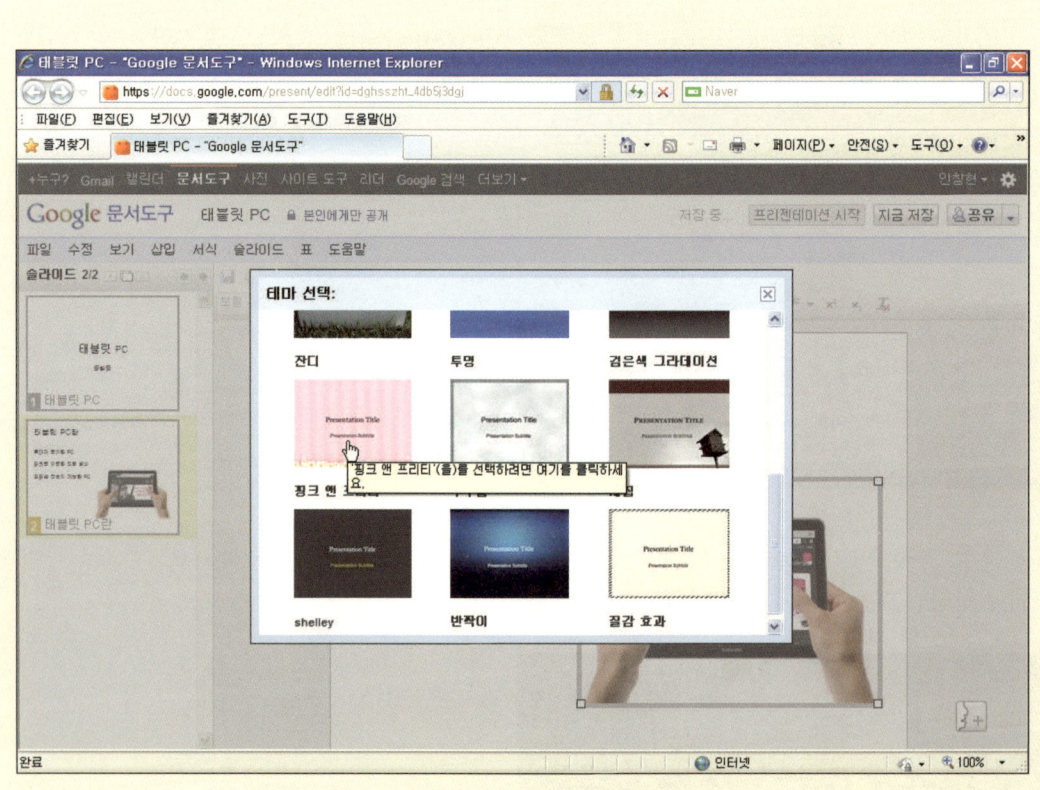

구글 문서도구로 문서 작성하기   Step 01

이런 기능들이 사용됐어요. ➡ 문서도구

01 ›› [Google] 홈페이지에 접속한 다음 로그인하고 [더보기]–[문서도구]를 클릭합니다.

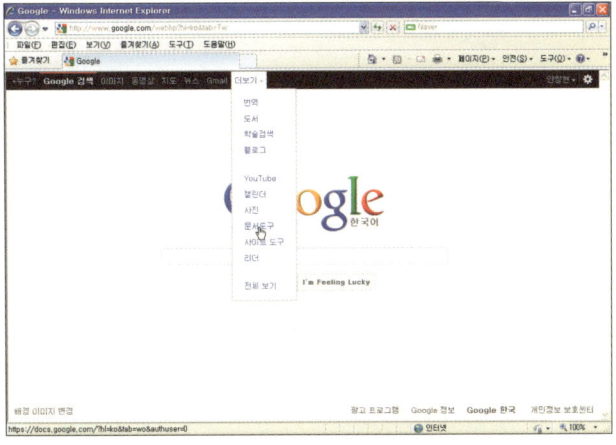

02 ›› [만들기] 버튼을 클릭한 다음 [문서]를 클릭합니다.

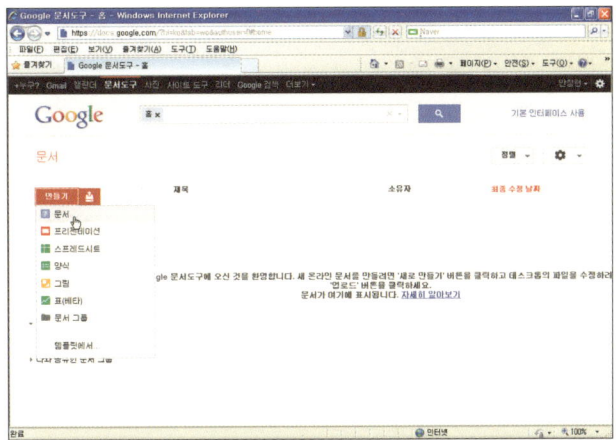

03 ›› '제목 없음'을 클릭한 다음 새 문서의 이름을 입력하고 [확인] 버튼을 클릭합니다.

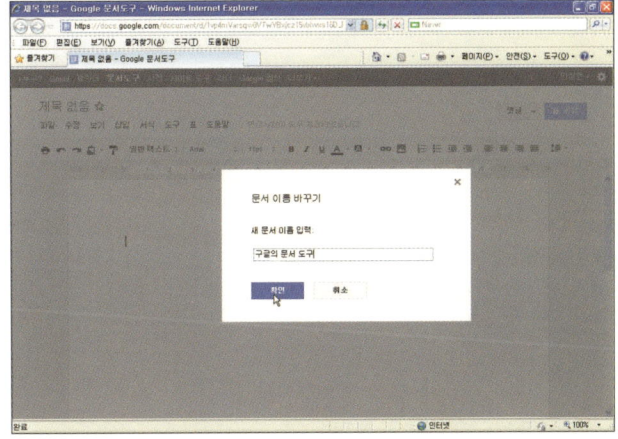

04 ›› 새 문서가 열리면 글을 입력하여 문서를 작성합니다.

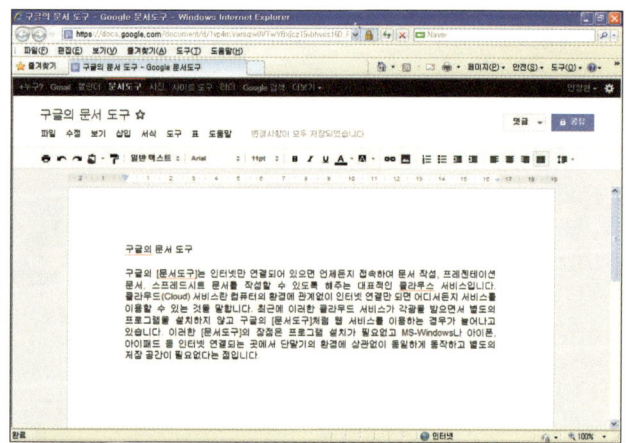

05 ›› 서식 도구를 이용하여 문서를 꾸밉니다.

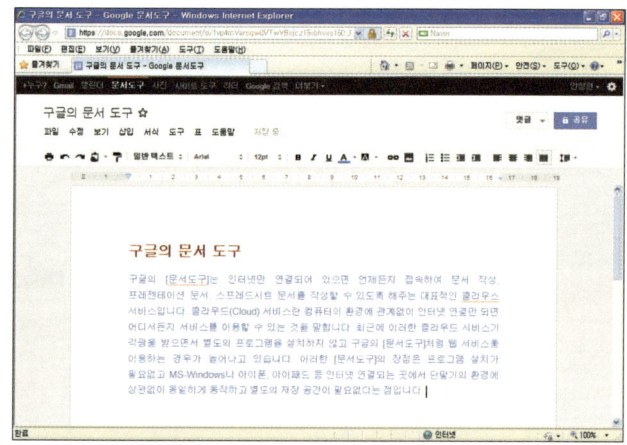

문서는 자동 저장되므로 별도로 저장 명령을 내리지 않아도 됩니다.

문서도구로 발표 자료 만들기

Step 02

이런 기능들이 사용됐어요. ➡ 문서도구

01 ›› [문서도구] 홈페이지에서 [만들기] 버튼을 클릭한 다음 [프리젠테이션]을 클릭합니다.

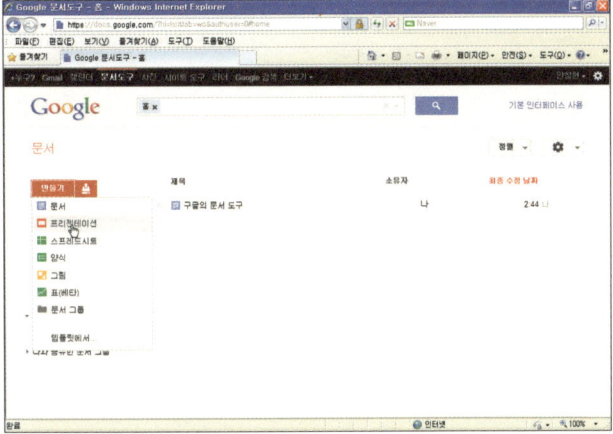

02 ›› 슬라이드가 열리면 각 글상자를 클릭하고 글을 입력하여 슬라이드를 꾸밉니다.

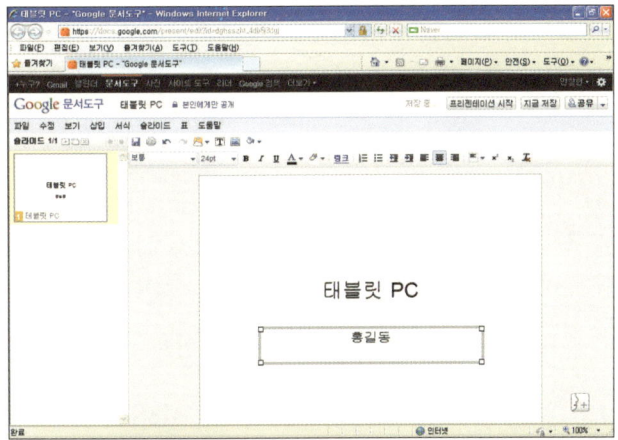

03 ›› 슬라이드 위에 위치해 있는 ⊞ 버튼을 클릭하면 나타나는 [슬라이드 레이아웃 선택하기]에서 추가할 슬라이드 레이아웃을 선택합니다.

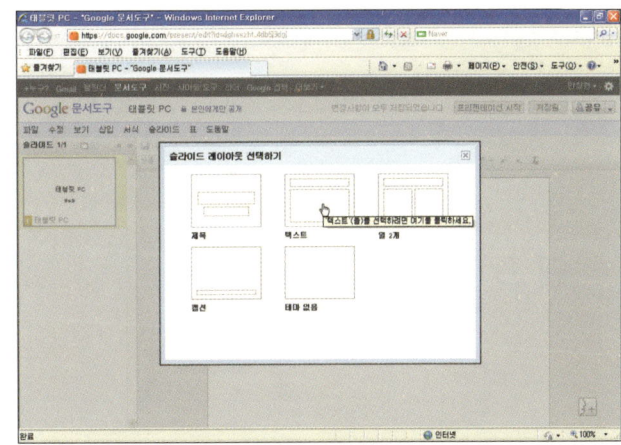

04 ›› 새 슬라이드가 추가되면 같은 방법으로 글상자를 클릭해 문서를 꾸밉니다.

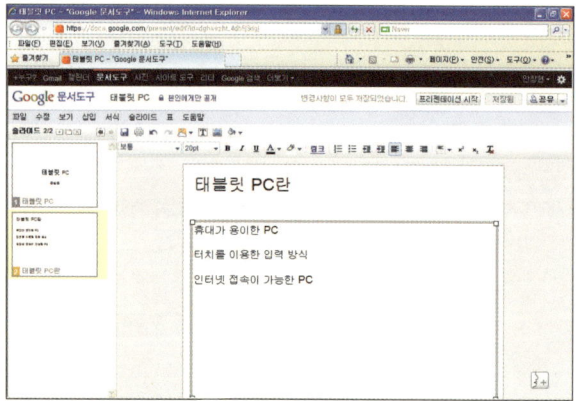

05 ›› 버튼을 클릭하면 나타나는 [이미지 삽입] 창에서 [찾아보기] 버튼을 클릭해 슬라이드에 삽입할 이미지를 선택합니다.

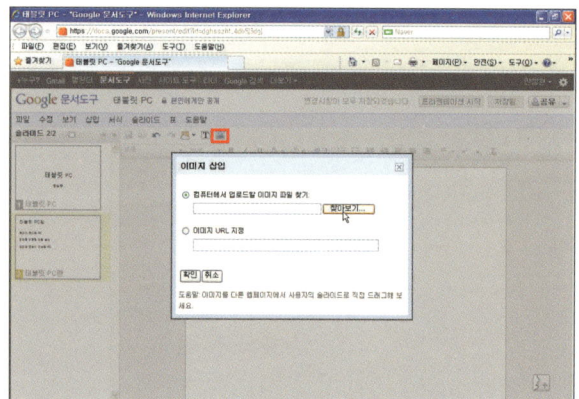
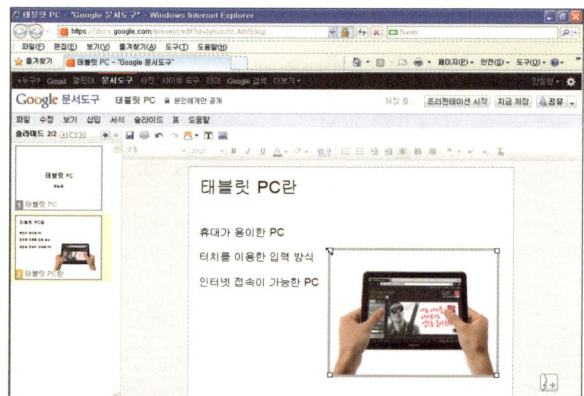

06 ›› [서식] 메뉴에서 [프리젠테이션 설정]-[테마 변경]을 클릭합니다. [테마 선택] 창이 열리면 적용할 서식을 클릭합니다.

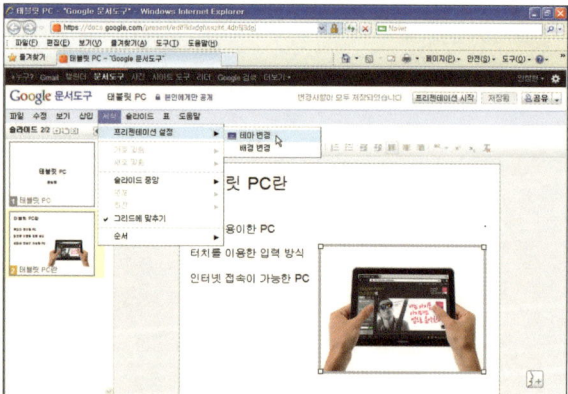
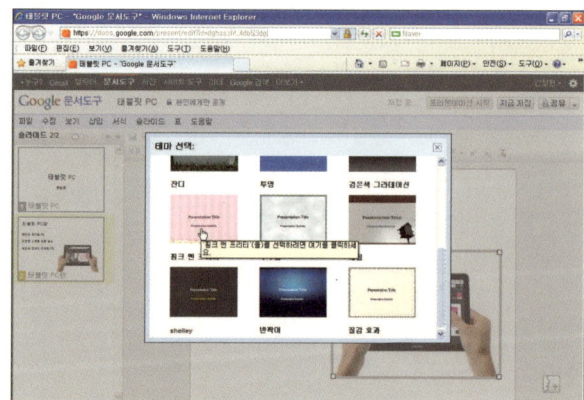

07 ›› [프리젠테이션 시작] 버튼을 클릭하면 전체 화면으로 프리젠테이션이 실행됩니다.

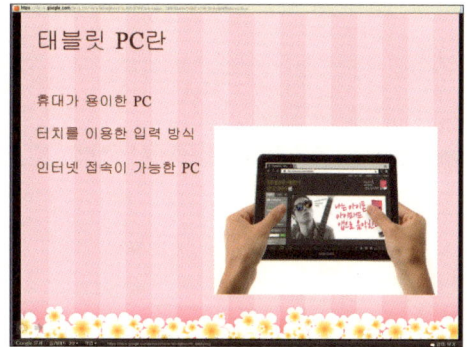

문서도구로 스프레드시트 문서 만들기 Step 03

이런 기능들이 사용됐어요 ➡ 문서도구

01 ›› [문서도구] 홈페이지에서 [만들기] 버튼을 클릭한 다음 [스프레드시트]를 클릭합니다.

02 ›› 제목 부분을 클릭하면 나타나는 창에서 제목을 입력해 이름을 지정한 다음 내용을 입력할 셀을 클릭해 글을 입력합니다.

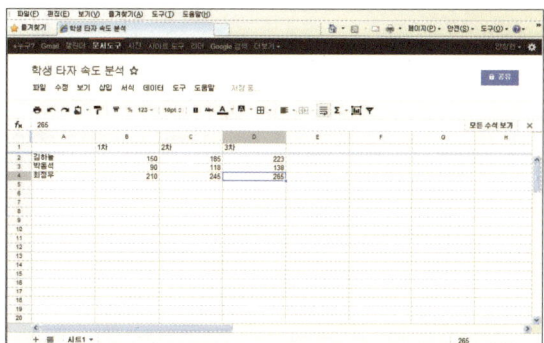

03 >> 평균값을 넣을 셀을 클릭한 다음 Σ 버튼을 클릭하고 [AVERAGE]를 클릭합니다. 그런 다음 평균을 구할 셀을 마우스로 드래그해서 영역을 선택하고 Enter 를 누릅니다.

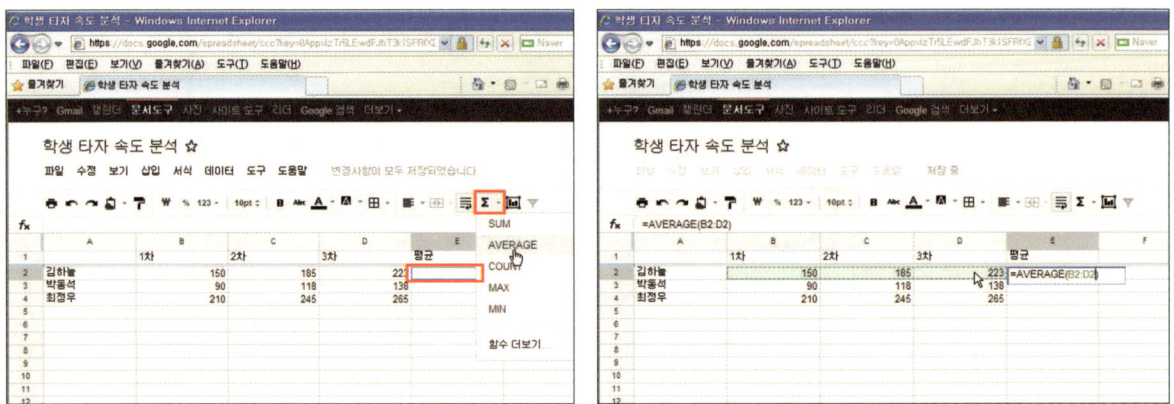

04 >> 평균값이 구해졌으면 셀 오른쪽 모서리에 마우스 포인터를 위치한 다음 커서 모양이 십자 모양이 되었을 때 드래그해서 나머지 셀에도 평균값을 표시합니다.

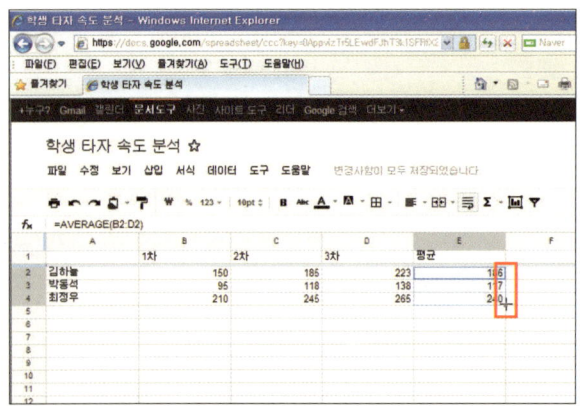

05 >> 차트로 작성할 셀을 마우스로 드래그해서 블록을 설정한 다음 ◪ 버튼을 클릭합니다. [차트 편집기]가 나타나면 사용할 차트 종류를 선택하고 [삽입] 버튼을 클릭합니다.

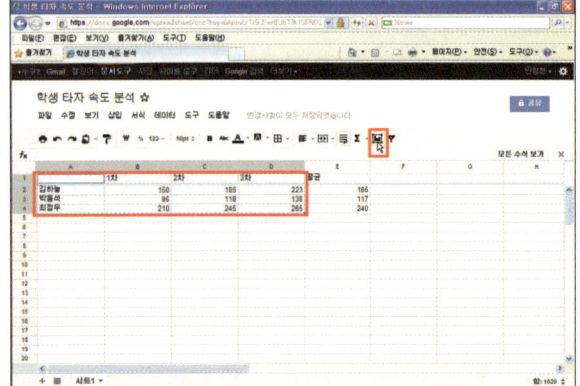
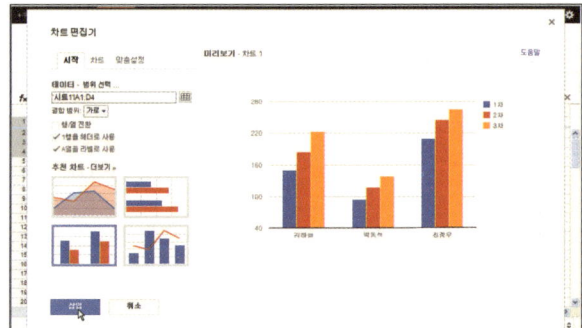

06 ›› 속성을 설정할 영역을 선택하고 ⊞ 버튼을 클릭해 테두리 속성을 지정합니다. 이름 셀은 블록을 설정한 다음 🅰 버튼을 클릭해 셀 배경색을 꾸밉니다.

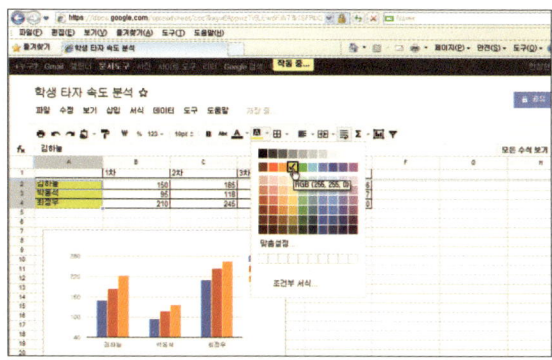

학생들에게 문서 공유하기

Step 04

이런 기능들이 사용됐어요 ➔ 지메일, 문서도구

01 ›› [구글] 홈페이지(http://www.google.co.kr)에서 [Gmail]을 클릭해 [Gmail] 페이지로 이동합니다. [주소록] 메뉴를 클릭한 다음 학생으로 분류하고 싶은 목록을 클릭해서 체크하고 [그룹]-[새 그룹 만들기]를 클릭합니다.

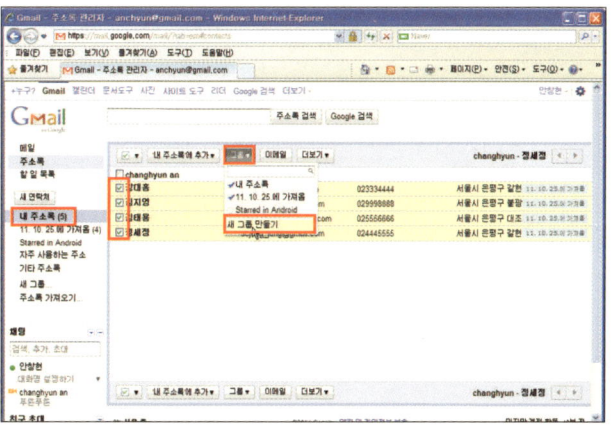

02 ›› 새 그룹 이름을 입력한 다음 [확인] 버튼을 클릭합니다.

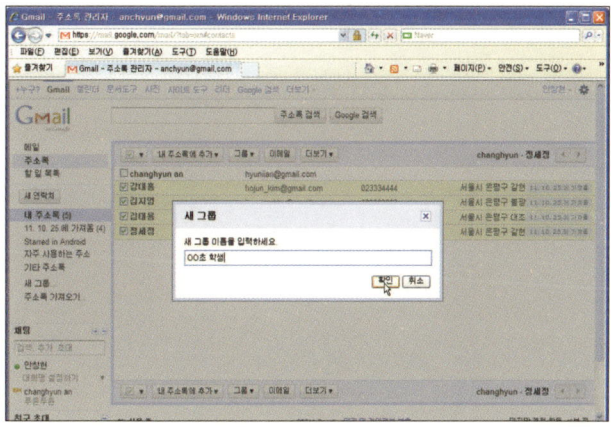

03 >> [문서도구] 메뉴를 클릭해서 문서 페이지로 이동합니다. 공유할 문서를 선택한 다음  버튼을 클릭합니다.

> 문서를 선택한 후 [더보기]-[다운로드]를 클릭하여 선택한 문서를 PC에 저장할 수 있습니다.

04 >> [친구 추가]의 글상자를 클릭하면 나타나는 [연락처 목록에서 선택] 목록을 클릭합니다. [주소록에서 선택] 창에서 그룹으로 지정한 목록을 선택하고 [전체]를 클릭한 후 [설정] 버튼을 클릭합니다. [공유 및 저장] 버튼을 클릭하면 공유가 실행됩니다.

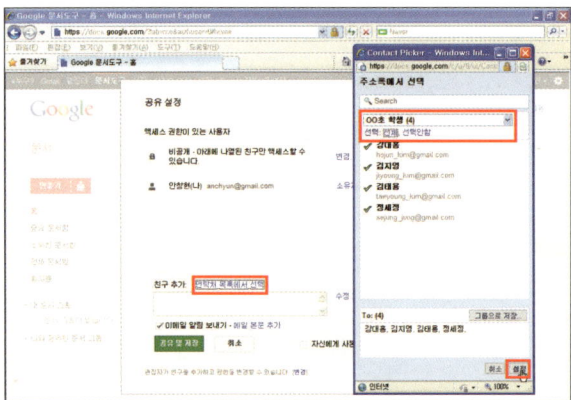

공유 폴더 만들기

이런 기능들이 사용됐어요. ➔ 문서도구

01 ›› [문서도구]에서 [만들기] 버튼을 클릭하고 [문서 그룹]을 클릭합니다.

02 ›› 문서 그룹 이름을 입력한 다음 [확인] 버튼을 클릭합니다.

03 ›› [홈] 메뉴를 클릭한 다음 문서 그룹으로 이동시킬 파일을 클릭해서 체크한 다음 새로 만든 폴더로 드래그합니다.

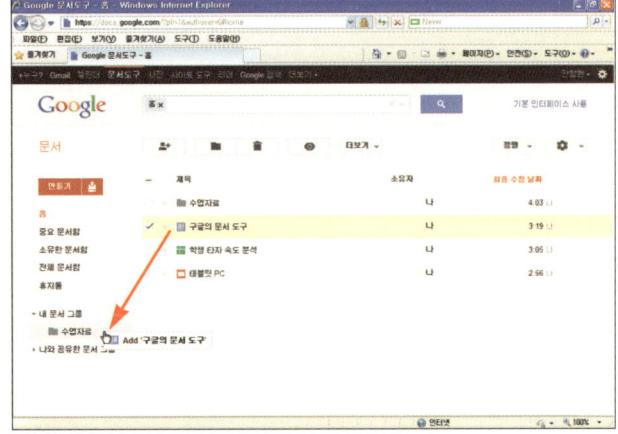

04 ›› '수업자료' 폴더를 선택하고 버튼을 클릭해 공유를 실행합니다.

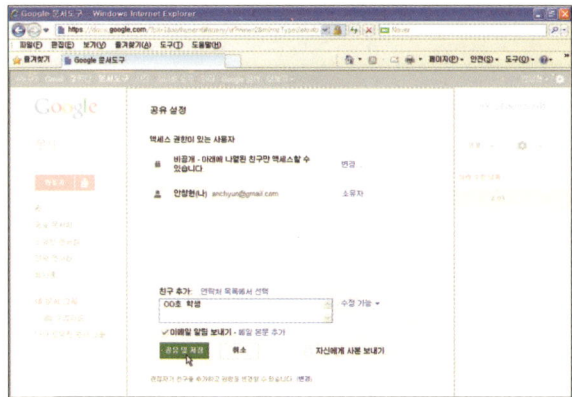

> [내 문서 그룹]에 만든 그룹은 공유한 친구들의 [문서도구]에 동일하게 나타나며 이곳에 등록된 문서를 똑같이 열어볼 수 있습니다.

아이패드로 문서도구 사용하기   Step 06

이런 기능들이 사용됐어요 ➡ 아이패드, 문서도구

01 ›› 아이패드의 [Safari]를 실행해서 [구글 문서도구] 홈페이지(http://docs.google.com)에 접속한 다음 로그인하면 앞에서 작성했던 문서들을 볼 수 있습니다.

> 버튼을 클릭해서 [문서]와 [스프레드시트] 문서를 작성할 수 있습니다.

02 ›› [문서]로 작성한 문서를 선택하면 문서 내용 확인뿐만 아니라 [수정] 버튼을 눌러 내용을 수정할 수도 있습니다.

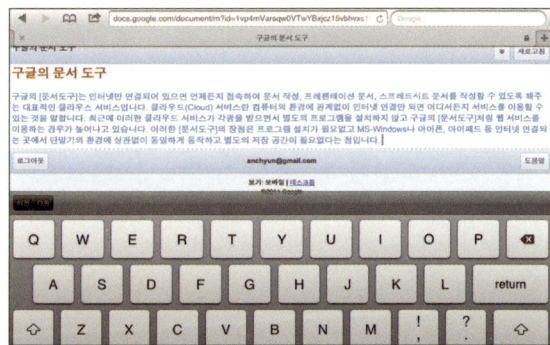

03 〉〉 [스프레드시트]로 작성한 문서를 열면 문서 내용 확인뿐만 아니라 셀을 눌러 내용을 수정할 수도 있습니다.

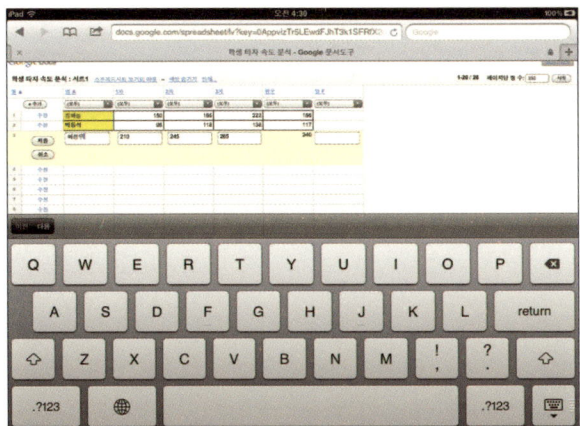

04 〉〉 [프리젠테이션]으로 작성한 문서는 수정을 할 수 없고 내용 확인만 가능합니다.

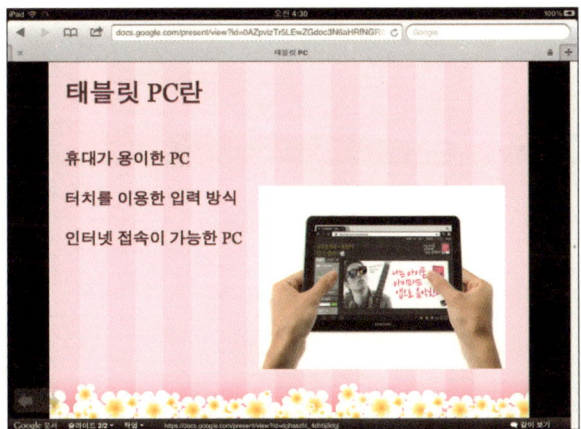

구글 캘린더로 학교 일정 관리하기

구글 캘린더와 태블릿 PC를 효과적을 이용하면 학생의 수업 일정, 학교 일정 등 수많은 일정을 효율적으로 관리할 수 있습니다. 여기서는 캘린더를 추가해서 일정을 기록하고 관리하는 방법과 학생들과 캘린더를 공유해서 활용하는 방법에 대해서 알아보겠습니다.

| 섹션 23 | 섹션 24 | 섹션 25 | 섹션 26 | 섹션 27 | 섹션 28 | 섹션 29 | 섹션 30 |

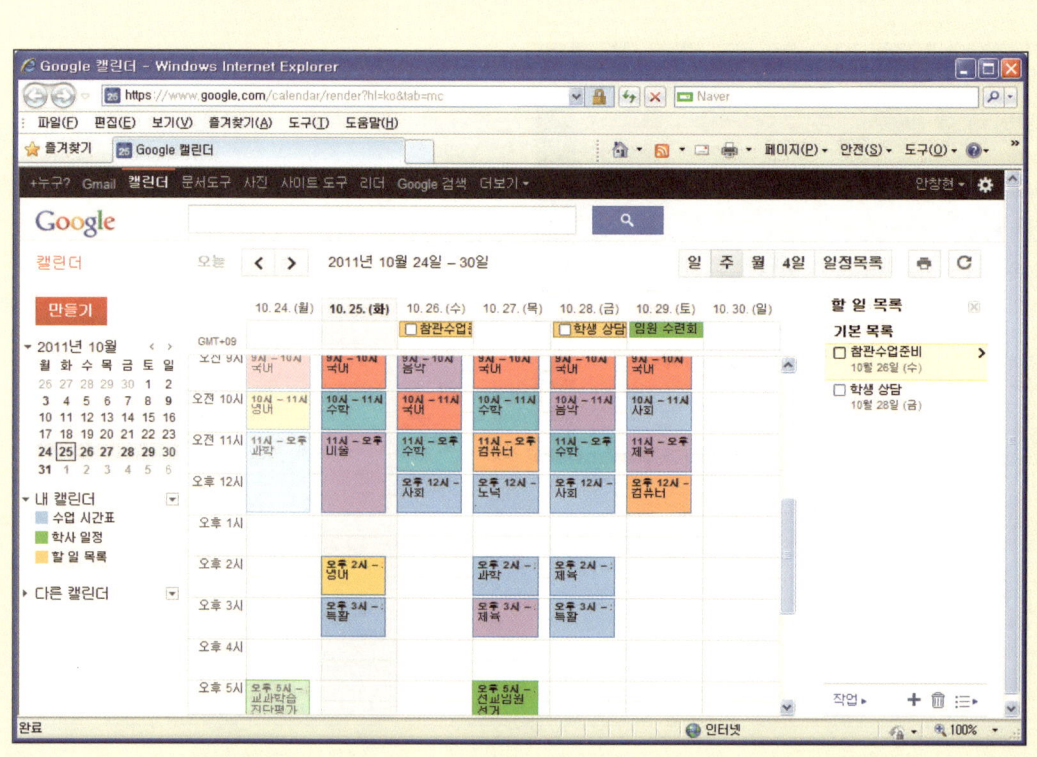

구글 캘린더로 시간표 작성하기

Step 01

이런 기능들이 사용됐어요. ➜ 구글 캘린더

01 ›› [구글] 홈페이지(http://www.google.co.kr)에 접속한 다음 [캘린더] 메뉴를 클릭합니다.

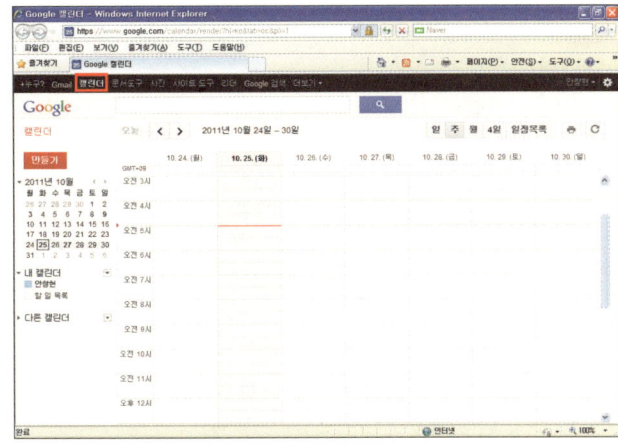

02 ›› 시간표 시간에 맞는 위치를 클릭한 후 [내용]에 과목을 입력하고 [일정 수정]을 클릭합니다.

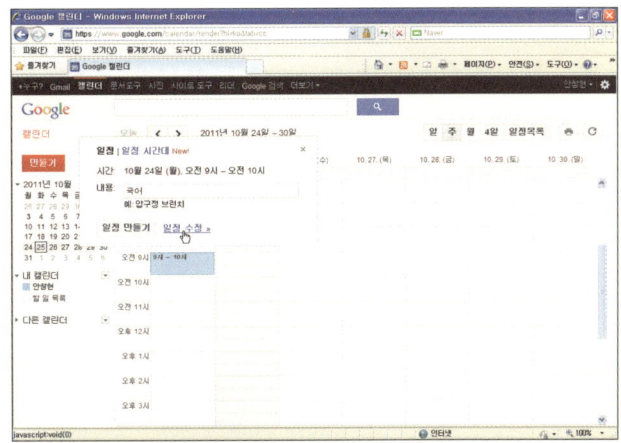

03 ›› [반복] 항목을 체크한 다음 반복 속성을 지정하고 [설정] 버튼을 클릭합니다. [저장] 버튼을 클릭해 일정을 수정합니다.

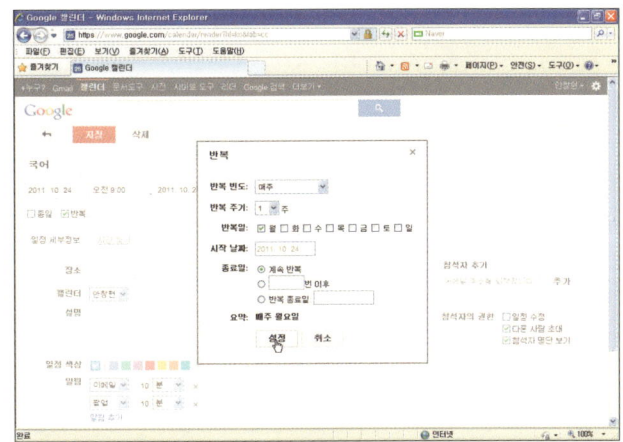

04 〉〉 같은 방법으로 모든 시간표를 작성합니다. 메뉴 상단 보기 방식에서 [월]을 클릭하면 1주일 기간에 입력한 시간표가 모든 주에 반복해서 표시된 것을 볼 수 있습니다.

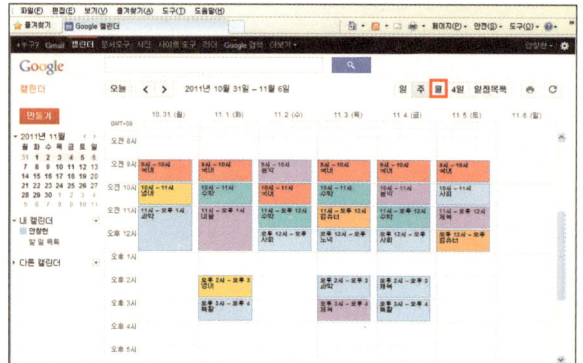 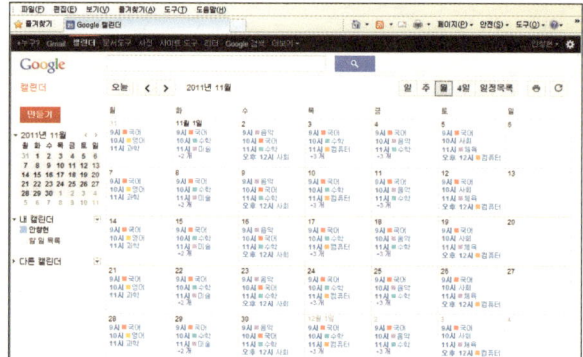

시간표 일정 학생에게 공유하기   Step 02

이런 기능들이 사용됐어요 ➡ 구글 캘린더

01 〉〉 [내 캘린더]에서 시간표를 작성한 항목의 ▼ 버튼을 클릭한 다음 [캘린더 설정]을 클릭합니다.

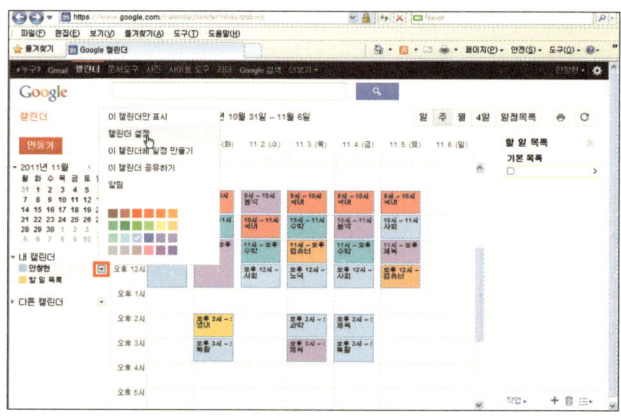

02 〉〉 캘린더 이름과 정보를 입력하고 [저장] 버튼을 클릭합니다.

03 ›› 같은 방법으로 ▼ 버튼을 클릭한 다음 [이 캘린더 공유하기]를 클릭합니다. 사용자 항목에 공유할 사람의 이메일을 입력하고 [사용자 추가] 버튼을 클릭합니다. 같은 방법으로 공유를 실행한 후 [저장] 버튼을 클릭합니다.

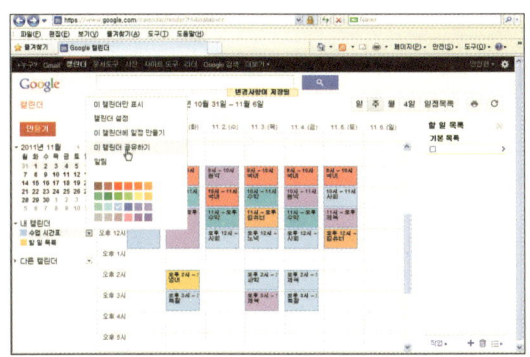

학사 일정 캘린더 작성하기   Step 03

이런 기능들이 사용됐어요 ➡ 구글 캘린더

01 ›› [내 캘린더] 항목의 ▼ 버튼을 클릭한 다음 [새 캘린더 만들기]를 클릭합니다. 새로 만들 캘린더 정보를 입력한 다음 [캘린더 만들기] 버튼을 클릭합니다.

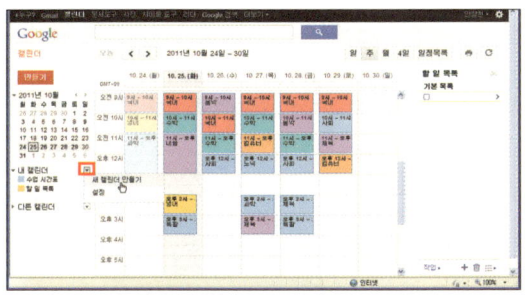
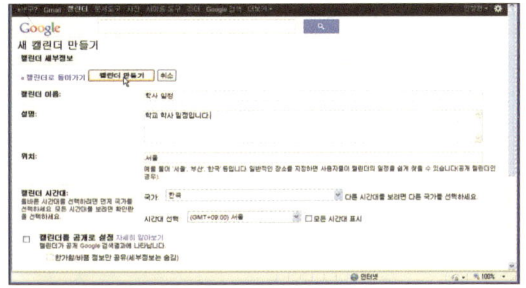

02 ›› 일정을 작성하기 전에 '수업 시간표' 항목을 클릭해서 시간표를 잠시 감춥니다.

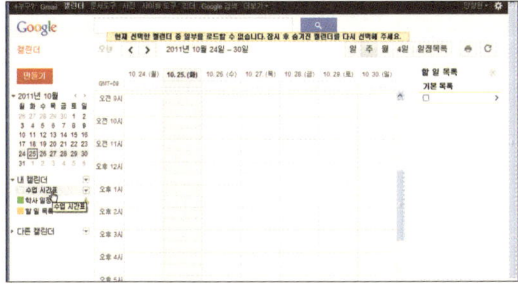

> 캘린더 목록을 클릭하면 보이거나 감출 수 있습니다.

03 ›› '학사 일정'을 선택한 상태에서 일정을 기록합니다.

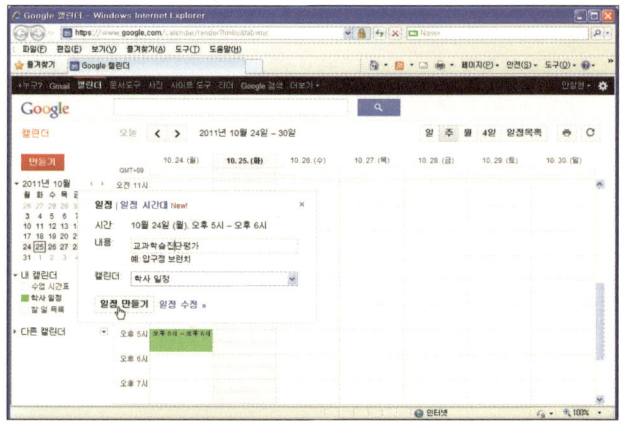

04 ›› 시간대에서 맨 윗부분을 클릭하면 지정된 시간이 아닌 선택한 날에 온종일 일정으로 일정을 기록할 수 있습니다.

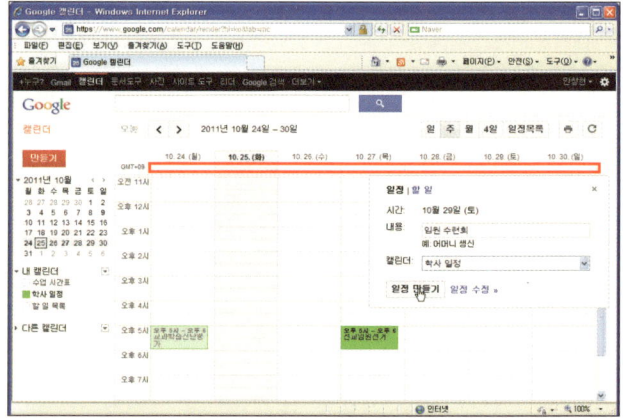

05 ›› 일정을 기록했으면 [수업 시간표] 항목을 클릭해서 전체 일정을 확인해 봅니다.

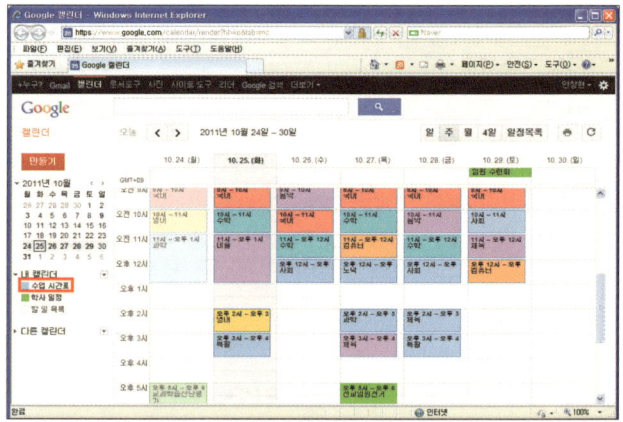

할 일 목록 작성하기

Step 04

01 ›› [내 캘린더]에서 [할 일 목록]을 클릭하면 오른쪽에 [할 일 목록] 란이 표시됩니다. 기본 목록에 일정을 기록하고 [>] 버튼을 클릭합니다.

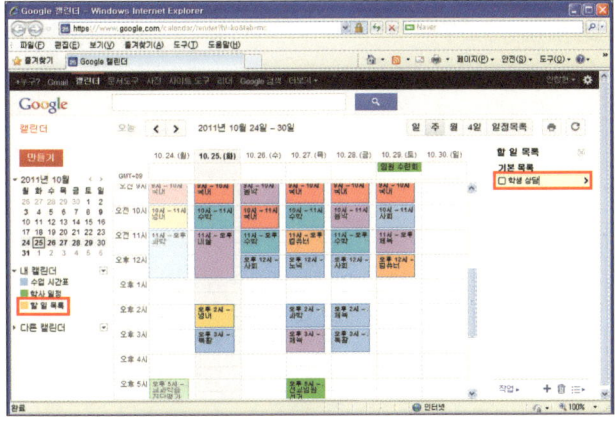

02 ›› [기한] 부분을 클릭한 다음 일정 날짜를 선택합니다.

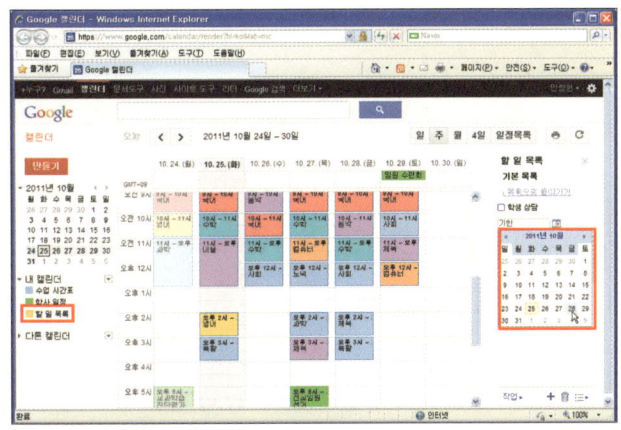

03 ›› 같은 방법으로 일정을 추가하여 기록합니다.

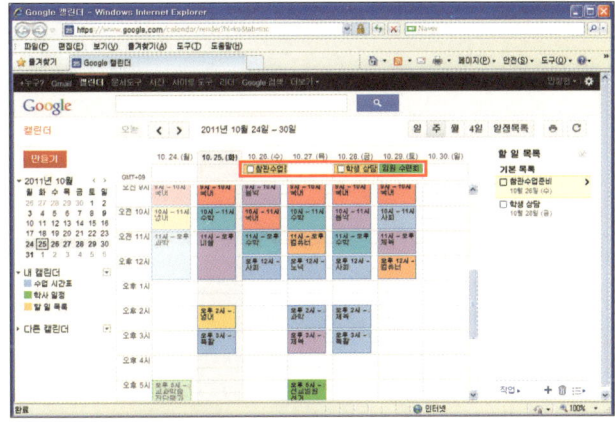

04 >> 일정을 완료했을 때는 할 일 목록에 있
는 체크 상자를 클릭해 체크하면 글자에 취소
선이 표시됩니다.

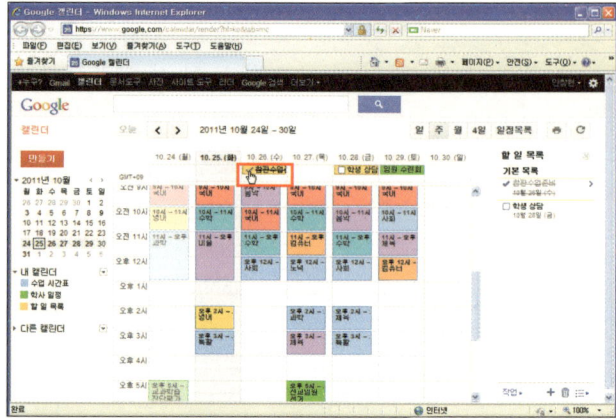

05 >> 일정을 인쇄하려면 인쇄할 형태로 캘
린더를 설정한 다음 🖶 버튼을 클릭하고 [인쇄]
버튼을 클릭합니다.

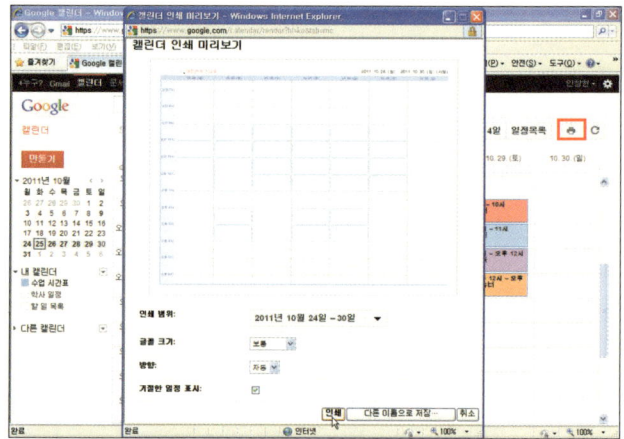

06 >> 다른 친구가 캘린더를 공유하면 [다른
캘린더] 항목에 캘린더가 추가됩니다. 학생들
의 여가 생활 계획표 등을 관리할 때 유용하게
사용할 수 있습니다.

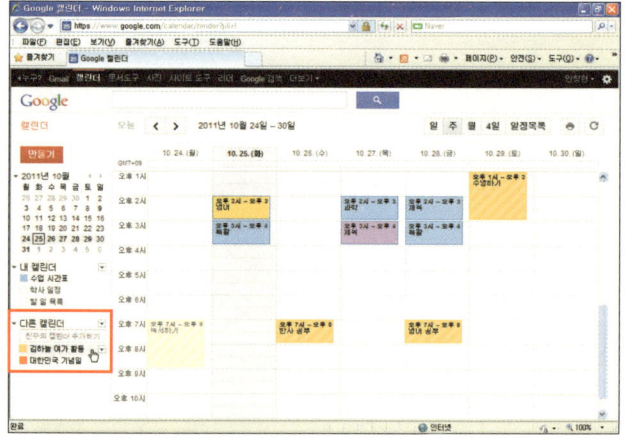

태블릿 PC로 구글 캘린더 관리하기 Step 05

이런 기능들이 사용됐어요. ➜ 아이패드, 구글 캘린더

01 ›› 아이패드의 [Safari]를 실행하고, [구글 캘린더] 홈페이지(http://www.google.com/calendar)에 접속한 다음 로그인합니다. 앞에서 작성한 일정을 [일], [개월] 별로 볼 수 있습니다.

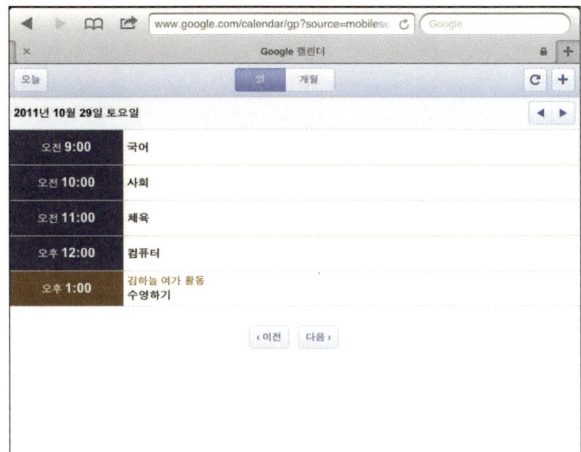 

02 ›› 버튼을 클릭하여 새 일정을 추가할 수 있습니다. 일정을 추가할 때는 추가할 캘린더 목록을 선택하도록 합니다.

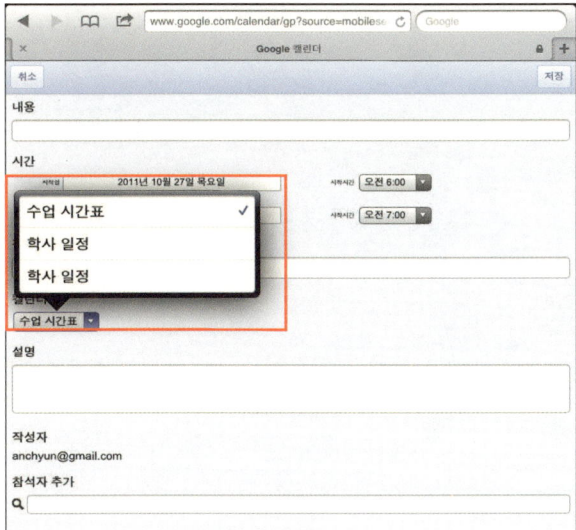

275

Section
26

학생들 사진 웹앨범으로 공유하기

수업 중에 촬영한 사진들을 PC에 보관해두면 학생들에게 보내거나 관리하기 어렵습니다. 이러한 경우 [Picasa]를 이용하여 사진을 관리하고 웹앨범으로 전송해두면 필요할 때 어디서든지 사진을 검색하고 공유할 수 있습니다. 여기서는 [Picasa]의 기본적인 사용 방법에 대해서 배워보도록 하겠습니다.

피카사를 이용하여 사진 검색하기   Step 01

이런 기능들이 사용됐어요. ➜ 피카사

01 ›› [Picasa 3] 홈페이지(http://picasa.google.com)에 접속한 다음 [Picasa 3.8 다운로드] 버튼을 클릭해 [Picasa 3] 프로그램을 설치합니다.

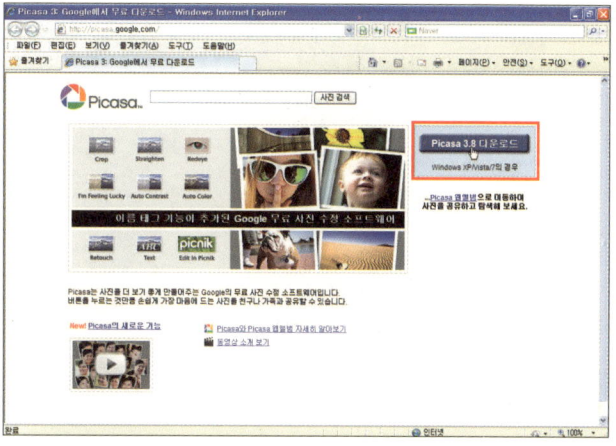

02 ›› [Picasa 3]를 실행하면 PC에 저장된 모든 이미지를 검색하여 썸네일로 보여줍니다.

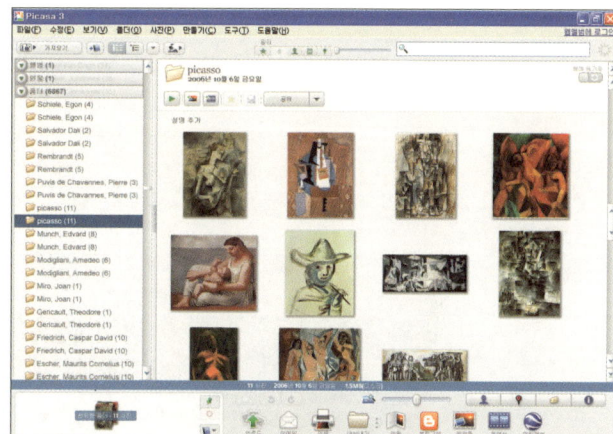

> PC에 저장된 이미지가 많을 경우 이미지 검색 시간이 오래 걸립니다.

03 ›› 검색창에 찾고 싶은 이미지 이름이나 폴더명을 입력하면 관련 이미지를 찾을 수 있습니다.

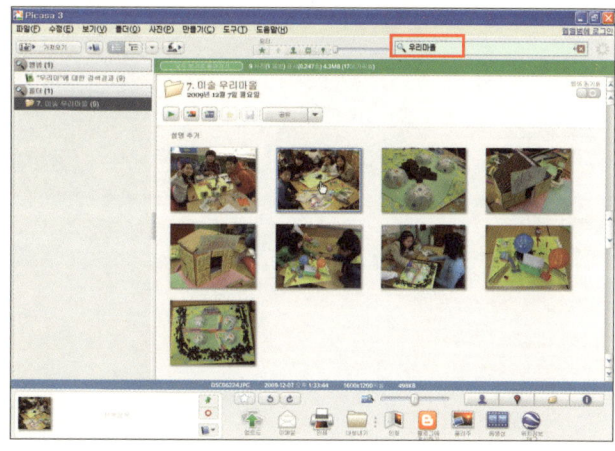

04 ›› 이미지를 클릭하면 큰 그림으로 볼 수 있습니다. 왼쪽의 이미지 편집 도구를 이용하여 이미지를 편집할 수 있습니다.

⌐ **이미지 보정 도구**
- 기본 수정 : 사진 자르기, 회전, 눈의 적목 현상 제거 및 대비, 색상, 보정 등의 작업을 실행합니다.
- 미세 조정 : 사진에서 밝은 부분과 어두운 부분을 나눠 밝기를 조절하거나 색상 온도 조절을 할 수 있습니다.
- 효과 : 사진 전체적으로 색상을 조절하여 다양한 효과를 연출합니다.

05 ›› 이미지 하단의 '자막을 넣으세요' 부분을 클릭하여 이미지에 대한 설명글을 삽입할 수 있습니다.

06 ›› 편집이 완료되면 이미지를 더블 클릭하거나 [라이브러리로 돌아가기] 버튼을 클릭합니다.

07 ›› [인쇄] 버튼을 클릭하면 이미지를 인쇄할 수 있습니다. [인쇄 레이아웃]에서 이미지 배치를 선택한 후 [인쇄] 버튼을 클릭하여 이미지를 인쇄합니다.

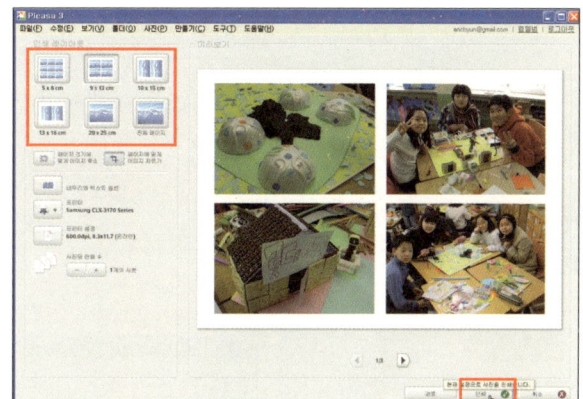

이미지를 구글 사진으로 전송하기

Step 02

이런 기능들이 사용됐어요. ➜ 피카사

01 ›› [Picasa]에서 웹 서비스로 등록할 사진을 선택한 다음 [업로드] 버튼을 클릭합니다. 로그인 화면이 나타나면 구글 계정을 입력하고 [로그인] 버튼을 클릭합니다.

02 ›› [업로드할 크기]에 적당한 화질을 선택하고 [업로드] 버튼을 클릭합니다. 사진 전송이 완료되면 완료되었다는 메시지 창이 나타납니다. [온라인으로 보기] 버튼을 클릭하여 [사진] 서비스 페이지로 이동합니다.

 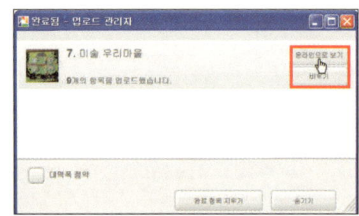

03 ›› 구글의 [사진] 서비스에 사진이 등록된 것을 볼 수 있습니다.

'http://picasaweb.google.com' 사이트에 접속하여 [Picasa 웹앨범]에 접속할 수 있습니다.

피카사에 사진 추가하고 공유하기

Step 03

이런 기능들이 사용됐어요. ➡ 피카사

01 ›› [Picasa 웹앨범]에서 [사진 추가] 버튼을 클릭합니다.

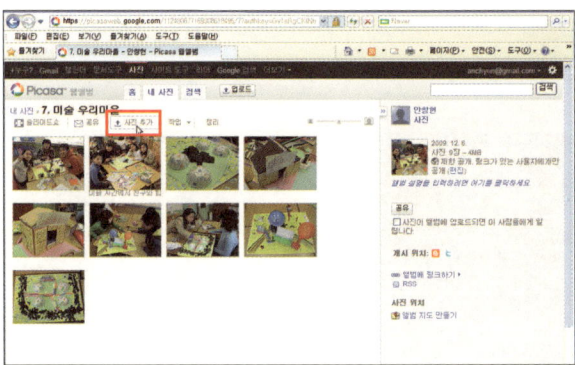

02 ›› [컴퓨터에서 사진 선택] 버튼을 클릭한 후 추가할 사진을 선택하고 [열기] 버튼을 클릭합니다.

 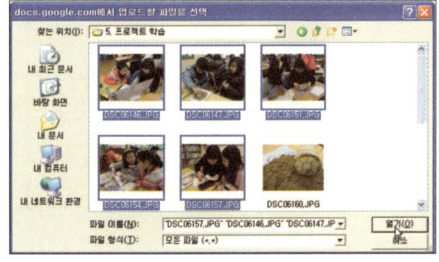

03 ›› 사진이 등록되면 [확인] 버튼을 클릭합니다.

04 ›› 사진이 추가되었습니다. 슬라이드쇼를 보기 위해 [슬라이드쇼] 버튼을 클릭합니다.

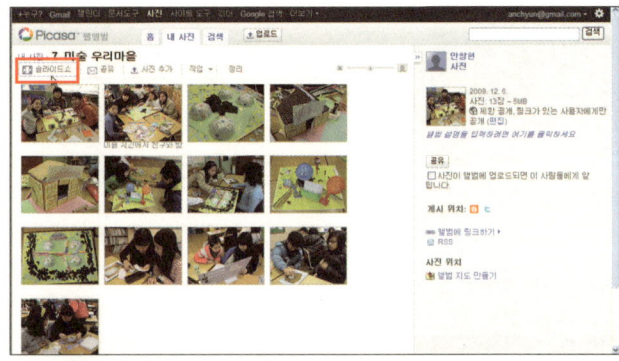

05 ›› 슬라이드쇼가 진행됩니다. 지정된 시간마다 사진이 순차적으로 바뀝니다.

06 ›› 사진을 다른 친구에게 전달하기 위해 [공유] 버튼을 클릭합니다.

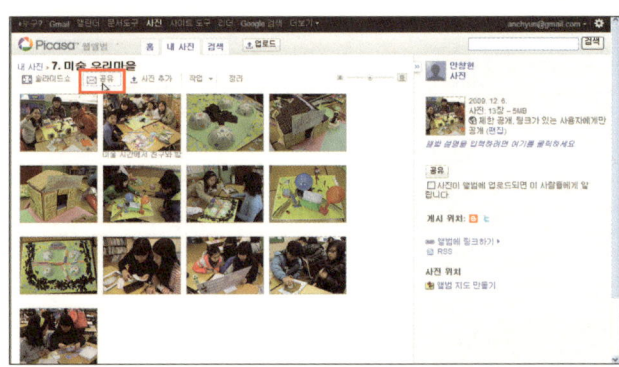

07 ›› [받는사람]에 보낼 사람의 이메일 주소를 입력하거나 [이 그룹의 사람들에게 보내기]에서 그룹명을 선택한 후 [이메일로 공유] 버튼을 클릭합니다.

사진이 있는 웹앨범 주소가 이메일로 전송됩니다.

태블릿 PC로 웹앨범 사진 보기

Step 04

이런 기능들이 사용됐어요. ➡ 아이패드, 피카사

01 ›› 아이패드의 🖼 [Safari]를 실행한 다음 [Picasa 웹앨범] 홈페이지(http://picasaweb.google.com)에 접속하여 로그인합니다. 사진 목록을 눌러 사진을 열어볼 수 있습니다.

02 ›› 사진에 대한 댓글을 남길 수 있고 [전체 화면] 버튼을 클릭하여 전체 화면으로 사진을 볼 수 있습니다.

03 ›› 이미지를 길게 누르면 나타나는 메뉴에서 [이미지 저장]을 눌러 [사진]에 이미지를 저장할 수 있습니다.

Section

27

피카사로 동영상 제작해서 유튜브에 올리기

피카사는 이미지를 이용하여 동영상을 만들 수 있는 기능을 제공합니다. 이 기능을 이용하여 글과 음악이 있는 동영상을 만들 수 있으며 만든 동영상을 유튜브에 바로 올릴 수 있습니다. 여기서는 동영상 제작과 웹에 올리고 공유하는 방법에 대해서 알아보겠습니다.

유튜브 채널 만들기

Step 01

이런 기능들이 사용됐어요. ➡ YouTube

01 ›› [YouTube] 홈페이지(http://www.youtube.co.kr)에 접속하고 구글 계정으로 로그인한 후 페이지 하단에서 [한국]을 클릭합니다.

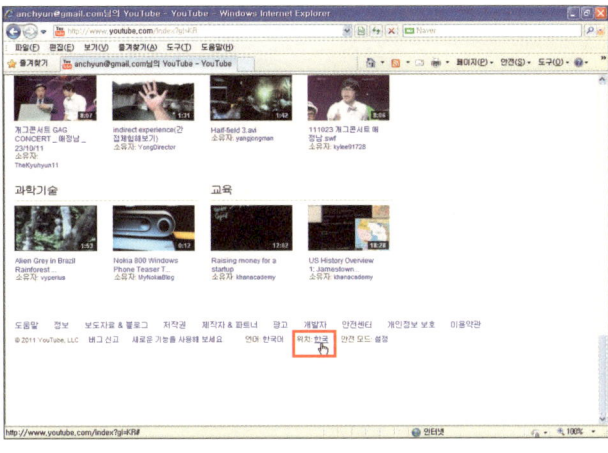

02 ›› '한국'을 제외한 다른 국가를 선택합니다.

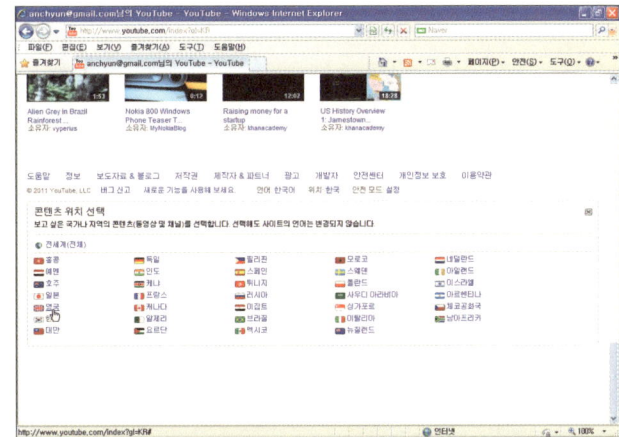

'한국' 계정으로는 동영상을 올릴 수 없습니다.

03 ›› 메인 화면에서 [업로드]를 클릭합니다.

285

04 ›› 동영상을 업로드하기 위해 [새 채널 만들기] 버튼을 클릭합니다.

05 ›› 채널에 사용할 이름과 정보를 입력한 후 [다음] 버튼을 클릭합니다.

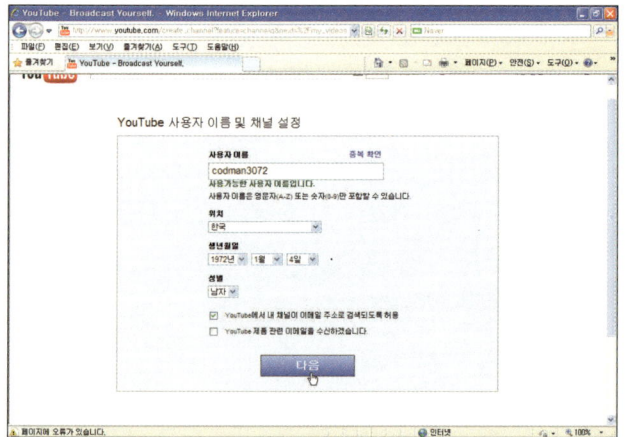

06 ›› 구글 계정을 입력하고 [계정 연결] 버튼을 클릭하여 채널 연결을 합니다.

피카사로 이미지 등록하기　　　　Step 02

01 ›› [Picasa 3]를 실행한 다음 [가져오기] 버튼을 클릭합니다.

02 ›› [다음 위치에서 가져오기] 항목의 내림 버튼을 클릭한 다음 [폴더]를 선택하고 동영상에 사용할 이미지를 선택합니다. [모두 가져오기] 버튼을 클릭하면 폴더에 있는 이미지를 모두 불러올 수 있습니다.

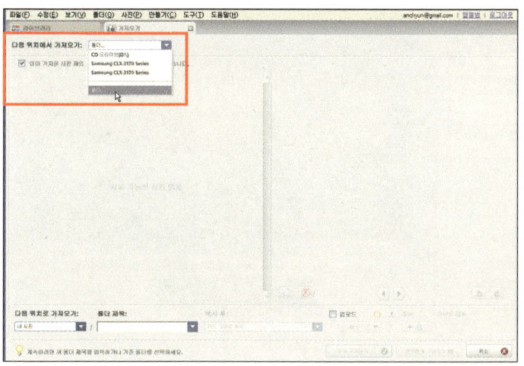

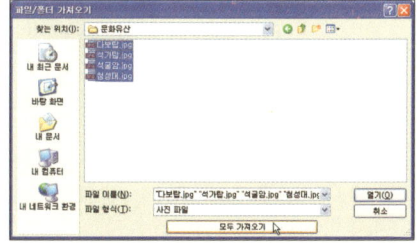

03 ›› 그림이 나타나면 하단의 폴더 제목에 폴더 이름을 입력하고 [모두 가져오기] 버튼을 클릭합니다.

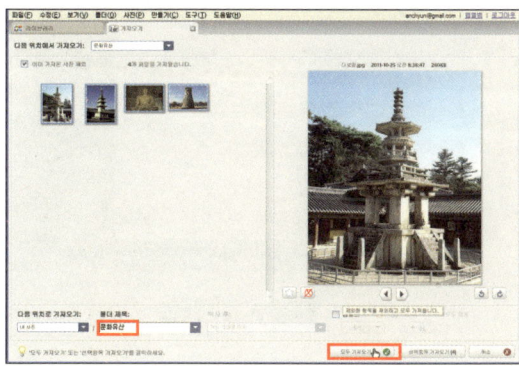

지정한 위치에 선택한 이미지가 저장됩니다.

287

피카사로 학습 동영상 제작하기   Step 03

이런 기능들이 사용됐어요. ➡ 피카사

01 ›› 등록한 폴더 이름으로 검색하여 이미지를 찾습니다. 이미지를 드래그하여 모두 선택한 다음 [동영상] 버튼을 클릭합니다.

› 동영상이 검색되지 않는다면 [Picasa 3]를 재실행합니다.

02 ›› [전환 스타일]의 내림 버튼을 클릭한 다음 이미지에 적용될 효과를 선택합니다.

03 ›› [오디오 트랙]의 [로드 중] 버튼을 클릭한 다음 배경에 사용할 음악 파일을 선택하고 [열기] 버튼을 클릭합니다.

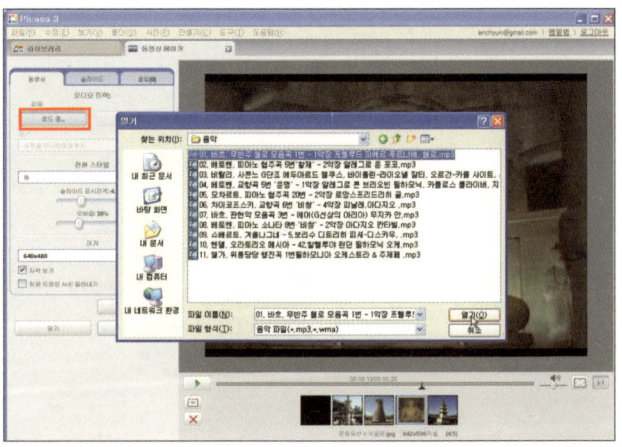

10 >> 데이터 전송이 완료되었다는 메시지가 나타나면 메시지를 클릭하여 [YouTube] 홈페이지로 이동한 후 구글 계정으로 로그인합니다.

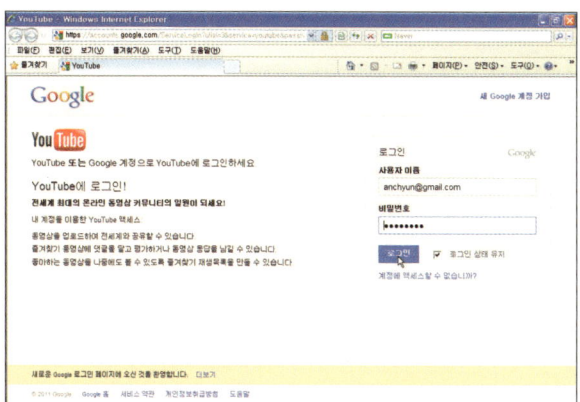

11 >> 동영상이 등록되었습니다. 목록을 클릭하여 동영상을 열어봅니다.

12 >> 친구에게 이메일로 영상으로 보내려면 [공유] 버튼을 클릭한 다음 [이메일] 버튼을 클릭합니다. 받는 사람에 친구 이메일 주소를 입력하고 [이메일 보내기] 버튼을 클릭하면 동영상이 있는 사이트의 주소가 전달됩니다.

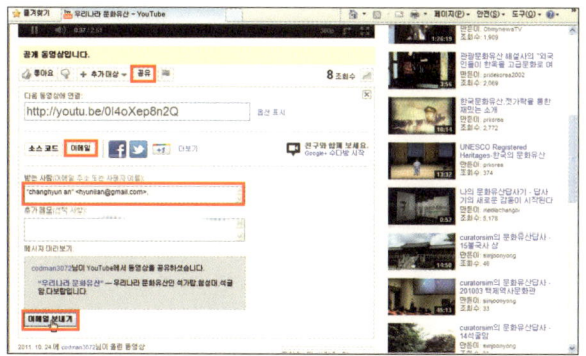

글상자에 표시되어 있는 주소가 동영상이 있는 페이지의 주소입니다. 이 주소를 전달하여 공유할 수 있습니다.

Section 28

클라우드로 자료 공유하기

클라우드 컴퓨팅이란 인터넷만 연결되어 있으면 컴퓨터의 종류에 상관없이 자료를 이용할 수 있도록 해주는 서비스를 말합니다. 여기서는 제공하는 웹 저장 공간에 자료를 저장하고 마음대로 데이터를 열어볼 수 있도록 해주는 [Daum 클라우드] 사용 방법에 대해서 알아보겠습니다.

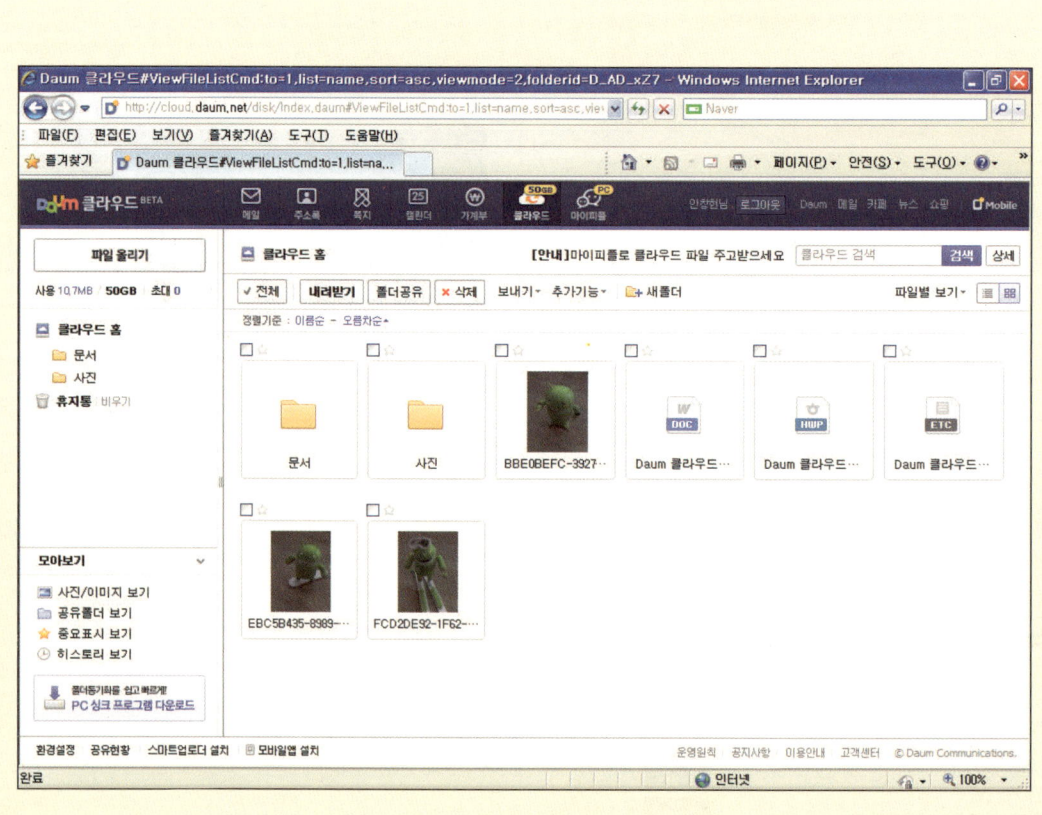

[Daum 클라우드]로 문서 열어보기

Step 01

이런 기능들이 사용됐어요. ➔ Daum 클라우드

01 ›› [Daum] 홈페이지(http://www.daum.net)에 접속한 후 Daum 계정으로 로그인하고 [클라우드] 메뉴를 클릭합니다.

02 ›› [Daum 클라우드]가 실행됩니다.

03 ›› [파일 올리기] 버튼을 클릭하면 나타나는 [파일 올리기] 창에서 [파일 추가] 버튼을 클릭한 다음 전송할 파일을 선택합니다. [파일 올리기]에 데이터가 등록되면 [전송 시작] 버튼을 클릭합니다.

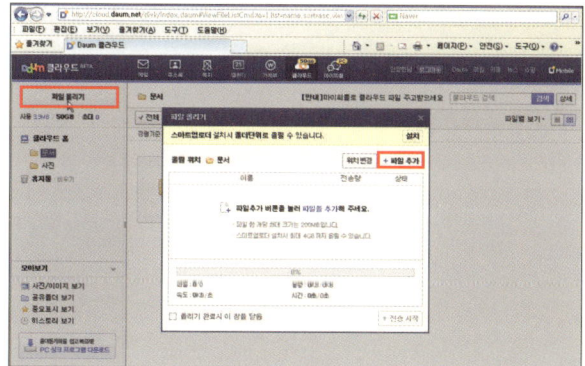
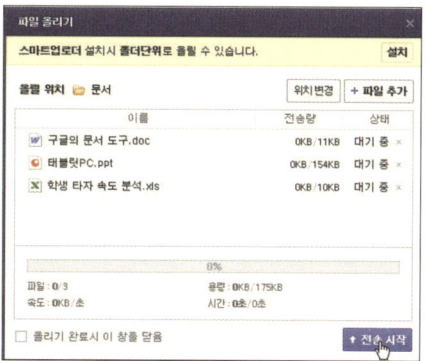

04 >> 데이터가 등록되었습니다. 열어 보고 싶은 파일을 더블 클릭하면 문서가 열립니다.

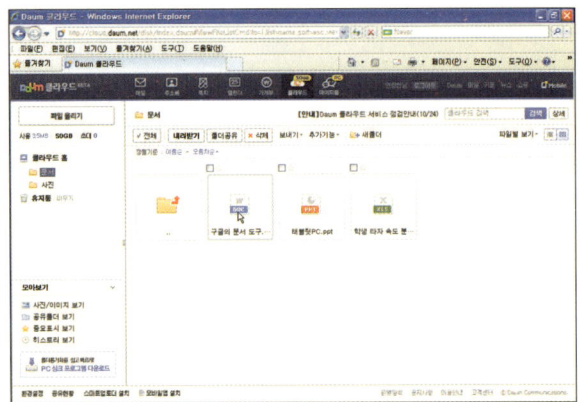 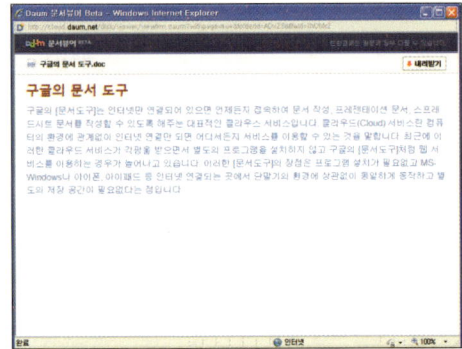

관련 프로그램이 없어도 문서 내용을 볼 수 있습니다.

05 >> 어디서든지 [내려받기] 버튼을 클릭해서 자료를 다운로드할 수 있습니다.

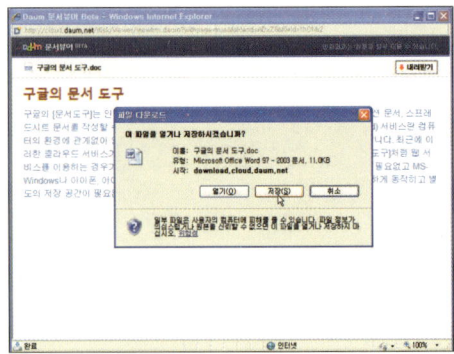

[Daum 클라우드]로 사진 공유하고 편집하기

Step 02

이런 기능들이 사용됐어요. ➡ Daum 클라우드

01 ›› [Daum 클라우드]에서 [사진] 폴더를 클릭한 다음 같은 방법으로 사진 파일을 등록합니다.

02 ›› 사진 파일을 더블 클릭해서 큰 화면으로 사진을 볼 수 있습니다. 하단의 사진 목록을 스크롤하여 다른 사진도 열어볼 수 있습니다.

03 ›› 편집할 사진을 선택한 다음 [편집하기] 버튼을 클릭합니다.

295

04 ›› [효과] 버튼을 클릭한 다음 [효과] 항목에서 [갈색]을 클릭하고 [적용] 버튼을 클릭합니다.

편집 도구
- 크기 : 사진 크기를 조절합니다.
- 회전 : 사진을 90° 회전 및 반전합니다.
- 자르기 : 지정한 영역 이외 부분을 삭제합니다.
- 효과 : 사진에 다양한 효과를 연출합니다.
- 텍스트 : 글을 입력합니다.
- 서명 : 사진 하단에 저작권 등의 정보를 표시합니다.
- 액자 : 사진 테두리에 액자를 넣습니다.
- 적목 : 눈이 빨갛게 표시되는 적목 현상을 줄여줍니다.

05 ›› [액자] 버튼을 클릭한 다음 이미지에 사용할 액자 모양을 선택하고 [적용] 버튼을 클릭합니다.

06 ›› [저장하기] 버튼을 클릭해서 편집을 완료합니다.

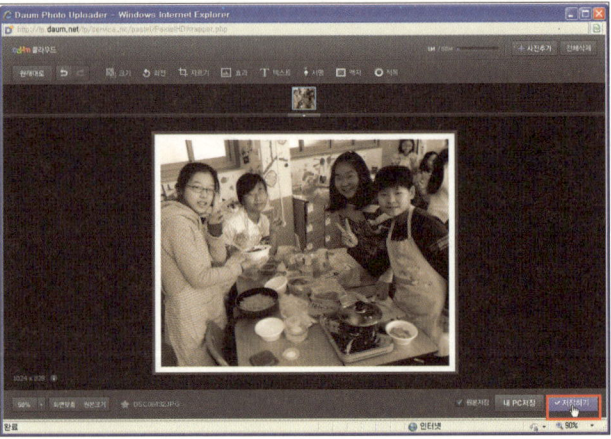

[저장하기] 버튼을 클릭하면 다른 이름으로 저장됩니다.

태블릿 PC로 클라우딩하기 Step 03

이런 기능들이 사용됐어요. ➜ 아이패드, Daum 클라우드

01 ›› 아이패드의 ◉ [App Store]에서 '아우 클라우드'라고 검색해서 프로그램을 다운로드 받아 설치합니다. 앱을 실행한 후 Daum 계정으로 로그인하면 [Daum 클라우드]에 저장된 데이터를 열어볼 수 있습니다.

02 ›› [Daum 클라우드]에 저장해둔 문서를 누르면 문서 내용이 열립니다.

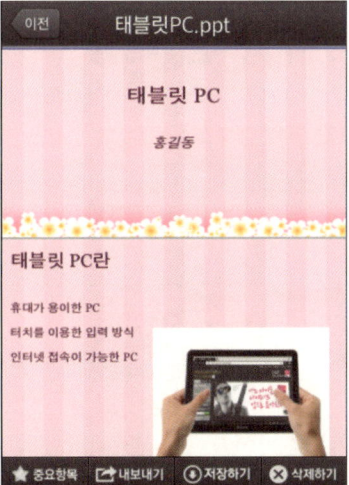

297

태블릿 PC에 저장되어 있는 이미지 PC로 가져오기 Step 04

이런 기능들이 사용됐어요. ➔ 아이패드, Daum 클라우드

01 ›› ☁ [Daum 클라우드] 앱에서 [사진앨범] 탭을 누릅니다.

02 ›› ⬆ 버튼을 누르면 나타나는 메뉴에서 [기존 앨범에서 선택]을 누릅니다. 앨범이 열리면 업로드할 이미지를 눌러서 선택한 다음 [선택 완료] 버튼을 누릅니다.

03 ›› 등록한 사진이 선택되면 [전송 시작] 버튼을 누릅니다. [사진앨범]에 사진이 등록된 것을 볼 수 있습니다.

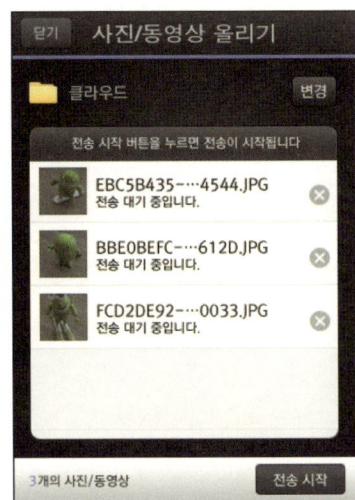 

04 ›› PC에서 [Daum 클라우드] 홈페이지에 접속하면 태블릿 PC에서 업로드한 사진을 볼 수 있습니다. 이미지를 더블 클릭해서 큰 화면으로 보고 [내려받기] 버튼을 클릭해서 PC로 다운로드 받을 수 있습니다.

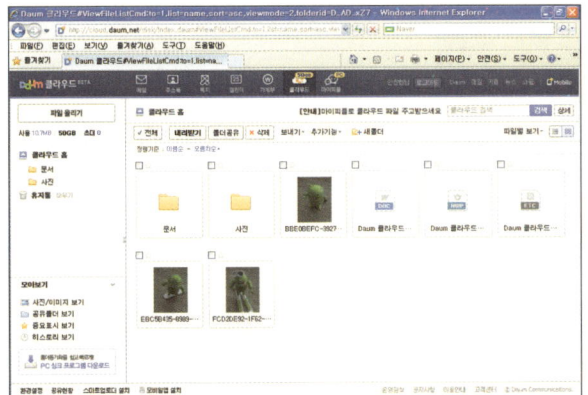 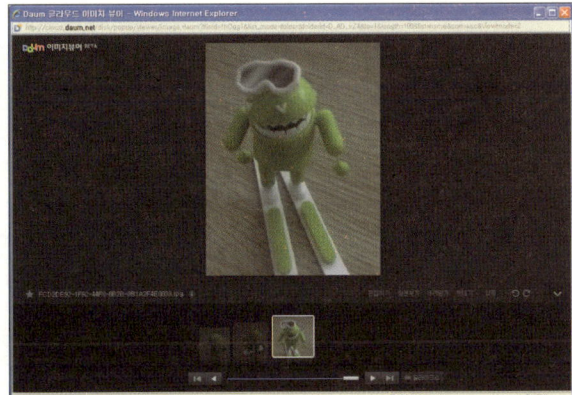

Section
29

영문 홈페이지 자동 번역하고
무료 홈페이지 만들기

이번에는 웹 서비스를 똑똑하게 활용하는 방법에 대해서 알아보겠습니다. 영문 홈페이지를 한글로 바꾸어 주는 [Chrome] 웹브라우저 사용법에 대해서 배워보고 홈페이지를 무료로 만들어 주는 [사이트 도구] 사용법에 대해서 알아보겠습니다.

섹션 23 | 섹션 24 | 섹션 25 | 섹션 26 | 섹션 27 | 섹션 28 | **섹션 29** | 섹션 30

[Chrome] 웹브라우저로 영문 홈페이지 번역해서 보기 Step 01

이런 기능들이 사용됐어요. ➡ 크롬 웹브라우저

01 ›› [Chrome] 홈페이지(http://www.google.co.kr/chrome)에 접속한 다음 [Chrome 다운로드] 버튼을 클릭해서 [크롬] 웹브라우저를 설치합니다.

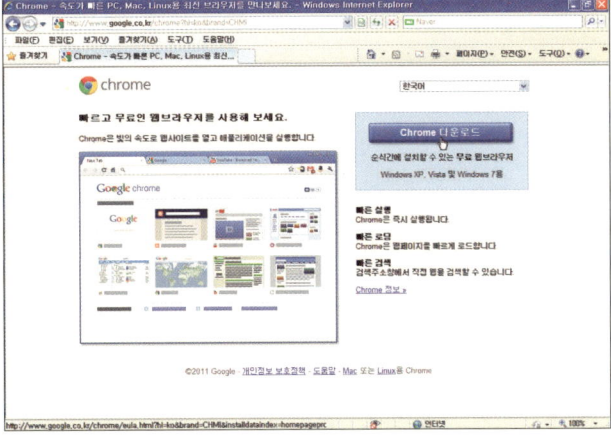

02 ›› [Chrome] 웹브라우저를 실행한 다음 주소 입력줄에 'www.wikipedia.org'를 입력하여 [위키피디아] 홈페이지에 접속합니다. 언어 선택 화면에서 [English]를 클릭합니다.

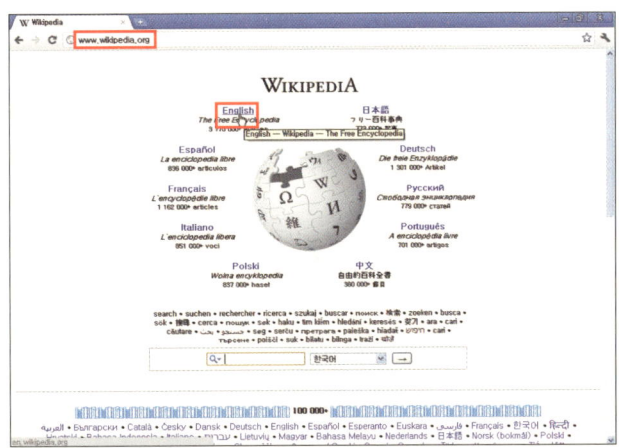

03 ›› 영문 페이지가 나타납니다. 상단에 번역할지를 묻는 메시지가 나타나면 [번역] 버튼을 클릭합니다.

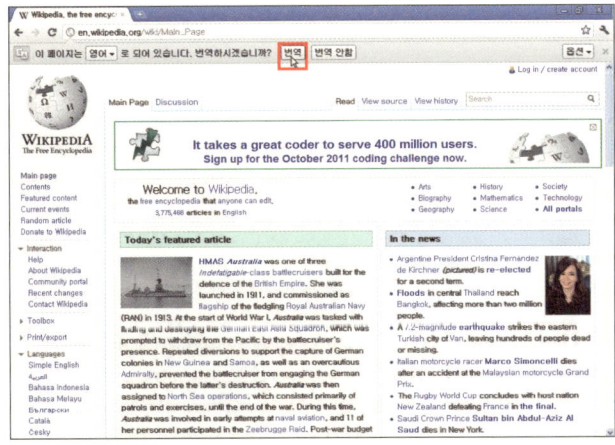

04 >> 페이지가 한글로 나타납니다. 문장을 클릭하면 해당 원문이 글상자로 표시됩니다.

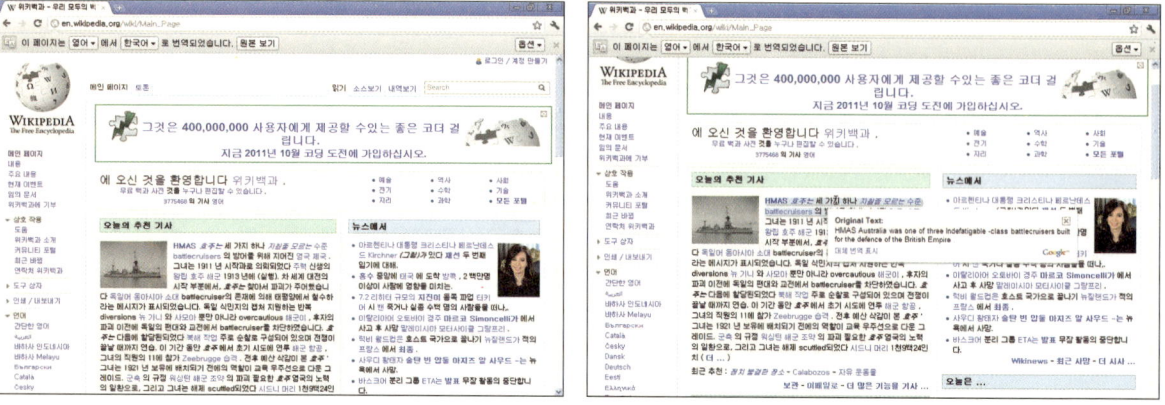

번역이 완벽하지 않으므로 대략적으로 유추하는 정도로 사용하기를 권장합니다. 반드시 원문과 비교해서 보도록 합니다.

05 >> 우측 상단의 [옵션] 버튼을 클릭하면 번역을 항상 실행할지 여부를 설정할 수 있습니다.

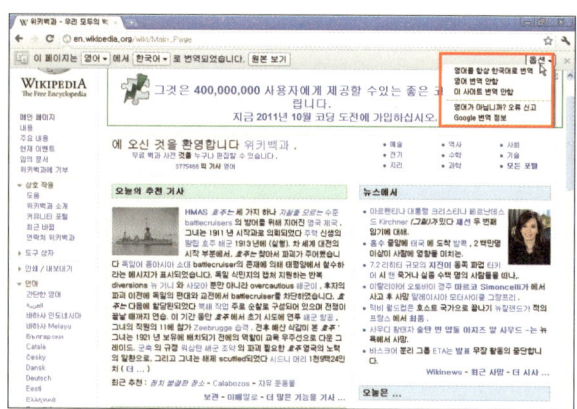

06 >> 이번에는 [야후] 홈페이지(http://www.yahoo.com)에 접속해 한글 야후 페이지를 불러옵니다. [Go to Yahoo.com]을 클릭해 영문 야후에 접속한 후 번역을 실행하면 영문 야후를 한글로 볼 수 있습니다.

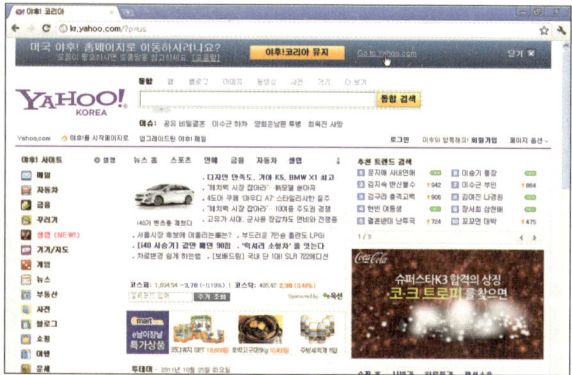

07 >> 검색창에 'museum' 이라고 검색해서 '박물관' 을 검색한 후 접속하고 싶은 박물관 사이트를 골라 클릭합니다.

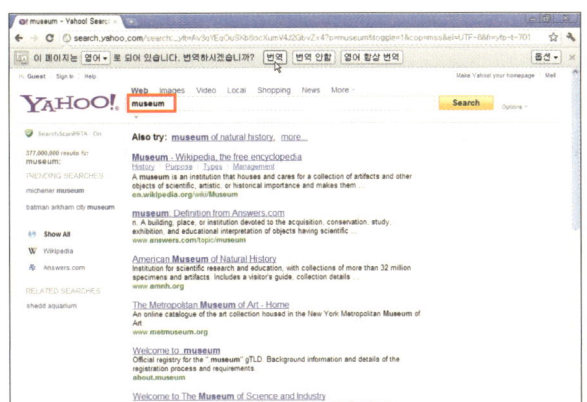 

08 >> 같은 방법으로 미국 홈페이지를 한글로 번역해서 볼 수 있습니다.

구글에서 제공하는 무료 홈페이지 만들기 Step 02

이런 기능들이 사용됐어요. ➜ 구글 사이트 도구

01 ≫ [구글] 홈페이지(http://www.google.com.kr)에 접속한 다음 로그인한 후 [더보기]-[사이트 도구]를 클릭합니다.

02 ≫ [사이트 도구] 페이지가 열리면 [만들기] 버튼을 클릭합니다. 만들기 페이지가 나타나면 사이트 이름에 고유의 계정 이름을 입력합니다.

 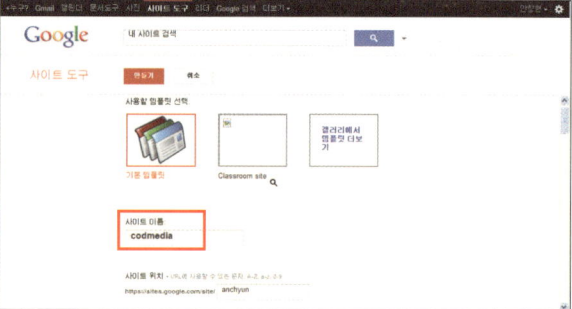

> 사이트 이름은 사이트 위치에 표시되는 실제 계정 이름으로 영문, 숫자만 입력이 가능하며 남들이 사용하지 않은 고유의 이름을 입력해야만 합니다.

03 ≫ [테마 선택]을 클릭한 다음 사용할 템플릿을 선택하고 [옵션 더보기]를 클릭하여 정보를 입력한 후 [만들기] 버튼을 클릭합니다.

 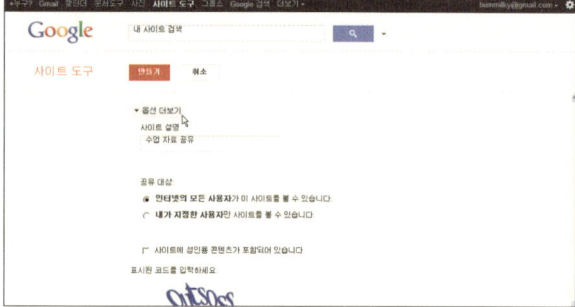

04 ›› 정상적으로 만들어졌으면 다음과 같이 홈페이지가 열립니다.

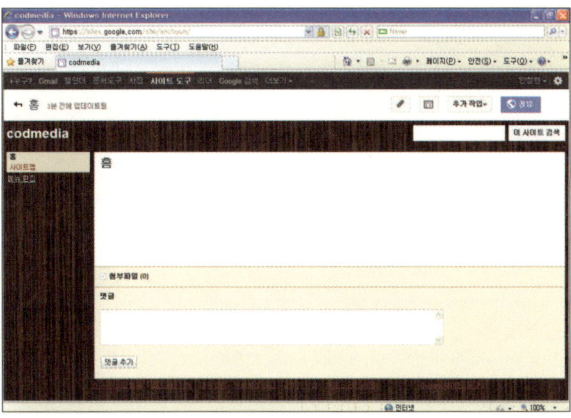

> 홈페이지 주소는 'https://sites.google.com/site/계정 이름' 입니다.

[사이트 도구] 홈페이지 꾸미기 Step 03

이런 기능들이 사용됐어요. ➡ 구글 사이트 도구

01 ›› 우측 상단에 위치해 있는 ✏ 버튼을 클릭한 다음 첫 페이지에 글을 작성하고 [저장] 버튼을 클릭합니다.

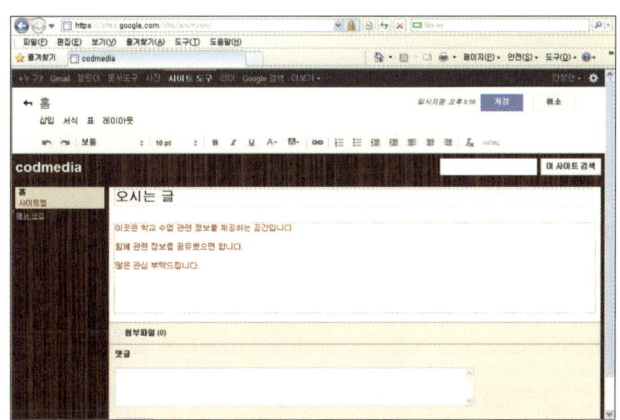

02 ›› 메뉴를 추가하기 위해서 왼쪽 메뉴에서 [메뉴 편집]을 클릭합니다.

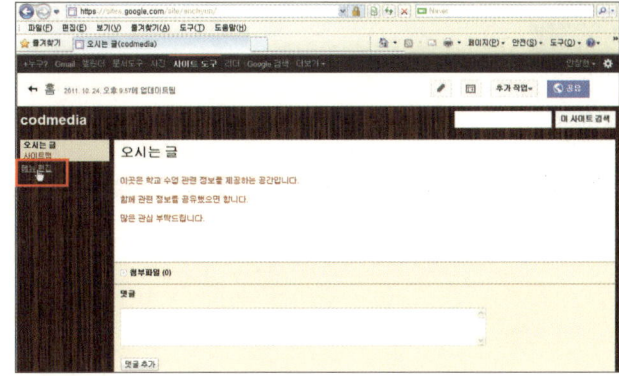

03 ›› [메뉴 항목 추가] 버튼을 클릭하면 나타나는 창에서 추가할 요소를 선택합니다. 여기서는 특정 날부터 남아 있는 날을 알려주는 [카운트다운]을 선택해 보겠습니다.

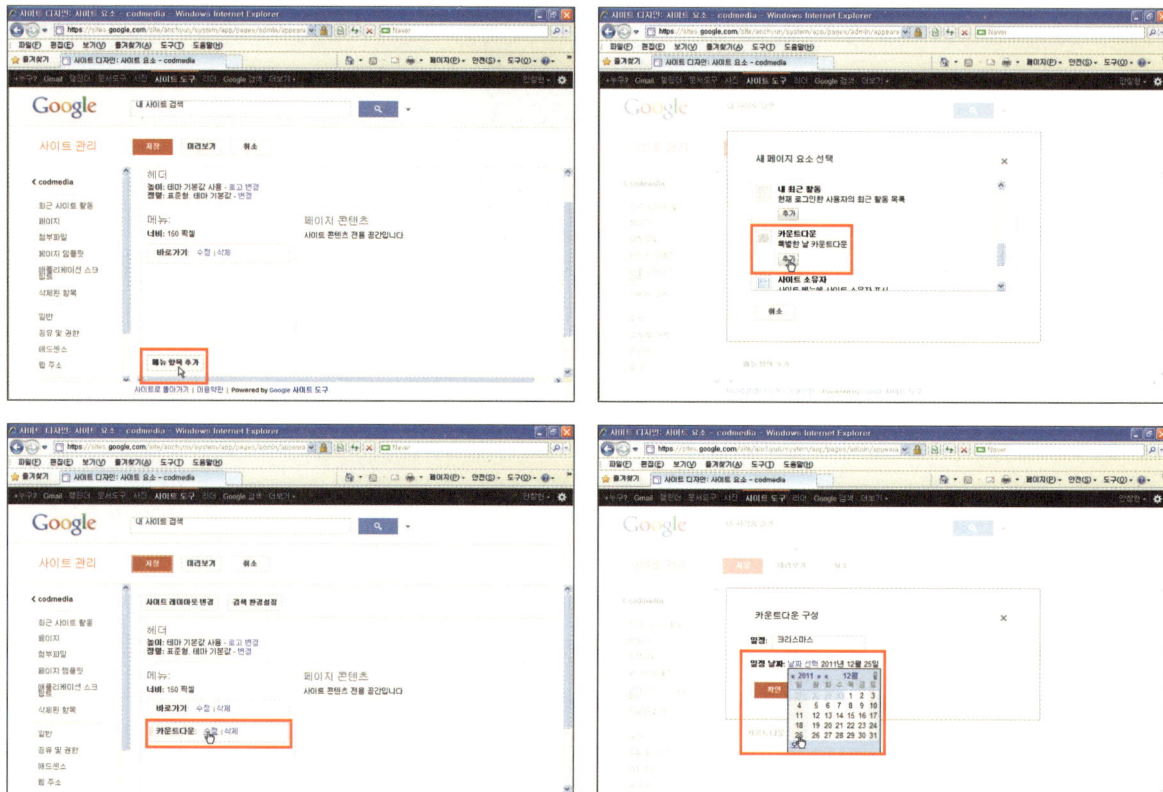

04 ›› 메뉴 목록 밑에 D-Day가 표시됩니다. 새로운 페이지를 만들기 위해서 ▦ 버튼을 클릭합니다.

새 페이지는 빈 문서, 게시판, 자료실 등으로 구성할 수 있습니다.

05 ›› 자료실 페이지를 만들기 위해서 [사용할 템플릿 선택]의 내림 버튼을 클릭한 다음 [자료실]을 선택하고 페이지 이름을 입력한 후 [만들기] 버튼을 클릭합니다.

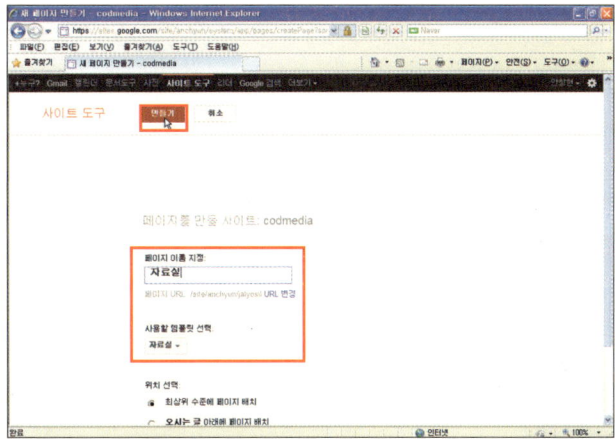

06 ›› 같은 방법으로 새 페이지를 추가한 후 공지사항 페이지를 만들기 위해서 [사용할 템플릿 선택]에 [공지사항]을 선택하고 페이지 이름을 입력한 다음 [만들기] 버튼을 클릭합니다.

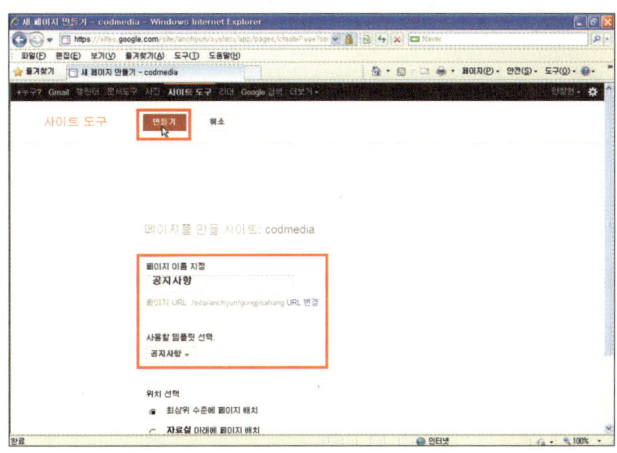

07 ›› 왼쪽 메뉴에서 자료실을 클릭해 자료실 페이지를 엽니다. [파일 추가] 버튼을 클릭하면 나타나는 페이지에서 [찾아보기] 버튼을 클릭해 등록할 자료를 선택하고 글을 입력한 후 [업로드] 버튼을 클릭합니다.

08 ›› 자료실에 게시물이 나타납니다. 첨부 파일이 문서일 경우 [보기] 버튼을 클릭하여 문서 내용을 미리 볼 수 있습니다.

09 ›› 왼쪽 메뉴에서 [공지사항]을 클릭해 공지사항 페이지를 엽니다. 새 게시물을 등록하기 위해서 [새 게시물] 버튼을 클릭합니다.

10 ›› 글상자에 글을 입력하고 [저장] 버튼을 클릭해서 게시물을 저장합니다.

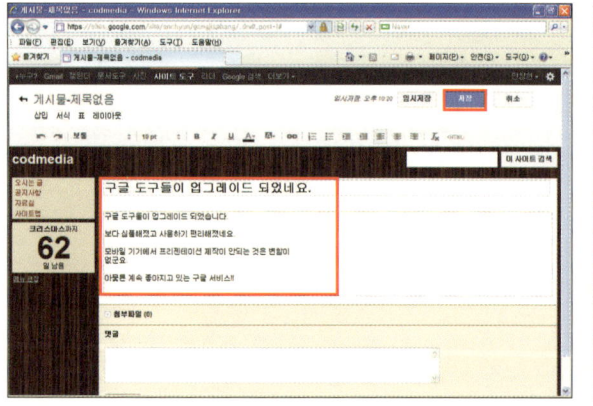
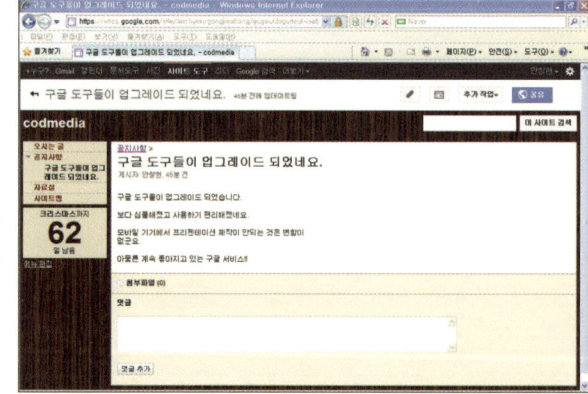

11 >> [사이트맵] 메뉴를 클릭하면 페이지의
구성을 트리 구조로 보여줍니다. 트리 목록을
클릭해서 해당 페이지로 이동할 수 있습니다.

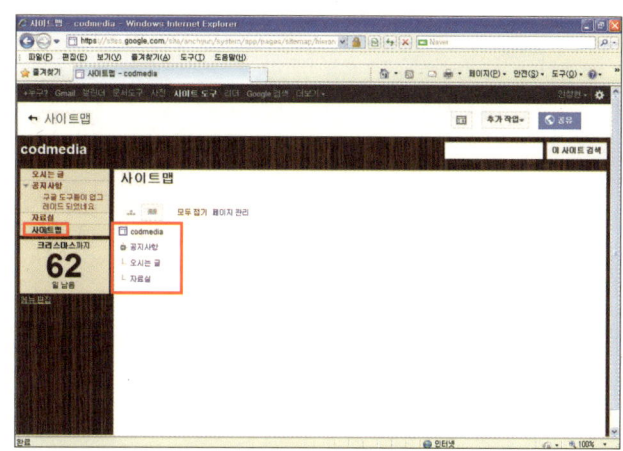

[추가 작업] 버튼을 클릭한 다음 [사이트 관리]를 선택하고 왼쪽 메뉴에서 [테마]를 클릭하면 테마 디자인을 다른 것으로 변경
할 수 있습니다.

Section 30

프레지 애니메이션 발표물 만들기

프레지는 다이나믹하게 움직이는 애니메이션이 독특한 발표물 제작 프로그램입니다. 특히 아기자기한 도구와 쉬운 사용법 때문에 인기가 많습니다. 여기서는 프레지를 이용하여 애니메이션 발표물을 만드는 방법에 대해서 알아보겠습니다.

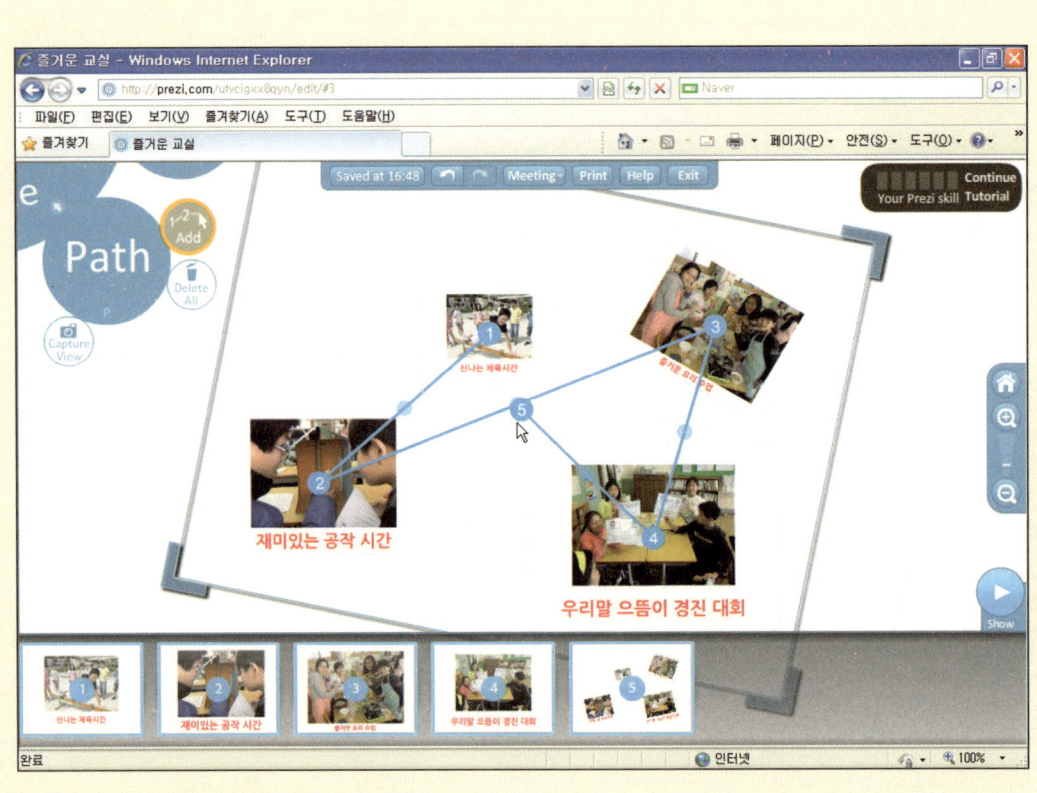

프레지 시작하기

이런 기능들이 사용됐어요. ➜ 프레지

01 ›› [Prezi] 홈페이지(http://www.prezi.com)에 접속한 다음 [Sign Up] 버튼을 눌러 회원가입을 한 후 [Log in]을 눌러 로그인합니다.

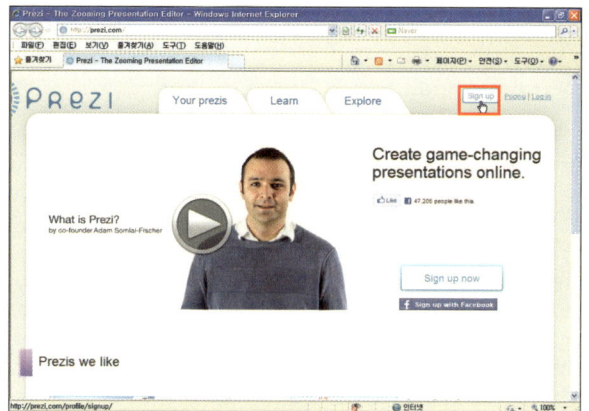
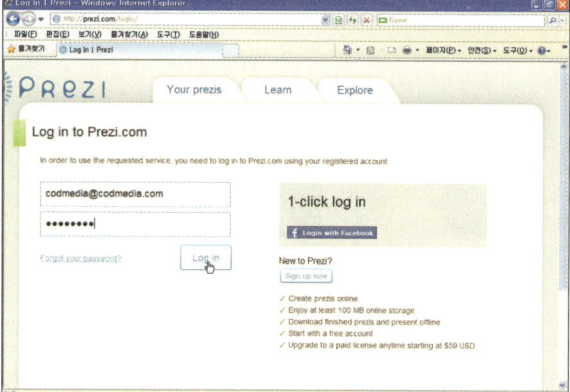

02 ›› [Your prezis] 탭의 [Popular prezis]에는 잘 만든 프레지 영상물을 볼 수 있습니다. 영상을 클릭해서 어떻게 동작하는지 확인해 봅니다.

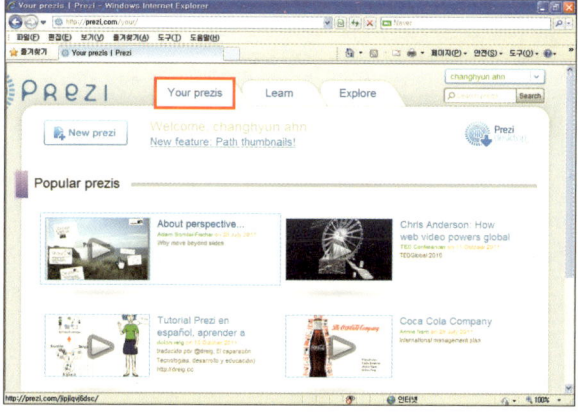
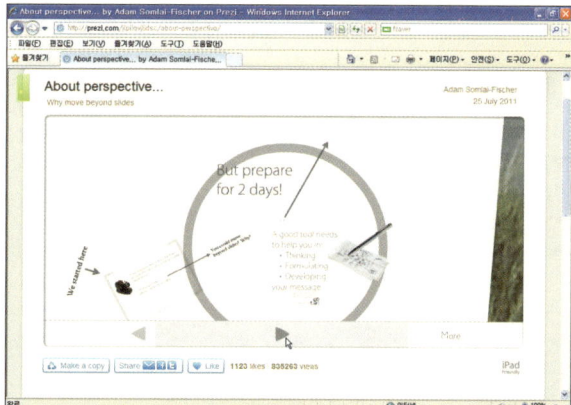

프레임 구조 만들기 Step 02

이런 기능들이 사용됐어요. ➔ 프레지

01 ⟫ [Your prezis] 탭에서 [New prezi] 버튼을 클릭합니다. 제작할 발표물의 타이틀과 설명을 작성하고 [New prezi] 버튼을 클릭합니다.

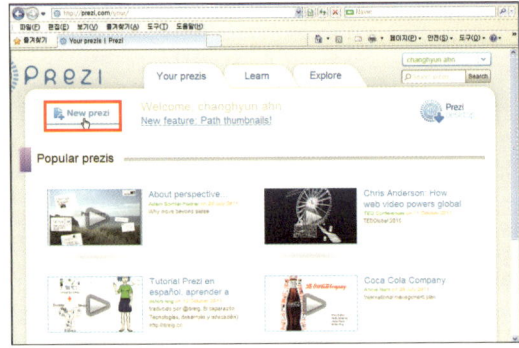 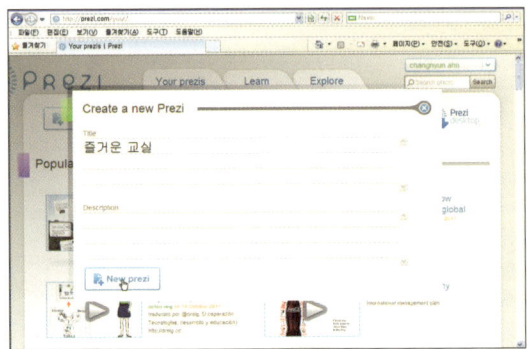

02 ⟫ 예제 문서가 나타납니다. 여기서는 빈 문서로 작업하기 위해서 [Blank]를 클릭하고 [Start editing] 버튼을 클릭합니다.

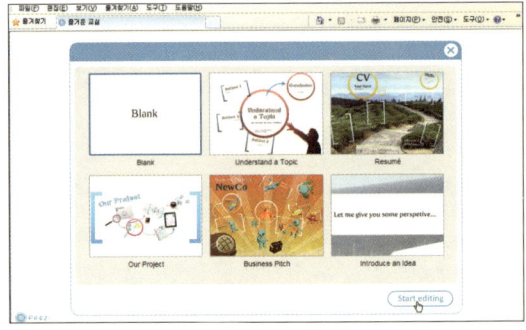

03 ⟫ 문서가 열리면 버블 메뉴에서 [Frame]을 클릭한 후 직사각형 도구를 클릭한 다음 영역을 보이게 할 부분을 드래그합니다. 같은 방법으로 내용을 보이게 할 부분을 드래그해서 영역을 만듭니다.

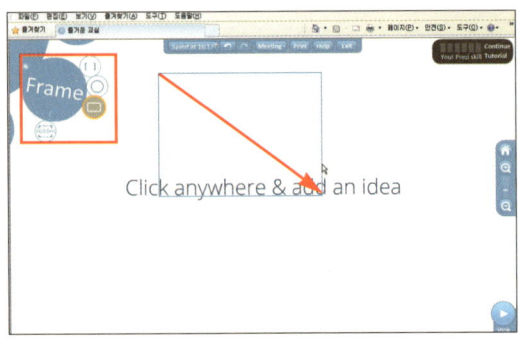 

프레임 가운데를 클릭하면 원형 모양의 지브라 도구가 나타납니다. 지브라 도구의 가운데 부분을 드래그해서 이동할 수 있고 위아래의 [+], [−] 버튼을 클릭해서 프레임 도형을 확대/축소할 수 있으며 원 테두리 핸들을 드래그해서 회전을 시킬 수 있습니다.

04 〉〉 [Frame] 도구에서 [Hidden]이라고 써 있는 프레임 도구를 클릭한 후 마우스로 드래 그해서 전체 화면의 크기를 지정합니다.

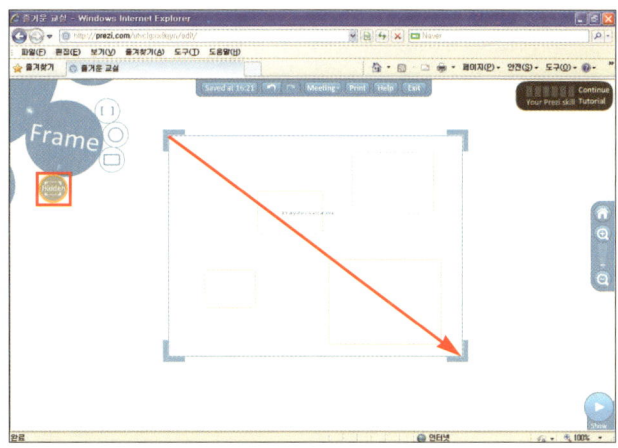

> **Shift** 를 누르고 드래그하면 일반적인 화면 비율인 4:3 비율의 영역을 만들 수 있습니다.

글과 그림을 삽입해서 문서 작성하기 Step 03

이런 기능들이 사용됐어요. ➡ 프레지

01 〉〉 버블 메뉴에서 [Insert] 도구를 클릭합 니다.

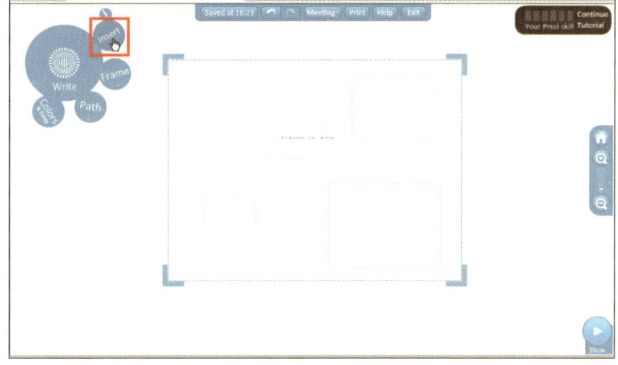

> 마우스의 휠을 위아래로 드래그해서 화면을 확대 및 축소할 수 있습니다.

02 〉〉 [Insert] 도구에 있는 [Image] 도구를 클릭합니다.

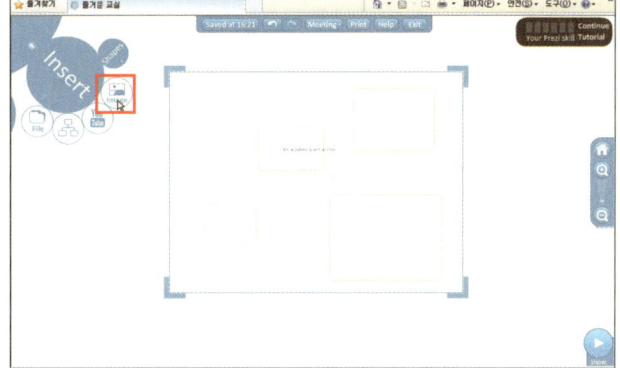

> 요소가 없는 부분을 마우스로 드래그해서 작업 위치 를 이동할 수 있습니다.

313

03 ›› [Insert image] 창이 나타나면 [Select files] 버튼을 클릭하고 삽입할 이미지를 선택해서 불러옵니다.

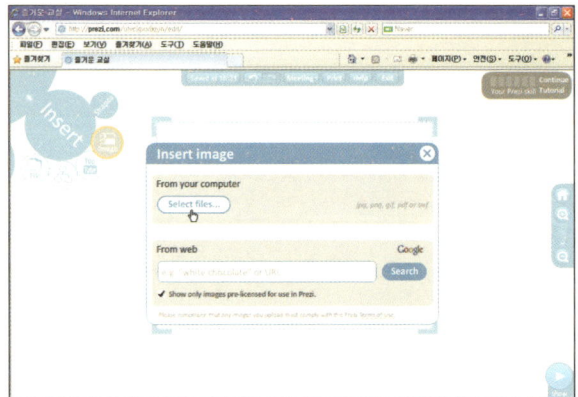 

04 ›› 이미지가 삽입되면 이미지 가운데를 클릭해 나타나는 지브라 도구를 이용하여 위치와 크기를 조절합니다.

05 ›› 버블 메뉴에서 [Colors & Fonts] 도구를 클릭한 다음 [한글]을 클릭해 선택합니다.

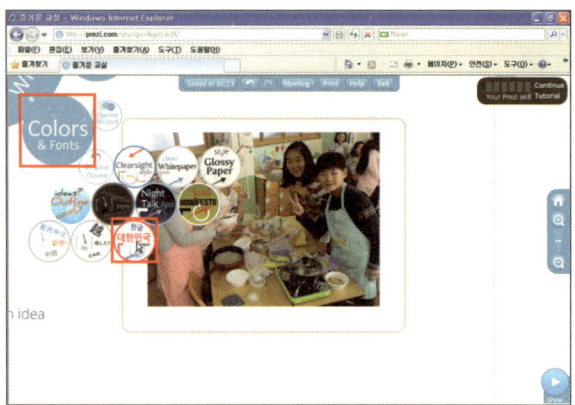

한글은 [한글] 도구를 클릭해야만 입력이 가능합니다.

314

06 >> 글을 입력할 곳을 클릭한 다음 타이핑을 해서 글을 입력합니다. 하단의 글자 속성을 클릭해서 선택하고 상단 파란색의 막대를 드래그해서 위치를 조절합니다. 설정이 완료되었으면 [OK] 버튼을 클릭해서 편집을 완료합니다.

07 >> Shift 를 누른 상태에서 프레임과 이미지, 글을 클릭해 모두 선택한 다음 지브라 도구의 핸들을 드래그해서 회전시킵니다.

Shift 를 누른 상태에서 여러 개의 요소를 함께 선택할 수 있습니다.

08 >> 같은 방법으로 그림과 글을 입력해서 꾸밉니다.

↶ ↷ 버튼을 눌러 이전 작업, 앞 작업으로 작업 단계를 되돌릴 수 있습니다.

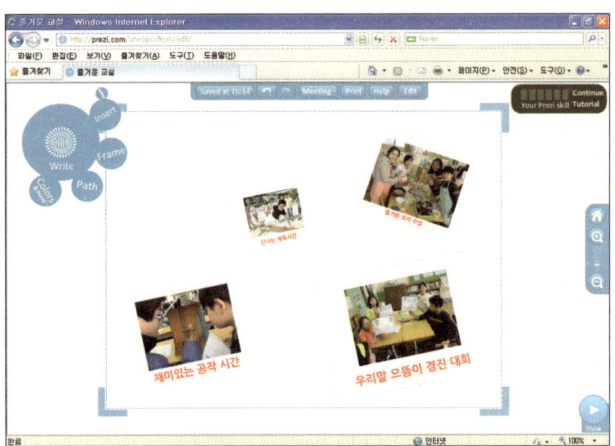

09 ›› 버블 메뉴에서 [Path] 도구를 클릭한 다음 [Add] 도구를 클릭합니다. 애니메이션 실행 시 처음 확대해서 보이게 할 부분을 클릭합니다.

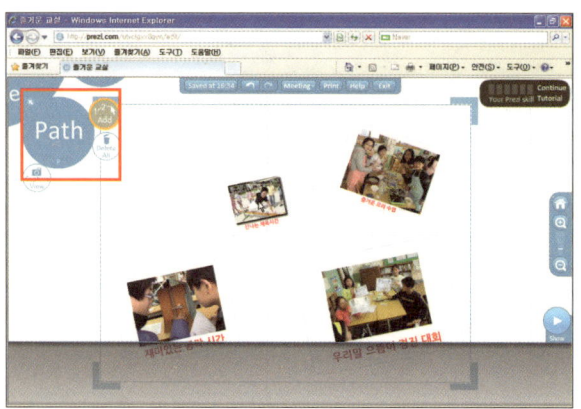 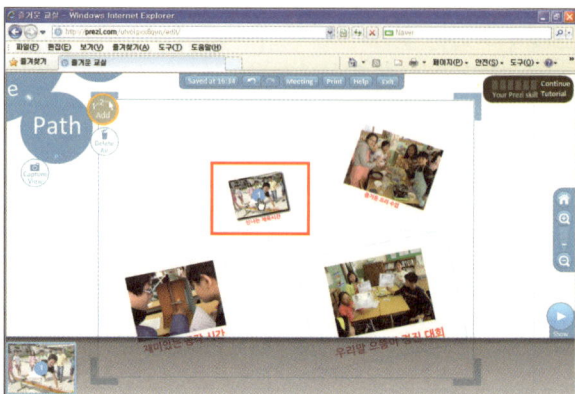

마우스로 클릭하면 움직이는 위치 순서대로 번호가 붙습니다.

10 ›› 같은 방법으로 움직임을 추가합니다.

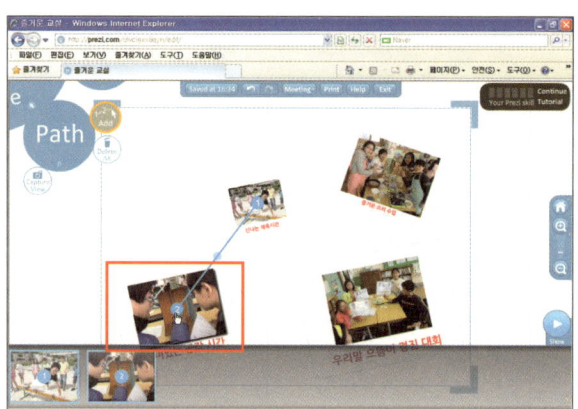 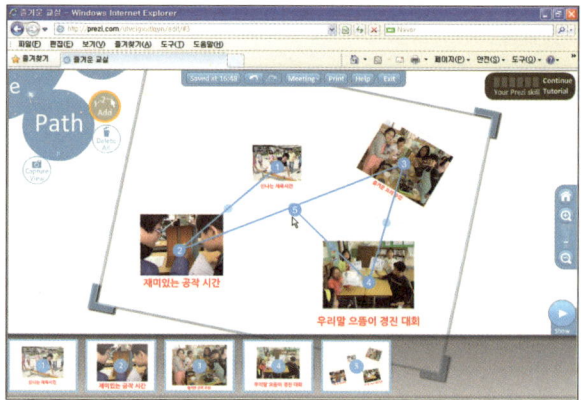

11 ›› 오른쪽 하단의 [Show] 버튼을 클릭하며 움직임을 확인합니다.

 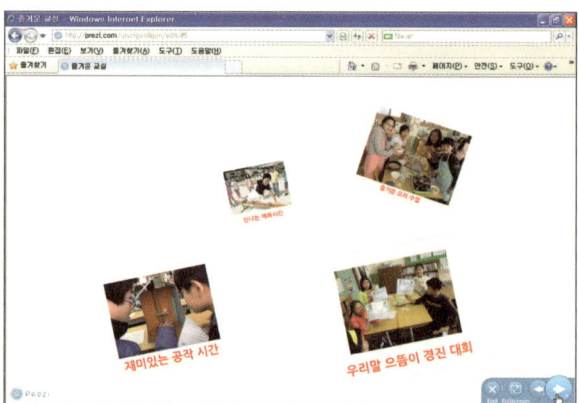

프레지 작업물 확인하고 PC에 저장하기   Step 04

이런 기능들이 사용됐어요. ➡ 프레지

01 ›› 상단 메뉴에서 [Saved at] 버튼을 클릭해서 작업물을 저장하고 [Exit] 버튼을 클릭해서 작업을 종료합니다.

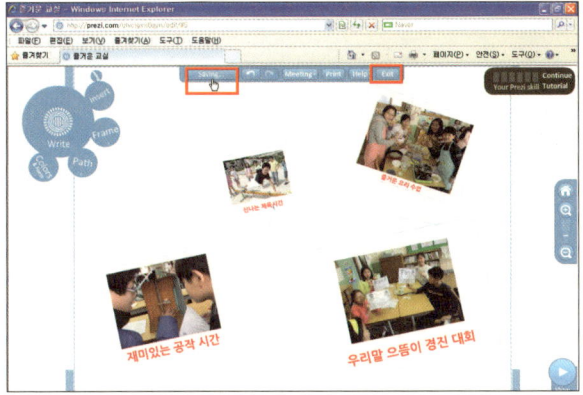

02 ›› 프로젝트 목록에 작업물이 나타납니다. 하단 메뉴에서 [View together] 버튼을 클릭하면 나타나는 창에서 [Start presenting] 버튼을 클릭하면 큰 화면으로 애니메이션을 볼 수 있습니다.

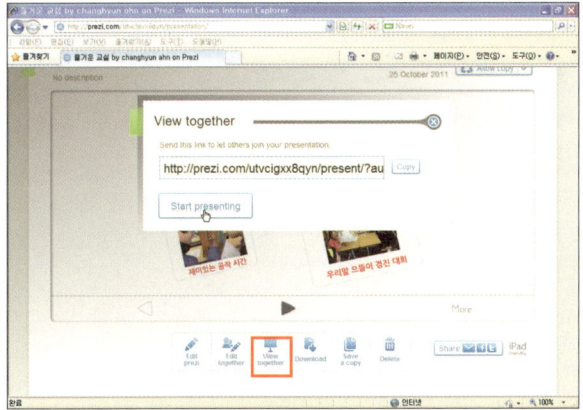

03 ›› 하단 메뉴에서 [Download] 버튼을 클릭한 다음 [Export to Portable prezi]를 선택하고 [Down load] 버튼을 클릭하면 작업물을 PC에 저장할 수 있습니다.

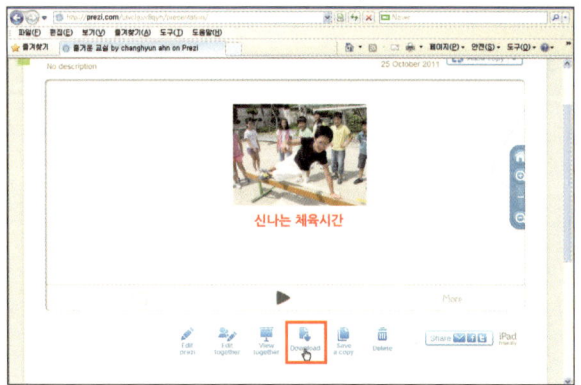 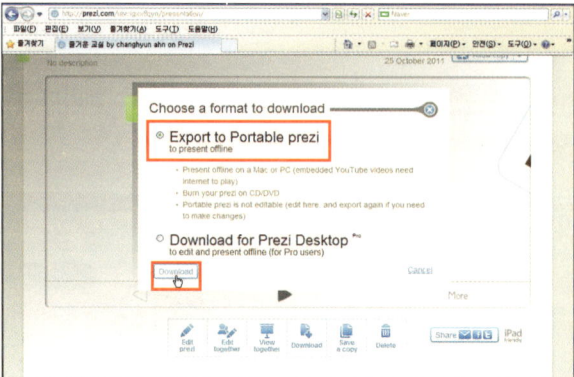

04 ›› PC에 저장된 압축 파일을 풀면 'prezi.exe' 파일과 폴더가 생성됩니다. 이 파일을 더블 클릭하면 플래시로 애니메이션 동작을 확인할 수 있습니다.

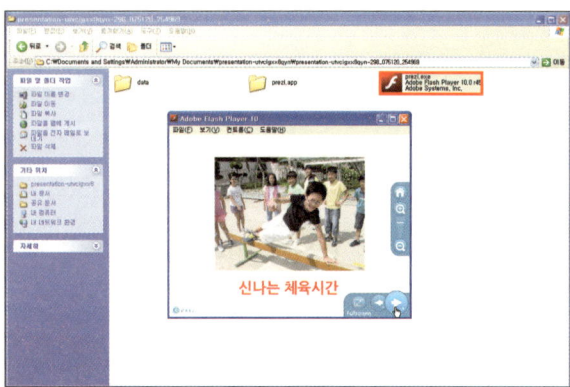

학교 업무에 꼭 필요한
스마트러닝 활용 BEST 30

1판 1쇄 발행　2010년 10월 10일
1판 2쇄 발행　2013년　7월 15일

저　　　자　　문택주, 영진교재개발팀
발 행 인　　김길수
발 행 처　　(주)영진닷컴
주　　　소　　(우)153-803 서울시 금천구 가산동 664번지 대륭테크노타운 13차
　　　　　　　10층 (주)영진닷컴
대표전화　　1588-0789
대표팩스　　(02) 2105-2200
등　　　록　　2007. 4. 27. 제16-4189호

값 **18,000** 원

ⓒ 2012., 2013.　(주)영진닷컴

ISBN 978-89-314-4229-8

※ 본 도서의 내용 문의는 저자 e-mail(mtj798@nate.com)로 해주시기 바랍니다.

http://www.youngjin.com